锡柴发动机

结构·原理·拆装·诊断·维修

顾惠烽　主编

化学工业出版社

·北京·

内容简介

《锡柴发动机 结构·原理·拆装·诊断·维修》系统介绍了锡柴电控柴油发动机的基本结构、工作原理、整车功能、安装方法、技术参数、调整数据、失效模式及其诊断与维修操作方法和技术要领,重点讲解锡柴发动机的原理、结构、拆装和常见故障的诊断分析与排除,并结合一线车间典型的真实案例进行讲解。

本书图文表并茂,内容系统,简明实用,有利于帮助汽车维修技术人员解决维修工作中遇到的各类实际问题。可供柴油发动机用户、车辆管理人员及汽车维修技术人员使用,也可供大中专院校相关专业师生和培训机构参考。

图书在版编目(CIP)数据

锡柴发动机:结构·原理·拆装·诊断·维修/顾惠烽主编. —北京:化学工业出版社,2021.3
ISBN 978-7-122-38274-0

Ⅰ.①锡⋯ Ⅱ.①顾⋯ Ⅲ.①汽车-电子控制-柴油机-基本知识 Ⅳ.①U464.172

中国版本图书馆 CIP 数据核字(2020)第 265204 号

责任编辑:黄　滢　　　　　　　　　文字编辑:张燕文
责任校对:李　爽　　　　　　　　　装帧设计:王晓宇

出版发行:化学工业出版社(北京市东城区青年湖南街 13 号　邮政编码 100011)
印　　刷:三河市航远印刷有限公司
装　　订:三河市宇新装订厂
787mm×1092mm　1/16　印张 15½　字数 415 千字　2021 年 3 月北京第 1 版第 1 次印刷

购书咨询:010-64518888　　　　　　　售后服务:010-64518899
网　　址:http://www.cip.com.cn
凡购买本书,如有缺损质量问题,本社销售中心负责调换。

定　价:99.00 元　　　　　　　　　　　　　　　　　　　　　版权所有　违者必究

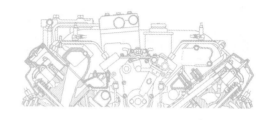

前言

锡柴，全称"一汽解放汽车有限公司无锡柴油机厂"，始建于1943年，是国内现在柴油机企业中历史最悠久的企业，生产经验十分丰富。锡柴发动机，由于其质量可靠、节能环保、噪声低、动力性强、功率覆盖范围广等诸多优势和特点，使其得到了广大柴油机用户的一致认可和喜爱。锡柴发动机作为国产柴油发动机行业内的知名品牌，产品遍布全国各地，可以说目前国内大部分中小型柴油发动机都是锡柴制造的，其市场保有量位居行业之首。

由于锡柴电控柴油发动机的型号种类繁多、结构也相对复杂，安装和使用维修方法等不易被一线汽车维修技术工人所掌握。因此，为了使广大锡柴发动机用户尽快掌握其结构特点和使用维修方法，更好地发挥其使用效能，在化学工业出版社的组织下，特编写了本书。

本书从实用角度出发，详细地介绍了锡柴电控柴油发动机的基本结构、工作原理及其诊断与维修操作方法和技术要领。涵盖 A00（4DX）系列柴油机、DF 系列柴油机（机械式）、CA4DF2 柴油机、CA6DL 柴油机、6110 柴油机、4DX23-130E3 电控单体泵柴油机、国Ⅲ共轨柴油机、国Ⅳ电控柴油机、国Ⅴ电控柴油机。重点讲解锡柴发动机的原理、结构、拆装和常见故障的诊断分析与排除，并结合一线车间典型的真实案例进行讲解。

本书图文表并茂，内容系统，简明实用，有利于帮助汽车维修技术人员解决维修工作中遇到的各类实际问题。可供柴油发动机用户、车辆管理人员及汽车维修技术人员使用，也可供大中专院校相关专业师生和培训机构阅读参考。

参加本书编写的人员有顾惠烽、蔡勇、罗永志、彭川、陈浩、李金胜、丘会英、周迪培、顾森荣、冼锦贤、冼绕泉、黄木带、陈志雄、冼志华、黄俊飞。在本书编写过程中，参考了相关厂家的技术资料，在此一并表示感谢。

由于编者水平有限，书中不足之处在所难免，恳请广大读者批评指正。

编者

目录

第1章 A00（4DX)系列柴油机 /1

1.1 A00 柴油机的开发 …………………………………… 1
1.2 A00 柴油机的主要技术参数 …………………………… 1
1.3 A00 柴油机的特点 …………………………………… 5
1.4 A00 柴油机的三大系统 ……………………………… 6
1.5 A00 柴油机的装配要点 ……………………………… 8
1.6 A00 柴油机对柴油、润滑油和冷却水的要求………… 13

第2章 DF 系列柴油机（机械式） /15

2.1 DF 系列柴油机简介 ………………………………… 15
2.2 DF 系列柴油机的特点 ……………………………… 16
2.3 DF 系列柴油机的拆装要点 ………………………… 18
2.4 DF 系列柴油机的维修要求 ………………………… 23
2.5 DF 系列柴油机的故障表现 ………………………… 25

第3章 CA4DF2 柴油机 /26

3.1 CA4DF2 柴油机简介 ………………………………… 26
3.2 CA4DF2 柴油机的结构组成 ………………………… 28
3.3 CA4DF2 柴油机的使用注意事项 …………………… 30

第4章　CA6DL 柴油机　/32

- 4.1　CA6DL 柴油机简介　……………………………………　32
- 4.2　CA6DL 柴油机的主要结构特点　…………………………　33
- 4.3　CA6DL 柴油机的燃油系统　………………………………　39
- 4.4　CA6DL 柴油机的活塞连杆机构　…………………………　40
- 4.5　CA6DL 柴油机的冷却系统　………………………………　42
- 4.6　CA6DL 柴油机的润滑系统　………………………………　44
- 4.7　CA6DL 柴油机的动力输出装置（PTO）设计　……………　47
- 4.8　CA6DL 柴油机强力螺栓的拧紧　…………………………　48
- 4.9　CA6DL 柴油机的平面密封　………………………………　49
- 4.10　CA6DL 柴油机的使用与维护保养　………………………　49

第5章　6110 柴油机　/56

- 5.1　6110 柴油机技术参数和主要部件　………………………　56
- 5.2　6110 柴油机的三大系统　…………………………………　64
- 5.3　6110 柴油机的主要装置　…………………………………　75
- 5.4　6110 柴油机的装配、调试和日常使用　…………………　80
- 5.5　6110 柴油机的改进型　……………………………………　92
- 5.6　6110 柴油机的调整数据　…………………………………　97

第6章　4DX23-130E3 电控单体泵柴油机　/102

- 6.1　4DX23-130E3 柴油机电控系统　…………………………　102
- 6.2　4DX23-130E3 柴油机整车功能　…………………………　105
- 6.3　4DX23-130E3 柴油机故障诊断仪及其使用方法　………　107

第7章 锡柴国Ⅲ共轨柴油机 /110

- 7.1 国Ⅲ共轨柴油机简介 …………………………………………… 110
- 7.2 国Ⅲ共轨柴油机的性能及系统 ………………………………… 121
- 7.3 CA6DL1-E3 共轨柴油机电控系统 ……………………………… 139
- 7.4 CA6DF-E3 共轨柴油机电控系统 ………………………………… 162
- 7.5 国Ⅲ共轨柴油机电控系统安装及维护 ………………………… 177
- 7.6 国Ⅲ共轨柴油机电控系统检修的一般步骤与故障检测方式
  ……………………………………………………………………… 183
- 7.7 国Ⅲ共轨柴油机常见故障原因与跛行回家模式 ……………… 185
- 7.8 CA6DF3-26 柴油机常见故障分析与处理方法 ………………… 186
- 7.9 国Ⅲ共轨柴油机（电装系统）故障诊断 ……………………… 188
- 7.10 国Ⅲ共轨柴油机故障维修案例 ………………………………… 190

第8章 锡柴国Ⅳ电控柴油机 /207

- 8.1 国Ⅳ电控柴油机简介 …………………………………………… 207
- 8.2 SCR 系统技术解析 ……………………………………………… 209
- 8.3 EGR 系统技术解析 ……………………………………………… 213
- 8.4 后处理 OBD 系统 ………………………………………………… 215
- 8.5 国Ⅳ电控柴油机故障维修案例 ………………………………… 216

第9章 锡柴国Ⅴ电控柴油机 /221

- 9.1 国Ⅴ电控柴油机基本参数与结构特点 ………………………… 221
- 9.2 国Ⅴ电控柴油机 SCR 系统与 EGR 系统简介 ………………… 231
- 9.3 国Ⅴ电控柴油机 SCR 系统与 EGR 系统失效模式及处理方法
  ……………………………………………………………………… 237

第1章 A00（4DX）系列柴油机

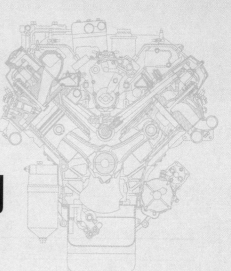

1.1 A00 柴油机的开发

A00 系列柴油机是一汽锡柴与上海内燃机研究所联合开发的新型柴油机。该系列产品由不同功率、不同转速的四缸柴油机组成，柴油机缸盖、机体、曲轴、凸轮轴、活塞等主要零件均进行了重新设计，并融入了国外先进设计理念，使整机可靠性和经济性有了明显提高（图 1-1-1）。

配套范围：适应于国内主要同类系列机型所配轻型汽车、农用车及中巴车。

其系列分别为：缸径 ϕ100mm、自然吸气、增压、增压中冷；缸径 ϕ102mm、自然吸气、增压、增压中冷；缸径 ϕ105mm、自然吸气、增压。冲程 100～118mm。

图 1-1-1　A00 系列柴油机

1.2 A00 柴油机的主要技术参数

A00 仅作为 4DX 系列柴油机厂内代号，型号编制方法如图 1-2-1 所示。

例如，4DX22-104 含义为四缸柴油机 X 系列，缸径为 ϕ102mm 的增压柴油机，标定功率为 104 马力。

产品分类编码与代表机型见表 1-2-1。

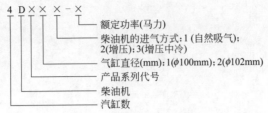

图 1-2-1　型号编制方法

注：1 马力＝0.735kW。

表 1-2-1　产品分类编码与代表机型

产品分类编码	代表机型
XA010000	4DX21-96-0000
XA020000	4DX22-110-0000
XA02WP1A	4DX22-110-WP1A
XA02ZY1A	4DX22-110-ZY1A
XA030000	4DX23-130-0000
XA03YK1A	4DX23-130-YK1A
XA040000	4DX23A-120-0000
XA050000	4DX23-120-0000
XA05JZ1A	4DX23-120-JZ1A
XA410000	4DX11-80-0000
XA420000	4DX12-96-0000
XA430000	4DX13-104-0000
XA710000	4DX11-90-00000

4DX 系列柴油机主要机型技术规格见表 1-2-2。

表 1-2-2　4DX 系列柴油机主要机型技术规格

柴油机型号	4DX21-96	4DX22-110	4DX23-120
型式	立式直列水冷、四冲程、直接喷射式燃烧室		
吸气方式	自然吸气	涡轮增压	增压、空-空中冷
汽缸数目	4		
汽缸套型式	薄壁干式缸套		
汽缸直径	102mm		
活塞行程	118mm		
总排量	3.856L		
柴油机旋转方向（从飞轮端看）	逆时针		
发火次序（最靠近风扇端为 1 缸）	1-3-4-2		
额定功率	71kW	81kW	88kW
额定功率时转速	3200r/min	2800r/min	2800r/min
最大转矩	245N·m	324N·m	343N·m

续表

柴油机型号	4DX21-96	4DX22-110	4DX23-120
最大转矩时转速	2200r/min	1600r/min	1600r/min
压缩比	17∶1		17.5∶1
最低燃油消耗率	230g/(kW·h)	220g/(kW·h)	215g/(kW·h)
最低空转稳定转速	800r/min		
启动方式	24V电动机启动		
稳定调速率	≤12%		
排放	欧Ⅰ		欧Ⅱ
柴油机净质量	320kg	330kg	340kg

4DX系列柴油机调整与运行数据见表1-2-3。

表1-2-3　4DX系列柴油机调整与运行数据

柴油机型号	4DX21-96	4DX22-110	4DX23-120
喷油器头部高出缸盖顶面	2.8～3.2mm		
喷油器调整压力	18.65～19.55MPa		24～25.4MPa（P型喷油嘴）
传动带松紧度	以40N(约4kgf)的力按下传动带,其下沉挠度应为10～15mm		
气门间隙（冷态）	进气门0.4mm	进气门0.4mm	进气门0.4mm
	排气门0.4mm	排气门0.4mm	排气门0.4mm
润滑油注入量	12L（新装机应增加1.5L左右）		
机油温度	≤110℃		
冷却水出口温度	≤95℃		
机油压力	标定转速≥300kPa,怠速≥98kPa		
启动温度（无辅助措施）	－5℃		
供油提前角（曲轴转角）	14°	13°	5°(13°)

4DX系列柴油机主要配合尺寸见表1-2-4。

表1-2-4　4DX系列柴油机主要配合尺寸

配合部位	配合尺寸
排气门座孔/排气门座	0.023～0.073mm（过盈）
进气门座孔/进气门座	0.029～0.079mm（过盈）
汽缸盖气门导管孔/气门导管	0.010～0.039mm（过盈）
气门导管孔/排气门	0.040～0.084mm（径向间隙）
气门导管孔/进气门	0.025～0.069mm（径向间隙）
气门下沉深度	(0.9±0.15)mm
前气门摇臂轴座孔/气门摇臂轴	－0.01～0.03mm（过渡）
后中气门摇臂轴座孔/气门摇臂轴	0.007～0.048mm（径向间隙）
汽缸套/活塞裙下部	0.09～0.17mm（径向间隙）

续表

配合部位	配合尺寸
气门挺柱孔/气门挺柱	0.040～0.082mm(径向间隙)
凸轮轴承孔/凸轮轴衬套	0.057～0.106mm(过盈)
凸轮轴衬套孔/凸轮轴轴颈	0.03～0.09mm(径向间隙)
正时惰齿轮衬套孔/惰轮轴	0.025～0.075mm(径向间隙)
正时惰齿轮/惰轮轴	0.065～0.169mm(轴向间隙)
活塞环槽/第一道气环(自然吸气、增压)	0.08～0.115mm(间隙)
活塞环槽/油环(自然吸气、增压)	0.03～0.07mm(间隙)
活塞环压入 ϕ102.00mm 内径量规内开口间隙	第一道环 0.2～0.4mm 第二道环 0.45～0.65mm 第三道环 0.25～0.45mm
连杆轴瓦孔/连杆轴颈	0.05～0.098mm(径向间隙)
连杆衬套孔/活塞销	0.015～0.039mm(径向间隙)
活塞销座孔/活塞销	0.003～0.015mm(径向间隙)
主轴瓦孔/主轴颈	0.055～0.106mm(径向间隙)
曲轴止推面/曲轴止推片	0.115～0.256mm(轴向间隙)
凸轮轴止推面/凸轮轴止推板	0.06～0.138mm(轴向间隙)
曲轴齿轮/惰齿轮	0.10～0.18mm(齿侧间隙)
惰齿轮/凸轮轴齿轮	0.12～0.21mm(齿侧间隙)
惰齿轮/喷油泵齿轮	0.12～0.21mm(齿侧间隙)
进气门/摇臂	(0.4±0.05)mm(冷态间隙)
排气门/摇臂	(0.4±0.05)mm(冷态间隙)
压缩余隙	0.9～1.1mm

4DX 系列柴油机主要螺纹连接件的拧紧力矩见表 1-2-5。

表 1-2-5　4DX 系列柴油机主要螺纹连接件的拧紧力矩

名称	螺纹规格	拧紧力矩
汽缸盖螺栓	M12×1.5	108～118N·m
连杆螺栓	M12×1.5	118～127N·m
飞轮螺栓	M14×1.5	186～206N·m
主轴承螺栓	M16×1.5	216～235N·m
后油封座螺栓	M8	25～41N·m
喷油泵过渡盘固定螺栓	M8	25～41N·m
喷油器紧固螺母	M8×1	50～70N·m
摇臂轴支座固定螺栓	M8	25～41N·m
活塞冷却喷嘴	M10×1.25	45～55N·m

续表

名称	螺纹规格	拧紧力矩
凸轮轴齿轮紧固螺栓	M14×1.5	110～120N·m
油底壳螺栓	M8	25～41N·m
主油道稳压阀	M27×1.5	30～40N·m
减振器紧固螺母	M27×1.5	392～441N·m

注：1. 表中所列紧固螺栓要求用扭矩扳手紧固，如果使用公斤制扭矩扳手，按 1kgf·m＝9.8N·m 进行换算。
2. 表前 4 项所列主要螺栓应按照拧紧顺序分 2～3 次均匀拧至规定值。
3. 主要螺栓安装时应涂抹少量机油。

1.3 A00 柴油机的特点

1.3.1 技术特点

① 转速高、体积小、重量轻、易启动、油耗低。
② 低振动、低噪声、舒适性好。
③ 结构先进、配置齐全，根据用户需求可配置气刹、油刹、转向助力泵、空调、暖风、进口油泵、喷油器。
④ 使用可靠，零部件通用化程度高，使用维修方便，先进的加工设备，完善的质保体系，使产品可靠性更高。

1.3.2 结构特点

① 缸套采用万斯特薄壁干式缸套（厚 1.5mm），缸心距短，耐磨性能好，结构紧凑。
② 采用整体结构汽缸盖。
③ 曲轴采用八平衡块结构（图 1-3-1），运转平稳，振动少。
④ 机油冷却器为板翅式，冷却芯在盖板内。
⑤ 主动带轮带减振器，传动带用张紧轮张紧。
⑥ 高压油泵带内置式提前器。
⑦ 机油泵为齿轮泵，由凸轮轴传动。
⑧ 传动齿轮为斜齿。

图 1-3-1 曲轴

1.4 A00柴油机的三大系统

1.4.1 润滑系统

A00柴油机润滑系统由油底壳、机油泵、机油滤清器、机油冷却器、活塞冷却喷嘴、主油道调压阀及管路组成。柴油机的润滑采用压力润滑与飞溅滑润相结合的复合润滑方式。凸轮轴上的凸轮是油浴润滑,齿轮啮合面是飞溅润滑,惰齿轮轴是压力润滑。

A00柴油机润滑系统的特点如下。

① 机油泵由凸轮轴上的齿轮传动,机油泵上设有限压阀,当机油泵出口压力超过784kPa时,该阀开启。

② 由于增压及增压中冷机型机械负荷大且设有活塞冷却喷嘴,故三种机型机油泵流量不同(主要是机油泵齿轮厚度不同),自然吸气机型机油泵流量最小,增压中冷机型机油泵流量最大。

③ 增压和增压中冷机型机油冷却器散热面积较自然吸气机型大(增压和增压中冷机型冷却器总成冷却芯片为3片,而自然吸气机型为2片)。

④ 凸轮轴无油道。

⑤ 活塞冷却喷嘴用以冷却活塞和活塞环。冷却喷嘴分左(每台3件)、右(每台1件,装在1缸处)两种,安装时喷嘴体上的定位销应插入机体定位销孔内。活塞冷却喷嘴紧固螺栓内设有单向阀(油压大于200kPa开始喷油),因此中空的螺栓不能承受太大的拧紧力矩,如拧得过紧,单向阀将卡死而不喷油,造成活塞得不到冷却而发生拉缸的重大事故。用户对活塞冷却喷嘴紧固螺栓的拧紧力矩应严格控制在(50±5)N·m范围内。此外,冷却喷嘴体和喷嘴紧固螺栓应按原位置成对装配,不可弄乱。同时不允许涂螺纹胶,以避免单向阀被堵死。

润滑系统示意图如图1-4-1所示。

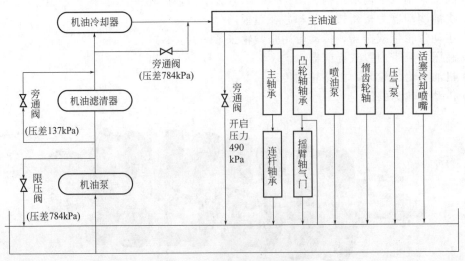

图1-4-1 润滑系统示意图
注:活塞冷却喷嘴增压及中冷机型采用。

1.4.2 冷却系统

A00柴油机冷却系统由水泵、机油冷却器、节温器、风扇、放水开关和汽车上的散热水箱等组成。离心式水泵将散热器水箱内的冷却水泵入缸体左侧进水孔，流经机油冷却器后分别进入各机体水腔，再流入缸盖，最后流入缸盖前端的节温器室。节温器室内装有节温器，节温器为蜡式，当节温器全开时，其开启升程不小于8mm。当节温器失灵打不开时，柴油机出水温度将急剧升高造成故障，此时节温器应及时更换。

用户可将节温器放入水中，逐步将水煮沸来检查节温器工作正常与否。节温器座上装有水温感应塞，与驾驶室上的水温表连接，以显示柴油机出水温度。水泵为离心式叶片泵，转速为2000r/min时流量为140L/min，扬程不小于2.3m。

冷却风扇的直径和风叶数根据各机型功率大小及配套车型的设计要求选用，冷却风扇均为吸风式，安装时不能装反。

不同的使用条件应选用不同开启温度的节温器（表1-4-1），表中前两种节温器适用于我国平原地区，最后一种则适用于海拔3000m以上的高原地区。

表 1-4-1 节温器技术参数

节温器图号	K-1306010	1306010G-K
开启温度	(76±2)℃	(65±2)℃
全开温度	(86±2)℃	(75±2)℃
全开升程	≥8mm	≥8mm
备注	较适用于气温高、负荷大的使用条件	适用于高原地区（因气压低冷却水沸点降低）

1.4.3 燃油供给系统

A00柴油机燃油供给系统由柴油滤清器、喷油泵、高压油管、喷油器、回油管和汽车上的燃油箱及柴油粗滤器等组成。从燃油箱到输油泵的进油口为负压管路，从输油泵的出油口到高压油泵为低压管路，从柱塞泵开始到喷油器为高压管路（图1-4-2）。

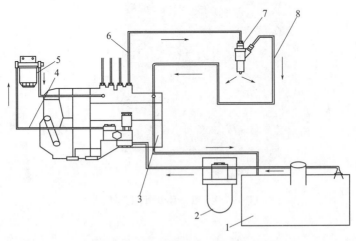

图 1-4-2 燃油供给系统示意图
1—燃油箱；2—柴油粗滤器；3—喷油泵；4—低压油管；
5—柴油滤清器；6—高压油管；7—喷油器；8—回油管

燃油供给系统空气的排除如图 1-4-3 所示。

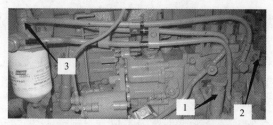

图 1-4-3　燃油供给系统空气的排除
1—输油泵上手泵拉钮；2—喷油泵上放气螺钉；3—燃油滤清器上放气螺钉

1.5 A00柴油机的装配要点

1.5.1 柴油机主要结构

（1）汽缸体

为了加强汽缸体（图 1-5-1）的刚度，减少振动和噪声，汽缸体裙部为桶形，并在机体的两侧面布置了竖筋和横筋。汽缸套为薄壁干式结构，自然吸气机采用硼铸铁，增压及增压中冷采用硼铜铸铁。更换汽缸套必须用专用工具拆出汽缸套，新汽缸套装配时需保证汽缸套及机体的清洁、干燥，不得涂油（汽缸套与机体为过渡配合）。

图 1-5-1　汽缸体及其相关件

（2）汽缸盖

在保证结构强度的前提下，汽缸盖（图 1-5-2）进、排气两侧面采用单层板结构，减轻了整机重量；汽缸盖底板三角区为减薄层，有效降低了热负荷；为优化性能，不同机型选用不同的进、排气门和喷油器孔以及进、排气道。

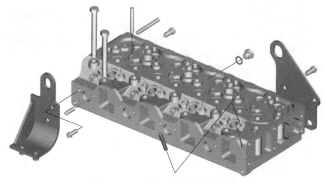

图 1-5-2 汽缸盖及其相关件

(3) 活塞与活塞环

活塞(图 1-5-3)燃烧室为缩口 ω 形,为优化性能、降低排放,自然吸气、增压和增压中冷三种机型燃烧室形状不同,故活塞不通用。同样,自然吸气、增压和增压中冷机型的活塞环也不完全一样。

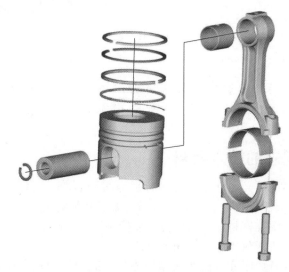

图 1-5-3 活塞及其相关件

自然吸气机型第一道气环为镀铬桶面环,第二道气环为外圆有缺口的扭曲锥面环,厚度为 2.5mm,油环厚度为 5mm。增压机型第一道气环为喷钼桶面环,第二道气环及油环与自然吸气机型通用。增压中冷机型第一道气环为单面梯形环,第二道气环为内圆带倒角的扭曲锥面环,其厚度与自然吸气及增压机型相同,油环厚度为 4mm。增压中冷机型三道环与自然吸气及增压机型均不通用。

(4) 曲轴

自然吸气机型为球铁曲轴,增压和增压中冷机型为锻钢曲轴。曲轴(图 1-5-4)表面氮化处理并采用圆角滚压工艺,提高了曲轴的疲劳强度。采用八平衡块结构,减小了振动。主轴颈采用双油孔,因此五挡上主轴瓦均应有油槽而下主轴瓦不必有油槽,这大大提高了主轴瓦的承载能力。如更换了单油孔曲轴,则必须将下主轴瓦改为有槽的,否则将引起抱瓦事故,这点务必注意。同时,自然吸气机型主轴瓦和连杆轴瓦均为高锡铝合金;而增压和增压中冷机型主轴瓦为中锡铝合金,连杆轴瓦则为铜铅合金。

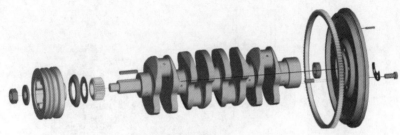

图 1-5-4 曲轴及其相关件

(5) 凸轮轴

优化设计了凸轮型线,改善了整机性能(图 1-5-5)。

图 1-5-5 凸轮轴及其相关件

(6) 喷油器

自然吸气及增压机型采用 S 型喷油器,喷孔为 $5 \times \phi 0.28mm$,喷油器开启压力为 18.65~19.55MPa。增压中冷机型采用 P 型喷油器,喷孔为 $5 \times \phi 0.26mm$,喷油器开启压力为 24~25.4MPa。

1.5.2 整机装配总的技术要求

① 重新装机时各零部件必须仔细清洗,特别是润滑油道、油管清洗后必须再用压缩空气吹干净,确保没有铁屑、油垢、杂物,零件的各表面必须清洁。

② 各种密封垫片、橡胶密封圈等均应更换或确保原件无缺陷。

③ 所有运动表面在装配前均应涂抹润滑机油。

④ 对有力矩规定及有顺序要求的重要紧固零件,必须按规定顺序拧紧到规定值。其余按一般螺栓拧紧力矩拧紧。对连杆、飞轮、扭转减振器等重要螺栓或螺母,多次拆装后可涂螺纹锁紧胶以防止松动。

⑤ 装配时要注意零件的装配方向和标记(如主轴承盖、连杆大头盖、曲轴止推片等),不能装错、装反。同时主轴承盖、连杆还必须按缸序配对标记装配,不可弄错,否则会造成咬瓦等重大事故。有些零件的缸序(如活塞、缸套、活塞环、连杆、气门、轴瓦等)新装时不可打乱,即原来装在哪一缸、哪一部位上的仍需按原位置装配,以保证这些运动副的良好磨合状态。

⑥ 为防止漏油、漏水,需要涂密封胶的部位涂胶要均匀适量,并严格按所用密封胶的使用说明进行。

⑦ 每完成一项主要运动件的装配(如曲轴、连杆活塞、凸轮轴、齿轮等)及整机总装后应转动柴油机数圈,以检查装配是否有误。

⑧ 为了确保排放达标,喷油提前角、喷油器喷油压力和伸出缸盖高度的调整应严格按说明书要求进行;柴油机修理时喷油泵、喷油器及涡轮增压器如已损坏,应换用原厂相同型

号的配件。

1.5.3 主要零部件的装配

（1）活塞连杆组的装配

装配活塞连杆总成时应进行分组，同一台柴油机上的活塞质量差不大于8g，连杆质量差不大于20g。

装配时各连杆杆身和大头盖配对标记不可搞错装反，同时大头盖侧面的小球标记与活塞顶部箭头均应朝向发动机风扇端，以保证活塞燃烧室位置安装正确。为方便装配，可将活塞在沸水中加热后再装活塞销，活塞销两端弹性挡圈要确保整圈卡入槽内。

4DX柴油机自然吸气、增压、增压中冷三种机型所采用活塞环的不同之处：自然吸气和增压机型活塞环和活塞上环槽的安装尺寸是一样的（油环厚5mm），但自然吸气机型第一环外圆为镀铬工艺，而增压机型第一环采用的则是喷钼处理，这两种机型第二环和油环则是通用的，增压中冷机型三道活塞环和相应的活塞环槽与自然吸气及增压机型完全不同。增压中冷机型第一道环为单面梯形环、第二道环为扭曲环，油环厚度为4mm。

三种机型第二环安装方向必须按图1-5-6所示，即第二道环自然吸气和增压机型外圆缺口朝下，而增压中冷机型内圆倒角朝下。同时油环安装应先将弹簧胀圈（衬簧）装入环槽内接好搭口，再把油环体套在弹簧胀圈上，并使开口和搭口错开180°。活塞环在环槽内应能转动自如，第一环的开口应与活塞销轴线成30°夹角。第二、三环开口依次错开120°。

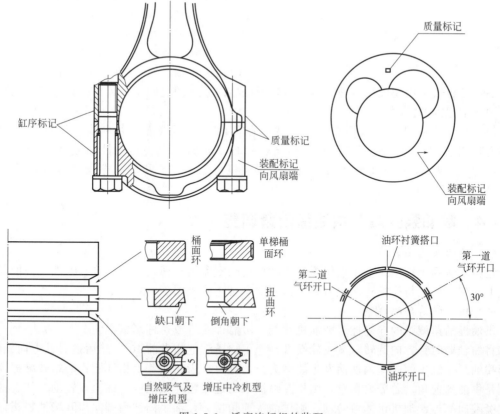

图1-5-6 活塞连杆组的装配

注意连杆螺钉具有定位作用，在连杆大头孔没有组合到位前，两个连杆螺钉应均匀交错拧紧，以避免螺钉拉伤。

同时还应注意的是，在大修时如果购买的机体配件（无论是自然吸气、增压或增压中冷机型）为镀铬钢汽缸套，则原机所用的外圆表面为镀铬的环绝对不能用，必须改用表面喷钼处理的环（油环），否则将发生拉缸事故。

（2）机油泵的装配

机油泵是两个 M10 螺钉固定在机体上，由凸轮轴上的齿轮通过机油泵齿轮轴等传动。机油泵装好后转动凸轮轴应灵活，否则应检查调整垫片的厚度，以保证其轴向间隙（图 1-5-7）。

（3）齿轮室及齿轮系的装配

装配齿轮室时要用惰齿轮轴进行定位，以保证齿轮间隙；齿轮按标记装配好后，应检查轴向间隙和各齿轮间的间隙，间隙不正确，可更换齿轮或重新调整齿轮室的位置（松开齿轮室的固定螺钉，按需要的方向轻轻敲击）。

（4）喷油器的装配

装配时喷油器各零件必须仔细清洗干净，各密封面不得有杂物划痕。针阀偶件在倾斜 45°时，应能自由滑入针阀体。

喷油器紧帽拧紧力矩为（35±5）N·m。过大会引起针阀体变形，使针阀卡滞。为防止因脏物积聚而难于拆卸，喷油器总成插入汽缸盖后应装上防尘护套。

S 型喷油器和 P 型喷油器紧固螺母拧紧力矩应在（60±10）N·m 范围内，同时应使喷油器尖端凸出缸盖下平面 2.8～3.2mm。

（5）曲轴扭转减振器的装配

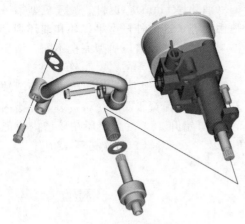

图 1-5-7 机油泵的装配

曲轴扭转减振器的作用是减小曲轴的扭转振动振幅，各机型采用橡胶扭转减振器。扭转减振器内、外圈之间压入了橡胶减振圈，以减小运行中曲轴扭振的振幅。

使用中用户应对其经常检查，凡发现减振器内、外圈铁件上的刻线有滑移错位或橡胶圈有挤出裂纹，应报废更换；凡出现飞轮螺栓不正常松动、折断故障或减振器使用已达 10 万公里以上，也应报废更换，以确保柴油机可靠工作。扭转减振器的螺母拧紧力矩为 392～441N·m。

1.5.4 喷油泵安装及供油提前角调整

（1）喷油泵的安装

把曲轴转到 1 缸压缩上止点位置，这时从齿轮室盖的检视孔中可以看到喷油泵提前器从动盘上的刻线标记与检视孔标记对齐，这表明安装正确（图 1-5-8）。

（2）供油提前角的调整

供油提前角调整的准确性对柴油机性能、可靠性及排放达标影响很大。

将曲轴顺时针方向旋转（从飞轮端视）至 1 缸压缩上止点前 40°，然后逆时针方向旋转，直至喷油泵 1 缸出油阀座内油面发生波动为止，这时在齿轮室盖上指针所指的扭转减振器刻度就是供油提前角。若需要调整，则松开喷油泵与过渡盘连接的四个螺栓，转动泵体，油泵出油嘴端向靠近柴油机机体侧转动，则供油提前角增大，油泵出油嘴端向离开柴油机机体侧转动，则供油提前角减小。调整好供油提前角后，把四个紧固螺栓拧紧。

最后拧紧油泵支架上的紧固螺母，并复查供油提前角。

图 1-5-8　喷油泵的安装

1.5.5　喷油器喷油压力和喷雾质量的检查

检查喷油器喷油压力和喷雾质量，应在专用的试验台上进行，以 30 次/min 的速度泵油时，喷油器喷雾要均匀，断油要彻底，并听到特殊的清脆响声。

S 型喷油器喷油调整压力为 18.65～19.55MPa，当压力偏高或偏低时可松开或拧紧喷油压力调整螺栓来达到规定值。

P 型喷油器喷油调整压力为 24～25.4MPa，P 型喷油器喷油嘴喷油压力的调整不同于 S 型喷油器喷油嘴，是通过选用不同厚度的垫片来调整的。垫片厚度为 1.0～2.0mm，每隔 0.01mm 就有一种规格，喷油器装配出厂时一般采用 1.7～1.9mm 厚的垫片。

1.6　A00 柴油机对柴油、润滑油和冷却水的要求

1.6.1　柴油

柴油机应按不同大气温度选用不同牌号的轻柴油（GB/T 252），具体见表 1-6-1。

表 1-6-1　柴油机应按不同大气温度选用不同牌号的轻柴油

大气温度	0℃以上	－10～0℃	－20～－10℃	－35～－20℃
柴油牌号	0 号	－10 号	－20 号	－35 号

注意柴油必须保持高度清洁，在注入柴油机的燃油箱前，应将柴油静置三昼夜以上，使柴油内的尘土和水分沉淀于底部，然后取用上层清洁的柴油。

1.6.2　润滑油

柴油机应按气温状况选用不同牌号的 L-ECD 或 L-ECF 级柴油机机油（GB/T 11122），具体见表 1-6-2。

表 1-6-2　柴油机应按气温状况选用不同牌号的 L-ECD 或 L-ECF 级柴油机机油

使用地区	寒冬地区	一般地区(全年)	南方地区(夏季)
润滑油牌号	5W/30	30 或 15W/30	30 或 40

机油的正确选择对保证柴油机正常运行、寿命和改善排放均有较大影响，增压、增压中冷机型柴油机更要求用高级别机油，应特别予以注意。此外，润滑油必须确保清洁，避免不同牌号机油的混用。

1.6.3 冷却水

柴油机应采用清洁的软水，如采用硬水，要在一升水内加入 2g 磷酸三钠使其软化后使用，否则柴油机水道中会很快产生积垢阻滞水流畅通，会导致发动机冷却不良。

当大气温度在 0℃ 以下时，为防止冰冻，冷却水中可加入防冻液。在加入防冻液时，应注意下列各点：

① 防冻液有毒，不得入口。
② 柴油机预热时，防冻液温度不得超过 80℃。
③ 不同配方或品牌的防冻液不能混用。
④ 为防止胀裂冷却水箱，防冻液的注入量应较原来的注水量少 6%。

第 2 章
DF系列柴油机（机械式）

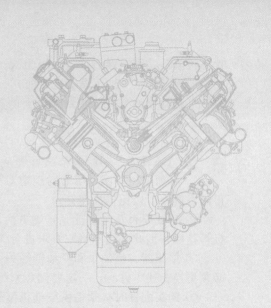

2.1 DF系列柴油机简介

（1）DF系列柴油机产品特征

① 高科技含量：60年柴油机制造的历史，38年增压柴油机技术经验，吸取奥地利AVL、瑞典VOLVO、德国FEV先进经验。

② 高可靠性：重大结构改进，材质、工艺优化，缸体不变形，曲轴抗疲劳，缸盖不开裂。QS9000质量保证。

③ 高通用性：保持原有ϕ110mm缸径不变，增加技术含量，零部件通用性强，整机可互换，方便维修。

④ 高加速性：同功率档次机型中，排量大、爆发力强，确保了满载状态和恶劣路况条件下超强的动力性。

⑤ 低排放：全面达到欧洲排放水平。

⑥ 低油耗：最低燃油消耗率202g/(kW·h)。

⑦ 低噪声：整车噪声小于85dB。

⑧ 低维修成本：湿式缸套方便维修，上百万台的110系列产品社会保有量，造就了强大的配件销售网和合理的配件价位，降低了使用成本。

（2）DF系列柴油机有关内容的介绍

① F系列柴油机必须用F级机油。

② F系列柴油机的第一道活塞环为单面梯形环，锥面应朝上。第二道气环为有内倒角的负扭曲环，有内倒角的一面朝下（即有ATOP标记的面朝上），并且第二道气环的开口间隙比第一道气环大。

③ 6DF柴油机采用P7100喷油泵，托架采用箱式止口结构，其装配方法如下。

a. 在油泵托架上用专用工具调校喷油泵传动轴的同轴度（$\leqslant$0.20mm），可用调整垫片来调整。

b. 将油泵托架拆下，用油泵内、外侧专用固定螺钉将油泵固定在托架上，注意调整垫片不可搞乱。固定螺钉拧紧力矩为（25±5）N·m。

c. 撬飞轮至1缸压缩上止点前9°。

d. 盘动喷油泵提前器到外壳上的刻线与喷油泵上的指针对齐，将油泵托架与油泵整体装上柴油机并紧固。

e. 将油泵与传动轴联轴器连接，复校喷油提前角。

(3) CA6DF系列柴油机使用须知

① 必须严格按照说明书的规定对柴油机进行调整，特别要保证柴油机供油提前角，不得随意调整，以免排放超标。

② 三滤是否及时进行保养或更换，关系到柴油机能否保证动力强劲、油耗低、排放达标等指标，因此必须严格按要求进行保养或更换。

③ 增压器、喷油泵和喷油器等关系到柴油机性能的零部件，不得随意更换和自行调整，必须更换上述零件时，一定要到厂家配件网点选购原厂配件。

④ 购买配件时必须提供柴油机型号以及配车号或代号（柴油机铭牌上可查到）。

⑤ 柴油机启动时应怠速几分钟后方可加油，柴油机卸荷后应低速运行数分钟，使冷却水温度降至60℃方可停车。

(4) 增压器装配注意事项

① 转子轴及与其校过动平衡的零件，装配时应按其留下的刻线标记对准装配。

② 密封环环口装配时朝向进油口。

③ 浮动轴承挡圈装配时开口朝向回油口。

④ 压气机叶轮锁紧螺母是反螺纹。

2.2 DF系列柴油机的特点

发动机省油，使用在单桥车上性能特别好，维修成本低，排放标准高，配件多，服务到位。

(1) 发动机更为充分的汽缸内换气过程

仍采用二气门结构，进一步优化气道、气门、气门座尺寸和位置及配气机构。但这些工作已在欧Ⅱ柴油机上得以实现，故进一步优化难度极大。

由于二气门结构限制，气道通流面积一般已无法增大，因此有限的通流能力是采用这种方式的柴油机最终强化程度和经济性指标明显比四气门柴油机差的根本原因，虽然它具有较低的改造成本。

改为四气门结构，这种方式对于原型机是二气门的柴油机改动较大，但由于其明显的优势，这种方法实际上已成为先进发动机的标准配置，当然不可否认其设计难度和制造的高要求提高了最终成本。

四气门的主要优点：明显增大了进、排气道的通流能力，有效增加了汽缸内的充气效率，明显改善了换气质量；降低了排气的推出功，提高了整机效率；良好的充气质量是组织高质量燃烧的基础，因而就带来了较低的排放污染；可以通过增加对气道的控制，使柴油机无论在高速还是低速都能有一个合适的进气涡流比，有利于改善柴油机各工况下的性能。

四气门柴油机比同类两气门柴油机强化程度提高了8%左右，燃油耗降低了3%～5%，非常有利于弥补其他减排手段引起的动力性和经济性降低的损失。

(2) 高且精准的燃油喷射系统

由于欧Ⅱ排放需要通过严格控制汽缸内的燃烧放热规律来实现排放指标，这就要求严格控制燃油系统在柴油机的不同工况、在一次喷油的过程中严格按规定油量、规定的供油方式进行每一个循环的喷油，毫无疑问这种精准的喷射绝不是目前所用的机械控制的直列泵所能实现的，目前国际上通行的是采用电调、电控技术。

国外大量的试验研究和整机开发经验表明，一个高于 130MPa 的燃油喷射压力是欧Ⅲ柴油机的最起码条件，为建立如此高的喷射压力，通常采用的手段有以下几种：比欧Ⅱ柴油机工作能力更强的电调直列泵（或带有 TICS 结构）；高品质的分配泵；每缸独立设置的单体泵；每缸独立工作的泵喷嘴；把单体泵集成起来的新型直列泵；电控高压共轨系统。

采用工作能力更强的电调直列泵（或带有 TICS 结构），这种方法看似最方便简洁，但对于锡柴 6DF 系列机型来讲却有许多困难，主要原因是为了达到欧Ⅲ标准的嘴端压力，泵端就必须有大于 110MPa 的压力，这样不仅喷油泵的外形要加大，而且驱动喷油泵所需的转矩也要大幅度增加（约 2530N·m），一方面在欧Ⅱ标准时勉强能用的 ϕ145mm 提前器就必须加大到 ϕ165mm，目前结构上不可能布置下，另一方面原用于驱动欧Ⅰ标准油泵的齿轮系也不能承受欧Ⅲ标准油泵的传动要求，两者都要求对齿轮系进行重新设计，这个改进必须改动曲轴主动齿轮的安装方式和重新排布齿轮系，这样的改动虽然实现了电调直列泵的要求，但改动是相当大的，这里还涉及飞轮壳、飞轮、齿轮室罩等零部件的更改，甚至已有车型的动力装置也要改变。由于该方式已逐步被淘汰，产量较低，而国内要依赖进口，故电调直列泵的价格就变得很高。

高品质的分配泵主要在小型车用柴油机上应用较多，125kW 以上的发动机就基本上不采用这种形式了，而且大功率分配泵的价格不菲。

采用每缸独立设置的单体泵、泵喷嘴，这是在目前世界上很多柴油机常使用的手段，泵端、嘴端压力可以达到 160MPa 以上，甚至可以应用于欧Ⅳ标准的发动机，但这种方式通常都是原型机采用，进入欧Ⅲ、欧Ⅳ阶段只需要对泵进行改造。而对于锡柴 6DF 机型如要改用单体泵或泵喷嘴的结构，实际上等于设计一台全新的柴油机，原有生产工艺全部废弃，这是毫无意义的。

把单体泵集成起来的新型直列泵，这是由一汽技术中心发明的新型燃油系统，把国外成熟的单体电控泵集成在一个泵体中，外形类似于传统直列泵，工作能力仍与原单体泵相当，但由于是六个单体泵的合成，因而驱动转矩叠加起来就非常大，甚至可以超过电调高压直列泵，这对驱动油泵的齿轮系统的要求也至少是达到电调高压直列泵的要求；另外目前该泵尚处于试制阶段，价格较高，预计批量生产后，这种油泵的价格会比电控共轨系统稍低。

电控高压共轨系统是一种新型燃油系统，其中高压共轨系统已经相当成熟，轨压可达 160MPa，而且控制柔度非常大，可用于欧Ⅲ及以上排放要求，非常具有发展前途。

电控高压共轨系统主要由高压油泵、高压共轨管、高压油管、喷油器、ECU 及各类传感器组成。由于其工作特点，高压油泵的驱动转矩通常只相当于直列泵的 1/5~1/3，外形尺寸不大，最多接近普通直列泵，因此非常适合锡柴 6DF 系列机型升级使用，整机改动基本局限在燃油系统安装和布置方面。

由于目前国际上有非常多的产品在使用电控高压共轨系统，产量很高，因此价格大幅下降，国内可通过 BOSCH、DENSO 采购。

（3）发动机电控技术的发展历程

早在 20 世纪 70 年代，人们就开始研究发动机电子控制技术，以替代机械控制，到目前为止，已经开发出许多功能各异的柴油机电子控制技术，大部分已经产品化，并投放市场。这期间经历了三代：第一代，位置控制系统；第二代，时间控制系统；第三代，时间-压力控制系统（电控高压共轨系统）。

第一代柴油机电控燃油喷射系统——位置控制系统的主要特点是保留了大部分传统的燃

油系统零部件,如喷油泵-高压油管-喷油器系统和喷油泵中齿条、齿圈、滑套等零件,只是用电子伺服机构代替机械式调速器来控制供油滑套或燃油齿条的位置,使供油量的调整更为灵敏和精确。这类技术已发展到了可以同时控制正时和预喷射的 ICS 系统。

第二代柴油机电控燃油喷射系统——时间控制系统可以保留原来的喷油泵-高压油管-喷油器系统,也可以采用新型的可以产生高压的燃油系统。这种系统的喷油量和喷油正时由电脑控制的强力高速电磁阀的开闭时刻所决定:电磁阀关闭,执行喷油;电磁阀打开,喷油结束。喷油始点取决于电磁阀关闭时刻,喷油量取决于电磁阀关闭时间的长短,因此可以同时控制喷油量和喷油正时。

第三代柴油机电控燃油喷射系统——时间-压力控制系统也称电控高压共轨系统,这种系统包括了高压共轨系统和中压共轨系统。这是 20 世纪 90 年代国外推出的柴油机电控喷油技术。该系统摒弃了传统的泵-管-喷嘴的脉动供油方式,用一个高压油泵在柴油机的驱动下,连续将高压燃油输送到共轨管内,高压燃油再由共轨管送入各缸喷油器。

2.3 DF 系列柴油机的拆装要点

(1) DF 系列柴油机的拆卸

① 拆卸呼吸器总成 拧松螺栓 M8×30 (1 个),并取下呼吸器,注意呼吸器上的密封圈(图 2-3-1)。

图 2-3-1 拆卸呼吸器总成

② 拆卸柴油滤清器总成 拧松柴油滤清器支架螺栓 M8×30 (2 个),拧松柴油滤清器燃油管螺栓 M14×30 (2 个),取下燃油管,注意共 4 个垫片[进、出油管接头螺栓的拧紧力矩控制在 (25±5)N·m]。拆下柴油滤清器总成(图 2-3-2)。

③ 拆卸皮带与发电机总成 松开双头螺柱上方两个螺母,放松并取下皮带。拧松 M10×130 螺栓 (1 个)(带 1 个平垫、1 个弹簧垫)并取下发电机总成(图 2-3-3)。

④ 拆卸增压润滑系统 拧松涡轮进油管螺栓 M14×12 (2 个),机油滤清器支架固定螺栓 M8×25 (2 个),机油滤清器进油管螺栓 M14×1.5 (1 个),并一一取下,注意保存好垫片,取下增压润滑系统总成(图 2-3-4)。

⑤ 拆卸增压器总成 拧松增压器螺母 M10 (4 个)[拧紧力矩为 (25±7)N·m],注意取下弹簧垫,取下增压器总成(图 2-3-5)。

图 2-3-2　拆卸柴油滤清器总成

图 2-3-3　拆卸皮带与发电机总成

图 2-3-4　拆卸增压润滑系统　　　　　图 2-3-5　拆卸增压器总成

⑥ 拆卸排气歧管支架　拧松后挺杆室盖板螺栓 M8×35（4 个）、M8×15（4 个），再拧松排气歧管支架螺栓 M10×28（1 个），拆除排气歧管支架（图 2-3-6）。

⑦ 拆卸高压油管、增压补偿管　按 1～6 缸顺序拧松油管快拆螺栓，并一一取下高压油管、增压补偿管（图 2-3-7）。

图 2-3-6　拆卸排气歧管支架　　　　　图 2-3-7　拆卸高压油管、增压补偿管

⑧ 拆卸排气歧管　拧松排气歧管固定螺母 M10（2 个）、固定螺栓 M10×35（2 个）[拧紧力矩为（32±10）N·m]。取下排气歧管垫片总成 4 个，并取下排气歧管（图 2-3-8）。

图 2-3-8　拆卸排气歧管

⑨ 拆卸出水管（带节温器）　拧松螺母 M8（12 个），取下平垫和弹簧垫（各 12 个），取下出水管（带节温器）（图 2-3-9）。

图 2-3-9　拆卸出水管（带节温器）

⑩ 拆卸水泵总成　拧松进水口支架螺栓 M12×30（1 个）、水泵固定螺栓 M10×35（4 个），取下垫片，取下水泵总成（图 2-3-10）。

⑪ 拆卸进气管和柴油滤清器支架　拧松进气管螺栓 M8×60（1 个）、M8×65（1 个）、M8×70（5 个）、M8×80（3 个）、M8×85（3 个）、M8×90（4 个），注意取下 17 个平垫、17 个弹簧垫，取下柴油滤清器支架螺栓，拆卸进气管和柴油滤清器支架（图 2-3-11）。

图 2-3-10　拆卸水泵总成　　图 2-3-11　拆卸进气管和柴油滤清器支架

⑫ 拆卸汽缸盖罩和喷油器回油管　拧松汽缸盖罩螺栓 M8×25(4个)、M8×22(8个)，取下汽缸盖罩，拧松回油管上紧固螺钉（6个），注意取下两面垫片（12个），取下喷油器回油管（图 2-3-12）。

⑬ 拆卸摇臂总成　拆卸摇臂轴轴承座螺栓 M12 和 M8［拧紧时按顺序从中间往两侧，依力矩要求］，注意摇臂轴下的垫片，防止丢失，拆卸摇臂总成（图 2-3-13）。

⑭ 拆卸推杆　按照 1～6 缸的顺序一一取出推杆并注意保存（共 12 个）（图 2-3-14）。

⑮ 拆卸喷油器　拧松固定喷油器支架的螺母 M8（12 个），注意 12 个垫片，取出喷油器（图 2-3-15）。

图 2-3-12　拆卸汽缸盖罩和喷油器回油管

⑯ 拆卸汽缸盖、缸盖衬垫　拧松汽缸盖固定螺栓 M10×30(6个)、M12×47(18个)，共 24 个垫片，用扳手翘起汽缸盖，抬下汽缸盖，取出缸盖衬垫［汽缸盖螺栓拧紧力矩为 (245±15)N·m，需涂机油］（图 2-3-16）。

图 2-3-13　拆卸摇臂总成

图 2-3-14　拆卸推杆

图 2-3-15　拆卸喷油器

图 2-3-16　拆卸汽缸盖、缸盖衬垫

⑰ 拆卸发电机支架　拧松发电机支架螺栓 M10×35(3个)（注意有 3 个弹簧垫、3 个平垫），拆下发电机支架（图 2-3-17）。

⑱ 拆卸挺柱　按 1～6 缸顺序一一取出挺柱（图 2-3-18）。

⑲ 拆卸机油滤清器（粗滤、精滤）　拧松全流式机油滤清器螺栓 M8×25(4个)（注意有 4 个弹簧垫、4 个平垫），取下全流式机油滤清器。拧松离心式机油滤清器螺栓 M8×85(3个)（注意有 3 个弹簧垫、3 个平垫），取下离心式机油滤清器。注意保存好垫片（图 2-3-19）。

⑳拆卸起动机　拧松双头螺柱 M12（1 个）、螺栓 M12×115（1 个）（注意有 1 个平垫、1 个弹簧垫），拆下起动机（图 2-3-20）。

图 2-3-17　拆卸发电机支架

图 2-3-18　拆卸挺柱

图 2-3-19　拆卸机油滤清器（粗滤、精滤）

图 2-3-20　拆卸起动机

㉑拆卸联轴器　将飞轮盘移动至 1 缸上止点前 9°，拧松联轴器夹紧螺钉，拆除螺栓 M8×20（2 个）（注意有 2 个垫片）（图 2-3-21）。

㉒拆卸喷油泵总成　拧松喷油泵紧固螺栓 M6×75（4 个），拆下喷油泵总成（图 2-3-22）。

图 2-3-21　拆卸联轴器

图 2-3-22　拆卸喷油泵总成

㉓拆卸空压机总成　拧松空压机双头螺柱上的螺母 M10（2 个），拧松紧固螺栓 M8×35（4 个）（注意有 4 个垫片），拆下空压机（图 2-3-23）。

图 2-3-23　拆卸空压机总成

（2）DF 柴油机的装配

装配过程与拆卸过程大体相反，拆卸从拆呼吸器总成开始至拆空压机总成结束，装配过程从装空压机总成至装呼吸器总成结束。装配过程中需要调节气门间隙。装配过程中在装喷油泵前需校正喷油提前角。

2.4 DF 系列柴油机的维修要求

（1）安全注意事项

① 修理人员进行维修前，应阅读机器铭牌及柴油发动机说明书所规定的一切预防、注意措施。

② 进行任何操作时，应穿戴好劳保用品（安全鞋、安全帽、工作服）；用锤子敲打零件或用砂轮打磨零件时必须戴护目镜。

③ 若需要焊接修理，必须由经过培训的熟练焊工进行焊接。焊接时应戴焊接用手套、面罩、工作帽并穿着适合焊接的衣服。

④ 当由两个人或更多的人员进行操作时，执行任何一个步骤前，都要通知伙伴。

⑤ 维护好所有工具，并正确使用工具。

⑥ 在维修车间应规定一个适合保管工具和被拆零件的地方。工具和零件必须放在正确的地方。要保持工作场所清洁，并确定地面上无灰尘或油，只能在规定的吸烟地点吸烟，严禁工作时吸烟。

（2）准备工作

① 拆装发动机前，应把发动机摆放在坚实的水平地面上，并用楔块固定发动机，防止发动机移动。

② 开始工作前应准备吊装工具：2.5t 叉车一台、φ12mm 钢丝绳 1 根、1t 卸克 2 只。此外，应将所有操纵杆锁住并挂上警告标志。

③ 分解工作开始前要冲洗发动机表面油污，放净发动机内机油，清洗发动机修理场地。

④ 准备放废机油的桶和摆放零配件的铁盆。

⑤ 开始拆装前工具准备：扳手（扳手口宽度有 10mm、12mm、13mm、14mm、16mm、17mm、18mm、19mm、21mm、22mm、24mm），套筒（套筒口内径有 10mm、12mm、13mm、14mm、16mm、17mm、18mm、19mm、21mm、22mm、24mm），曲轴螺母专用套筒，扭矩扳手，机油滤芯扳手，柴油滤芯扳手，塞尺，活塞环拆装钳，卡簧钳，

气门导管专用拆装工具，气门座圈专用拆装工具，尼龙棒，气门专用拆装工具，连杆衬套专用拆装工具，锉刀，刮刀，活塞专用安装工具，发车架。

⑥ 压置工作准备：汽缸套压置工作台、千斤顶、汽缸套压置专用工具。

(3) 维修注意事项

① 发动机刚熄火时，管路中的水和油都是热的，因此要小心不要被烫伤。应待油冷却后，再进行油、水管路的拆卸工作。

② 拆装进、排气门时，应用专用工具，防止锁片飞出伤人。

③ 当起吊发动机时，用到叉车或起吊设备，首先应检查钢丝绳和卸克是否损坏。应采用具有足够容量的起吊设备，将起吊设备配置在正确的部位，慢慢地操作叉车或其他起重设备，以防构件碰撞其他零件。不要在叉车或其他起重设备吊起零件时工作。

④ 当拆卸管子时，应防止燃油或机油洒落到地面上，如有应及时清理干净。

⑤ 一般不用汽油清洗零件（使用柴油或煤油）。

⑥ 组装时一定要将所有的零件装在原来的位置上。用新的零件替换损坏的零件。

⑦ 组装和安装零件时，必须用规定的力矩。当安装防护零件如防护罩、强烈振动的零件、高速旋转的零件时，应特别小心检查它们安装是否正确。

⑧ 对准两个孔或安装齿轮时，切勿插入手指，应注意不要将手塞入孔中。

⑨ 安装过程中，禁止戴手套进行操作。

(4) 技术参数

主要螺纹拧紧力矩如下。

汽缸盖螺栓：11～12kgf·m(108～118N·m)。

主轴承螺栓：22～24kgf·m(216～235N·m)。

连杆螺栓：12～13kgf·m(118～127N·m)。

飞轮螺栓：19～21kgf·m(186～206N·m)。

飞轮壳螺栓：13～15kgf·m(127～147N·m)。

凸轮轴压紧螺栓：11～12kgf·m(108～118N·m)。

曲轴前螺母：40～45kgf·m(392～441N·m)。

主油道稳压阀：3～4kgf·m(29～39N·m)。

修理技术参数如下。

汽缸数-缸径×行程：4-102mm×118mm。

汽缸套：薄壁干式。

压缩比：17.5∶1。

汽缸压力（理想）：28kgf/cm^2(2.74MPa)。

曲轴旋转方向：顺时针（从风叶看）。

气门间隙（冷车）：0.4mm。

机油压力：工作压力 2～5.5kgf/cm^2（196～539kPa）；急速压力大于 0.8kgf/cm^2(78kPa)；冷却水温度：75～90℃。

供油提前角（静态，以曲轴转角计）：16°～18°。

机体缸套孔内径：ϕ105.000mm～ϕ105.030mm。

汽缸套外径：ϕ105.020mm～ϕ105.050mm。

机体缸套台肩坑深度：4.00～4.04mm。

汽缸套台肩厚度：4.09～4.12mm。

活塞销孔内径：ϕ34.995mm～ϕ35.007mm。

活塞销直径：ϕ34.991mm～ϕ35.000mm。

汽缸套孔直径：ϕ102.020mm～ϕ105.060mm。
活塞裙部直径：ϕ101.940mm～ϕ101.980mm。
第一气环开口间隙：0.32～0.64mm。
第二气环开口间隙：0.27～0.59mm。
油环开口间隙：0.27～0.59mm。
气门导管高出缸盖弹簧座面：14.5mm。
进排气门下陷：0.8～1.1mm。
活塞压缩余隙：0.9～1.1mm。

清洗所有零件，对曲轴、汽缸套、活塞、活塞环、连杆、凸轮轴进行测量，如达不到标准，则更换。

（5）发动机试车

① 卸克、钢丝绳固定发动机，用叉车将发动机吊到发车架上。
② 在发车架上装上水箱，加满水。
③ 柴油桶装满柴油，将进、出油管放入，按下手油泵吸油。
④ 蓄电池正极线接入起动机，负极线搭铁，启动起动机，进行试车。

2.5 DF系列柴油机的故障表现

柴油机在使用过程中会出现这样或那样的故障，其现象多种多样，故障的成因也十分复杂。一种故障可以表现为一种或多种异常现象，如高压泵磨损后，既可表现为启动困难，也可表现为输出功率不足，还可表现为低速运转不稳定等。一般情况下，柴油机发生故障后，通常都会出现下列异常现象。

① 声音异常：如不正常的敲击声、放炮声、吹嘘声、排气声、周期性的摩擦声等。
② 运行异常：如柴油机下排气大，工作时出现剧烈振动，功率不足，转速不稳定等。
③ 排烟异常：如柴油机排气管冒黑烟、蓝烟、白烟等。
④ 温度异常：如机油及冷却液温度过高，排气温度过高，轴承过热等。
⑤ 压力异常：如机油、冷却液及燃油压力过低，压缩压力下降等。
⑥ 油耗异常：如柴油机运行时，机油消耗量、燃油消耗量异常增大等。
⑦ 启动异常：如柴油机启动困难或不能启动等。
⑧ 机械异常：如柴油机经常出现烧瓦、拉缸等机械故障。

第3章 CA4DF2柴油机

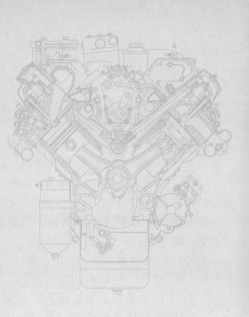

3.1 CA4DF2柴油机简介

CA4DF2柴油机如图3-1-1所示。

(a) 油泵侧　　　　　　(b) 排气侧

图3-1-1　CA4DF2柴油机

（1）主要技术参数

CA4DF2柴油机主要技术参数见表3-1-1。

表3-1-1　CA4DF2柴油机主要技术参数

型号	CA4DF2-13	CA4DF2-14	CA4DF2-16	CA4DF2-17
缸数缸径×行程	4-110mm×125mm			
排量	4.751L			
功率	90kW(2500r/min 时) 96kW(2500r/min 时)	103kW(2300r/min 时)	117kW(2300r/min 时)	125kW(2300r/min 时)
转矩	390N·m(1400r/min 时)	510N·m(1400r/min 时)	580N·m(1400r/min 时)	580N·m(1400r/min 时)
全负荷最低燃油消耗率	≤208g/(kW·h)	≤208g/(kW·h)	≤208g/(kW·h)	≤208g/(kW·h)

注：适配3～5t载货车和7～8m中型豪华客车以及公交车。

(2) 性能特点

低油耗：采用 P7100 泵、RQV-K 调速器、P 型油嘴，提高了泵端压力，减小了针阀惯量，使启喷更迅速，断油更彻底。

低噪声：采用优化了的缸体、缸盖、后端轮系结构，大大降低了噪声。

(3) 增压、增压中冷技术

自然吸气柴油机进入汽缸内的新鲜空气有限，喷入汽缸内的柴油得不到充分燃烧，产生大量的黑烟和很高的排气温度，废气排入大气，既损失了能量又污染了大气。自然吸气柴油机油耗高、烟度大、排气温度高，对大气污染大。

增压柴油机是利用废气涡轮增压器回收了柴油机排出的废气能量，通过废气涡轮做功带动压气机，向汽缸内压入更多的新鲜的空气，使燃烧充分，并可以喷入更多的柴油，发出更大的功率。增压柴油机油耗低、烟度小、排气温度低，对大气污染小。

增压柴油机压气机后的进气采用空-空中冷或水-空中冷后，进入汽缸内的空气温度可从不中冷的 130～150℃ 分别降到 50℃ 或 100℃ 左右，使空气密度增加，即在同样大的汽缸内可以进入更多的新鲜空气，因此可以喷入更多的柴油，发出更大的功率。同时使油耗和排气温度更低，排放的废气有害成分更少。空-空中冷的效果比水-空中冷好得多，因此增压空-空中冷是车用柴油机的发展方向。

采用增压、增压中冷技术的优点如下。

① 加大功率和转矩，特别是最大转矩和低速转矩比自然吸气柴油机有显著增加，可提高汽车的加速性能，爬坡能力和牵引能力。

② 在西南、西北等高原地区，海拔每升高 1000m，自然吸气柴油机的功率下降近 10%，增压或增压中冷柴油机在高海拔地区能恢复并增加使用功率。

③ 经济性好。额定工况油耗和全负荷最低油耗比自然吸气柴油机低，高海拔地区百公里油耗下降了 10%～15%。

④ 尾气排放中的有害成分少，烟度低。

⑤ 噪声小。由于增压和增压中冷柴油机普遍降低了转速，即使不采取任何降噪措施，噪声也比自然吸气柴油机下降了 2dB，提高了驾驶的舒适性。

(4) 柴油机增压中冷工作原理

柴油机增压中冷工作原理如图 3-1-2 所示。

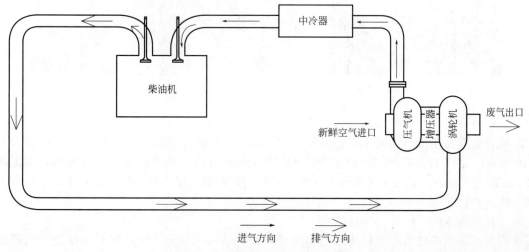

图 3-1-2　柴油机增压中冷工作原理

3.2 CA4DF2 柴油机的结构组成

(1) 机体

机体如图 3-2-1 所示。下缸孔抬高 16mm，缸套与水封圈配合部位也同时抬高 16mm，以提高机体和缸套的刚度，减小缸套产生穴蚀的概率。

采用有限元模型分析，改进缸体结构和材料，采用圆形水腔，提高缸体刚度。

(2) 缸盖

改进了缸盖内的进、排气道以及进、排气门，降低了缸盖热负荷的同时，提高了发动机的充气效率，满足了性能要求。

采用双喷嘴冷却缸盖三角区，降低了缸盖底部三角区热负荷，延长了寿命。

(3) 活塞连杆机构

采用内冷活塞解决大功率发动机活塞热负荷过高的问题。活塞冷却喷嘴开启压力为 (200±20)kPa，在 450kPa 时的流量为 3~4.2L/min（图 3-2-2）。连杆小头为楔形（图 3-2-3）。

第一道活塞环表面镀铬。第二道活塞环为负扭曲环，安装时有内倒角的一面朝下，另外根据国外最新设计理念，第二道环的开口间隙加大到 0.75~1.05mm。

图 3-2-1 机体

连杆螺母拧紧力矩为 (155±5)N·m。

图 3-2-2 活塞冷却喷嘴

图 3-2-3 连杆总成

(4) 曲轴

曲轴前端加粗到 ϕ80mm（加粗前为 ϕ72mm），曲轴后端加粗到 ϕ104mm（加粗前为 ϕ102mm），同时曲轴后端与飞轮连接的 M16×1.5 螺孔由 6 孔连接改为 7 孔连接，深度由 32mm 改为 50mm，提高了柴油机工作的可靠性。因曲轴加粗，故油封及油封座均与以前不同（图 3-2-4）。

(5) 供油系统

为了提高柴油机的性能和油泵工作的可靠性，CA4DF2 柴油机采用了工作能力更强的 P7100 喷油泵，采用 RQV-K 全程式调速器，泵端压力为 100MPa（图 3-2-5）。

图 3-2-4 曲轴

喷油泵的安装：转动曲轴使柴油机1缸活塞处于压缩上止点前9°位置，将油泵装入，若装不进去，可少许拨动飞轮（约在上止点前11°～15°之间）即可装入。

注意装入喷油泵后，切记要拔出喷油泵正时器锁销，然后反向装入，最后将堵盖拧上（图3-2-6）。

图 3-2-5 供油系统

图 3-2-6 喷油泵

（6）喷油器

为了确保柴油机的性能和排放指标，CA4DF2柴油机采用惯量小、喷油压力高的P型油嘴（图3-2-7），喷油器启喷压力为26～27MPa。装配时，油嘴尖端凸出缸盖底平面3.4～3.9mm（图3-2-8），若不在此范围，可通过增减喷油器调整垫片来调整，该垫片厚度从1.0mm至2.0mm，每隔0.01mm就有一种规格。

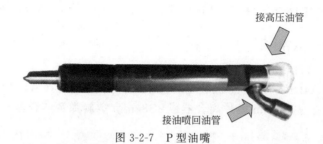

图 3-2-7 P型油嘴

喷油器用压板紧固在缸盖油嘴铜套内，其拧紧力矩为（70±10）N·m，不可过大。
P型油嘴的优点如下。
① P型油嘴喷射压力比S型油嘴高。
② P型油嘴压力室工作容积小，喷射后滴漏少。

③ 优化喷油孔。
④ 喷油状态稳定、良好。
⑤ 油嘴体积小，针阀惯量小，工作寿命长。

以上措施对节能减排起到了保证作用，大大改善了燃油燃烧质量，提高了油嘴可靠性。

(7) 轮系

优化后端轮系：优选了齿轮材料，部分齿轮采用了渗碳淬硬和磨齿工艺；加大了齿轮轴Ⅰ和齿轮轴Ⅱ的轴径，将齿轮轴Ⅰ插入机体部分的直径由 $\phi22mm$ 加大到 $\phi24mm$，固定螺栓也由 M12 加大到 M14，机体后端孔相应加大到 $\phi24mm$ 和 M14，后端钢板上固定齿轮轴Ⅰ的孔也由 $\phi24mm$ 加大到 $\phi25mm$；考虑到后端齿轮宽度尽可能加宽，对各种飞轮壳内作为齿轮轴Ⅰ支撑的 $\phi25mm$ 孔口平面深度也由 39mm 加深到 41mm（图 3-2-9）。

图 3-2-8 测量油嘴尖端凸出缸盖底平面高度

图 3-2-9 轮系

(8) 发动机附件

① 发电机 CA4DF2 柴油机可选用 28V 70A、28V 90A、28V 100A、28V 110A 内置调节器发电机。

② 空气压缩机 为水冷压缩机，布置在发动机前端，带传动，技术参数如下。

缸径×冲程：75mm×38mm。

工作转速：2100r/min。

排气量：180L/min。

工作压力：0.8MPa。

③ 转向泵 CA4DF2 柴油机采用叶片式转向泵（选装件），装在飞轮壳上，技术参数如下。

最高工作压力：10MPa。

满载最大流量：17L/min（测量点 3300r/min）。

④ 离合器 CA4DF2-13 柴油机装 $\phi350mm$ 膜片离合器；CA4DF2-14、CA4DF2-16、CA4DF2-17 柴油机装 $\phi380mm$ 膜片离合器或 $\phi380mm$ 螺旋弹簧离合器。

3.3 CA4DF2 柴油机的使用注意事项

① 严格按产品说明书的规定使用符合要求的柴油和机油，工厂推荐使用含硫量低的燃

油以及一汽锡柴专用机油，产品在检测时也必须使用符合有关标准规定的柴油和机油。

② 必须严格按照说明书的规定对柴油机进行调整，特别要保证柴油机的供油提前角符合排放机型的规定，不得随意调整，以免由于调整不当引起柴油机排放超标。

③ 增压器、喷油泵以及喷油器等关系到柴油机排放性能的零部件不得随意更换和自行调整；必须更换上述零部件时一定要选购原厂配件。特别要注意增压器、喷油泵以及喷油器的型号以及生产厂一定要符合原机配置。

正确使用、维护、保养柴油机是保持柴油机性能的基础，也是柴油机排放指标始终能够符合标准的根本保证。务必严格遵循产品说明书及上述规定。

第 4 章
CA6DL 柴油机

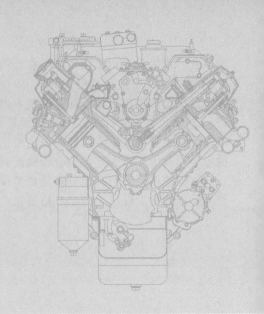

4.1 CA6DL 柴油机简介

CA6DL 柴油机是国内第一台自主开发的四气门商用车柴油机，排放达到欧Ⅱ标准，采用电控共轨技术后已达到欧Ⅲ标准，并具有达到欧Ⅳ标准的潜力。L 系列柴油机具有大功率、长寿命、低排放、低油耗、低噪声等特点，具有较强的配套适应性，广泛用于重型卡车和大型高档客车的配套。

（1）CA6DL 柴油机代号的含义

CA6DL 柴油机代号的含义如图 4-1-1 所示。

（2）CA6DL 柴油机的技术特点

技术先进：与奥地利 AVL 公司联合设计，具有当前世界先进水平，并拥有自主知识产权，拥有五个专利。

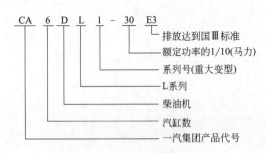

图 4-1-1 CA6DL 柴油机代号的含义
注：1 马力=0.735kW。

高功率：功率可达 235kW，CA6DL2 机型为 258kW。

长寿命：高压油泵、油嘴、曲轴等三十多种零部件均为国际采购，按照国际柴油机开发程序开发，具有 80 万公里的寿命。

低排放：运用四气门技术，采用波许公司的 P7100 油泵，排放达到欧Ⅱ标准，采用共轨电喷系统，排放可以达到欧Ⅲ标准，具有达到欧Ⅳ标准潜力。

低油耗：采用减少各摩擦件阻力和优化燃烧的方法，最低燃油消耗率为 193g/(kW·h)，百公里油耗比同类机型低。

低噪声：整机采用降噪设计，柴油机整机噪声低于 95.3dB（A），并有进一步降低噪声的可能。

（3）CA6DL 柴油机的主要性能参数

CA6DL 柴油机主要性能参数见表 4-1-1、表 4-1-2。

表 4-1-1　CA6DL1 柴油机主要性能参数

型号	CA6DL1-26	CA6DL1-28	CA6DL1-30	CA6DL1-32
	L601	L602	L600	L603
汽缸直径	110mm			
活塞行程	135mm			
总排量	7.7L			
压缩比	17.5∶1			
额定功率	191kW	202kW	220kW	235kW
额定转速	2300r/min			
最大转矩	1000N·m	1100N·m	1100N·m	1200～1250N·m
最大转矩转速	1300～1500r/min			
发火次序	1-5-3-6-2-4			
旋转方向（从风扇端看）	顺时针			
进气方式	废气涡轮增压、空-空中冷			
净质量	800kg			
总质量（含机油）	830kg			

表 4-1-2　CA6DL2 柴油机主要性能参数

型号	CA6DL2-33	CA6DL2-35
	L614	L611
汽缸直径	112mm	
活塞行程	145mm	
总排量	8.6L	
压缩比	17.5∶1	
额定功率	246kW	258kW
额定转速	2100r/min	
最大转矩	1350N·m	1450N·m
最大转矩转速	1300～1500r/min	
发火次序	1-5-3-6-2-4	
进气方式	废气涡轮增压、空-空中冷	
净质量	820kg	
总质量（含机油）	850kg	

4.2 CA6DL 柴油机的主要结构特点

CA6DL 柴油机的外观如图 4-2-1～图 4-2-3 所示。

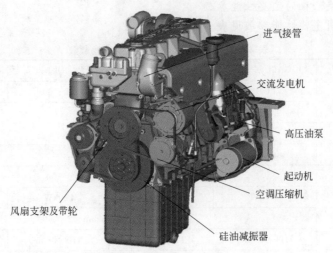

图 4-2-1　CA6DL1 前端

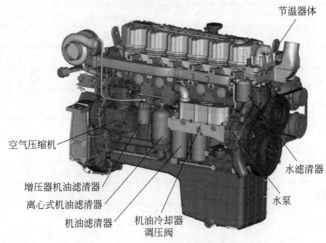

图 4-2-2　CA6DL1 排气侧

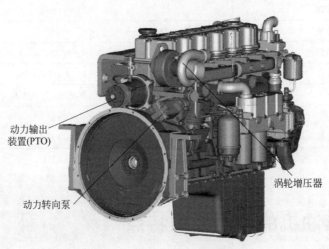

图 4-2-3　CA6DL1 飞轮端

采用薄壁多筋结构，同时增加了梯形下框架强化机体、减少振动，机油泵以及机油管路布置在机体上（图 4-2-4、图 4-2-5）。

图 4-2-4　机体

图 4-2-5　梯形下框架

油底壳与机体安装螺孔前后对称，可以前后换装。

皮带自动调整张紧装置（图 4-2-6）控制皮带的张紧力，出厂磨合后水滤清器开启阀芯处于开启位置。

图 4-2-6　皮带自动调整张紧装置

CA6DL 柴油机的齿轮为了增加其传递能力采用斜齿，两个中间齿轮靠机体侧都有调整垫片。曲轴齿轮、凸轮轴齿轮、中间齿轮上都有三角形标记，装配时必须对正。高压油泵齿轮无标记，曲轴主动齿轮用飞轮螺栓紧固（图 4-2-7）。

机体安装注意事项如图 4-2-8、图 4-2-9 所示。

图 4-2-7　后端齿轮

图 4-2-8　2S 机体安装注意事项

图 4-2-9　3S 机体安装注意事项

四气门汽缸盖可以充分提高柴油机的进气效率，从而可以进一步降低燃油消耗率并改善排放（图 4-2-10）。

进气门阀盘直径 $\phi 39.2mm$；排气门阀盘直径 $\phi 37mm$；进气门弹簧钢丝直径 $\phi 3.8mm$；自由长度 71.4mm；排气门弹簧钢丝直径 $\phi 4mm$；自由长度 69.8mm。气门与气门弹簧如图 4-2-11 所示。

机油泵驱动齿轮热套在曲轴大端，曲轴正时齿轮与曲轴大端为动配合，用定位销定位，该定位销同时用于飞轮定位，曲轴正时齿轮与飞轮一起用飞轮螺栓固定。曲轴前端有一个小凸台，用于带轮定位，硅油减振器装在带轮上（图 4-2-12～图 4-2-14）。

曲轴主轴颈直径 $\phi 100mm$，宽 35mm（第 1、7 挡除外）；连杆轴颈直径 $\phi 76mm$，宽 39mm；材料为 42CrMoA 淬火。

CA6DL 采用德国 Bosch 公司生产的 P 型喷油器，其装配如图 4-2-15 所示。

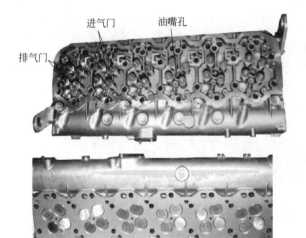

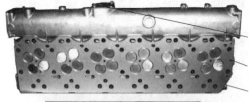

6DL柴油机：2S汽缸盖

进气管中间无打编号凸台

连接机体上水孔1个

后端吊耳搭子靠上平面

6DL柴油机：3S汽缸盖

进气管中间有打编号凸台

连接机体上水孔

图 4-2-10　CA6DL1 汽缸盖结构

图 4-2-11　气门与气门弹簧

硅油减振器

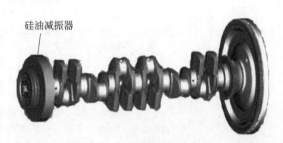

图 4-2-12　轮系装配（一）

图 4-2-13 轮系装配（二）

图 4-2-14 轮系装配（三）

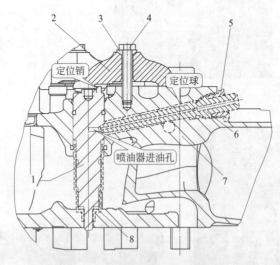

图 4-2-15 CA6DL1 喷油器装配
1—喷油器总成；2—喷油器压板；3—球面垫圈；4—喷油器压板螺栓；
5—中间压紧螺母；6—高压油管接管总成；7—汽缸盖；8—喷油器垫片

4.3 CA6DL 柴油机的燃油系统

采用德国 Bosch 公司的原装 P7100 直列燃油喷射泵，最大喷射压力达 120MPa，既确保了发动机的动力性能和可靠性要求，同时满足了国内用户对传统直列泵的使用维护要求（图 4-3-1）。

图 4-3-1 P7100 直列燃油喷射泵

在欧Ⅲ阶段，采用日本电装公司的电控高压燃油共轨系统，最大喷射压力达 160MPa，除燃油系统外发动机不需进行任何改动，达到最大的通用性（图 4-3-2）。

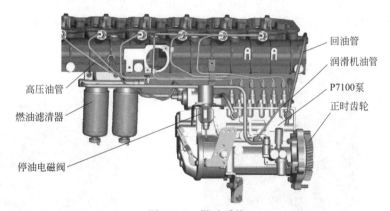

图 4-3-2 燃油系统

P 型喷油器布置在汽缸中心，嘴端压力达 110MPa，改善了油束穿透率及油束的落点，使油气混合更均匀，燃烧更完善（图 4-3-3）。

CA6DL 柴油机燃油系统的特点：采用 P7100 泵，P 型喷油器；喷油泵只规定安装角度；喷油泵不带提前器，利用柱塞顶隙结构可提前 3°；柴油滤清器两只串

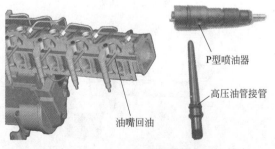

图 4-3-3 P 型喷油器

联,先粗滤后细滤,并带有油水分离器(图4-3-4);喷油器的回油从缸盖回油道中接出。

图4-3-4 柴油滤清器

4.4 CA6DL 柴油机的活塞连杆机构

CA6DL 柴油机为内冷活塞,燃烧室顶部位于中心。第一道气环为单面梯形环,锥面向上。第二道气环为矩形负扭曲环,有"TOP"的一面向上,不得装反。油环为组合环。

(1) 传统活塞

装入缸套时各环要依次错开120°,油环的开口与内弹簧搭口要错开180°。同一活塞连杆组质量差不大于30g,配缸间隙为0.094~0.146mm;活塞销直径为ϕ45mm(图4-4-1)。

采用德国马勒公司设计的内冷活塞和法国喷达公司设计的活塞冷却喷嘴,以满足发动机强化的需要(图4-4-2、图4-4-3)。

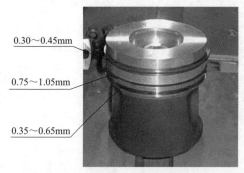

图4-4-1 活塞

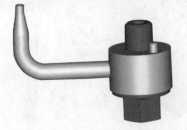

图4-4-2 活塞冷却喷嘴

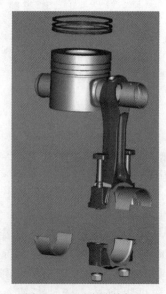

图4-4-3 活塞连接杆组

基本参数：连杆中心距 217mm；连杆大头孔径 ϕ78mm（ϕ74mm）；连杆小头孔径 ϕ49mm（ϕ45mm）；活塞销直径 ϕ45mm，长 86mm；连杆螺栓 M12×1.25 与连杆螺母配合使用总长 105mm。

胀断连杆与平切口连杆见表 4-4-1 和图 4-4-4。

表 4-4-1　胀断连杆与平切口连杆

项目	胀断连杆	平切口连杆
连杆件号	1004020A29D　结合面为非规则端口	1004020-29D　结合面为平切口
连杆螺栓	1004023A29D　六角对边 18mm 总长 97.3mm	1004023-29D　方头 25mm×20mm 总长 105mm
连杆螺母	无	1004027-29D　六角对边 18mm 总高 14mm
拧紧力矩	转角法 35N·m+180°	转角法 35N·m+180°

 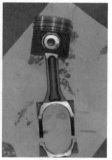

(a) 胀断连杆　　(b) 平切口连杆

图 4-4-4　胀断连杆与平切口连杆

第一道气环：梯形环，厚 3mm，环与环槽的平面间隙为 0.105～0.169mm，活塞环闭口间隙为 0.30～0.45mm。安装时有"TOP"的面向上。

第二道气环：矩形扭曲环，厚 2.5mm，环与环槽的平面间隙为 0.06～0.11mm，活塞环闭口间隙为 0.75～1.05mm。

组合油环：厚 4mm，环与环槽的平面间隙为 0.03～0.08mm，活塞环闭口间隙为 0.35～0.65mm，安装时弹簧接口与活塞环开口必须错开 180°。

(2) 新型活塞

新型直喷燃烧室、振荡冷却活塞燃烧室中心配置如图 4-4-5 所示，最高爆发压力可达 16MPa。

基本参数：连杆中心距 228mm；连杆大头孔径 ϕ80.5mm（ϕ76mm）；连杆小头孔径 ϕ49mm（ϕ45mm）；活塞销直径 ϕ45mm，长 86mm；连杆螺栓 M12×1.25（转角法 35N·m+180°）。

活塞连杆（图 4-4-6）组总装时，活塞顶面箭头及连杆体、连杆盖上小球应位于同一侧，并朝向曲轴自由端。

胀断连杆大头结合面为非规则平面。

胀断连杆螺栓对边 18mm 的六角头总长 97.3mm（转角法 35N·m+180°）。

第一道气环：梯形环，厚 3mm，环与环槽的平面间隙为 0.105～0.169mm，活塞环闭口间隙为 0.30～0.45mm。安装时有"TOP"的面向上。

第二道气环：矩形扭曲环，厚 2.5mm，环与环槽的平面间隙为 0.06～0.11mm，活塞环闭口间隙为 0.75～1.05mm。

组合油环：厚 4mm，环与环槽的平面间隙为 0.03～0.08mm，活塞环闭口间隙为 0.35～0.65mm，安装时弹簧接口与活塞环开口必须错开 180°。

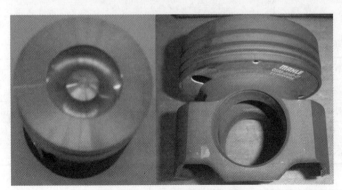
图 4-4-5　活塞燃烧室中心配置

图 4-4-6　活塞连杆

4.5 CA6DL 柴油机的冷却系统

（1）冷却系统特点
① 水泵安装在机油冷却器体上。
② 所有的冷却水都经冷却器进入机体。
③ 汽缸盖内水流为纵向。
④ 进入汽缸水腔的冷却水为上进水。
⑤ 水泵到节温器并联了一个水滤清器，由开关控制，用来放添加剂，可以有效保护冷却系统的金属表面（图 4-5-1）。

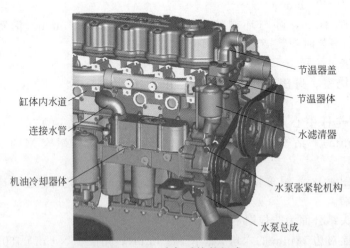
图 4-5-1　冷却系统的组成

（2）冷却液流动方向
冷却液从机油冷却器内通过接管进入机体排气侧凸轮轴腔上方进水通道，然后分别进入各个汽缸套水腔内，冷却机体和缸套后再进入缸盖（图 4-5-2）。汽缸盖内水流如图 4-5-3 所示。

图 4-5-2　冷却液流动方向

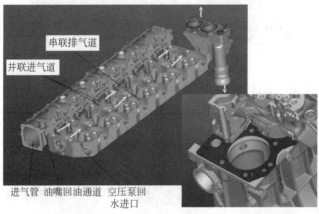

图 4-5-3　汽缸盖内水流

(3) 蜗轮蜗杆风扇张紧调整机构

如图 4-5-4 所示，调整时将张紧轮压板固定螺钉松开，同时将调整螺栓右边的螺母松开，转动调整螺栓，就可以带动张紧轮支架围绕水泵壳体前端转动，改变张紧轮支架的位置，就可以调整风扇皮带的张紧度。皮带张紧度合适后，应将调整螺栓右边的螺母拧紧，再将张紧轮压板固定螺钉拧紧。使用专用的皮带张紧力测量器，在皮带最长跨距上测量其张紧力，要求的张紧力初装为 600～650N，运转 20h 后为 400～500N。

(4) 节温器组、水滤清器

节温器体装在缸盖前端面，内有两个节温器，水温低于节温器开启温度（76℃）时冷却水走小循环，直接回到水泵内。水温高于 86℃，节温器全部打开，小循环关闭，冷却水走大循环。水滤清器与节温器体相连，冷却水从水泵上方经水滤清器进水管进入水滤清器，经过滤后进入节温器体内。水泵体上有一个水滤清器通道开关，槽垂直时为开，水平时为关，柴油机出厂时水滤清器处于开启位置。

图 4-5-4　蜗轮蜗杆风扇张紧调整机构

水温传感器装在节温器体上（图 4-5-5）。

图 4-5-5　节温器组、水滤清器

节温器工作状态如图 4-5-6 所示。

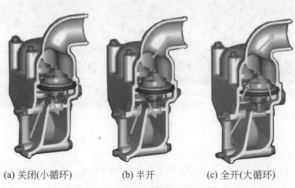

(a) 关闭(小循环)　　(b) 半开　　(c) 全开(大循环)

图 4-5-6　节温器工作状态

4.6 CA6DL 柴油机的润滑系统

6DL 柴油机润滑系统示意如图 4-6-1 所示。

（1）润滑系统特点

① 机油泵布置在机体内。

② 机油冷却器在机体外面，机油调压阀在冷却器体上。

③ 机油先冷却后滤清。

④ 主油道调压阀泄油是未滤清的机油。

⑤ 凸轮轴中心无油孔，各挡凸轮轴轴承都有油孔。

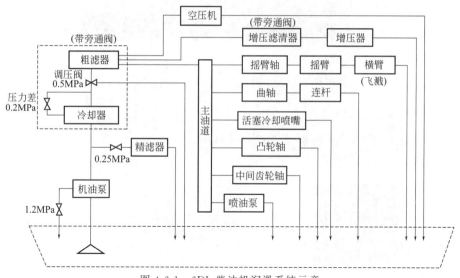

图 4-6-1 6DL 柴油机润滑系统示意

（2）新款与老款机油泵对比

新款与老款机油泵分别如图 4-6-2 和图 4-6-3 所示。新款机油泵从动齿轮与主动齿轮轴之间采用锥套结构，用螺母压紧，同时从动齿轮内孔增加衬套（至 2004 年 2 月止齿轮与泵体间的垫片仍保留）。

（3）润滑系统工作原理

机油流动方向如图 4-6-4 所示。

CA6DL 柴油机机油冷却器体内装有机油冷却器芯（图 4-6-5），其前端面兼作水泵后盖，中间布置有机油油道、冷却器安全阀、机油压力调节阀，下方装有机油滤清器和油压传感器，后端还有通往增压器滤清器和空压机的油管接头孔，上面装有机体进水弯管，冷却腔底有一个通往机体缸套下水封处的出水孔。

机油冷却器体内设有旁通阀，旁通阀布置在机油冷却器进油通道后端，机油冷却器阻塞

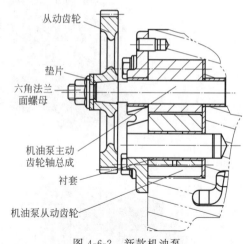

图 4-6-2 新款机油泵

图 4-6-3 老款机油泵

1—从动齿轮；2—机油泵盖板；3—机油泵主动齿轮轴总成；4—机油泵从动齿轮；
5—机油泵从动齿轮轴；6—垫片；7—六角法兰面螺栓；8—衬套

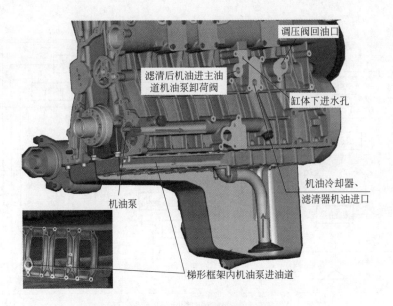

图 4-6-4　机油流动方向

图 4-6-5　机油冷却器芯

后，机油的压力大于旁通阀弹簧力，将阀向右推，机油不经冷却器而直接进入滤清器，以确保柴油机不断油（图 4-6-6）。

机油经过冷却、滤清后进入主油道润滑各需要润滑的部位。同时有一路油进入冷却器体内调压阀的底部，当油压大于调压阀弹簧的压力时就将调压阀体向左推，将滤清器前机油腔与泄油通道沟通，滤清器前后机油压力同时降低，同时进入调压阀底部的油压也随着降低，直到调压阀重新关闭（图 4-6-7）。

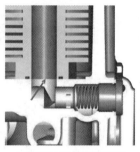 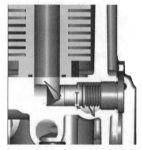

(a) 机油冷却器旁通阀关闭　　(b) 机油冷却器旁通阀打开

图 4-6-6　机油冷却器工作原理

(a) 调压阀未打开　　(b) 调压阀已打开

图 4-6-7　调压阀工作原理

(4) 机油滤芯的安装

机油滤芯的安装如图 4-6-8 所示。

(a) 充满机油　　(b) 密封圈涂油　　(c) 旋转至底座密封面　　(d) 再旋进1/2圈

图 4-6-8　机油滤芯的安装

4.7 CA6DL 柴油机的动力输出装置（PTO）设计

动力输出装置（PTO）如图 4-7-1 所示。

CA6DL 柴油机飞轮壳上部有动力输出接口（又称 PTO 接口），不用时可用盖板盖住。转向泵装在飞轮壳的右上方，转向泵也有装在空压机后端的。增压器后置时增压器回油口在飞轮壳上（图 4-7-2）。

根据市场调研的结果，需将 PTO 接口抬 80～100mm，以满足整车厂的需要（图 4-7-3）。抬高 100mm、曲轴中心偏移 39mm。

第 4 章　CA6DL 柴油机

 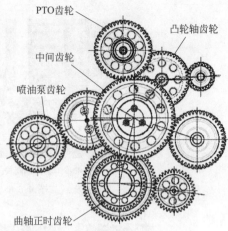

图 4-7-1 动力输出装置（PTO）

图 4-7-2 飞轮壳　　　　图 4-7-3 安装

4.8 CA6DL 柴油机强力螺栓的拧紧

采用转角法拧紧螺栓的拧紧方法和力矩见表 4-8-1。

表 4-8-1　采用转角法拧紧螺栓的拧紧方法和力矩

名称	规格	套筒扳手规格	拧紧方法 第一次	拧紧方法 第二次	自由长度	使用极限长度	备注
主轴承螺栓	M16	21mm	90N·m	180°	(147.6±0.1)mm	149mm	按要求顺序拧紧
缸盖螺栓	M15	21mm	75N·m	180°	(188.3±0.1)mm	190.3mm	按要求顺序拧紧
连杆螺栓	M12	21mm	35N·m	180°	(97.8±0.1)mm	106mm	每根连杆顺序拧紧
飞轮螺栓	M14	21mm	60N·m	180°	(97.8±0.1)mm	98.8mm	按对角方向成对拧紧
减振器螺栓	M14	21mm	50N·m	210°	(109.3±0.1)mm	110.5mm	按对角方向成对拧紧

续表

名称	规格	套筒扳手规格	拧紧方法 第一次	拧紧方法 第二次	自由长度	使用极限长度	备注
凸轮轴齿轮紧固螺栓	M14	21mm	60N·m	120°	(69.8±0.1)mm	70.4mm	
喷油器压板螺栓	M18	21mm	5N·m	90°	(49.3±0.1)mm	49.83mm	

4.9 CA6DL 柴油机的平面密封

下列零件装配前在密封面之间必须涂硅橡胶平面密封剂（图4-9-1）：凸轮轴盖板及汽缸体；齿轮室罩盖盖板与汽缸体；飞轮壳与齿轮室罩盖盖板；梯形框架出油口和汽缸体进油口；机油收集器总成出油口和梯形框架进油口；连接水管、垫片与机油冷却器盖板；汽缸体、垫片与连接水管；机油冷却器盖板与机油冷却器体；水泵与机油冷却器体；调温器体、垫片与汽缸盖；曲轴前油封座与汽缸体。

下列零件装配前在密封面之间涂以厌氧型螺纹锁固密封剂（图4-9-2）：机油滤清器连接螺纹与机油冷却器体；用于紧固水泵的三个双头螺柱；用于紧固喷油泵中间法兰的四个双头螺柱。

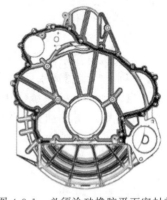

图 4-9-1 必须涂硅橡胶平面密封剂

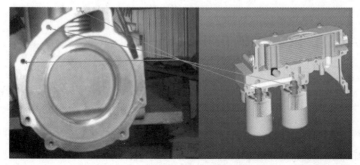

图 4-9-2 涂厌氧型螺纹锁固密封剂

4.10 CA6DL 柴油机的使用与维护保养

4.10.1 CA6DL 柴油机的使用

（1）启动

① 启动柴油机前检查水位、油位、报警指示灯以及其他仪表等，确认柴油机处于正常状态。

② 启动时间不能过长（小于15s），启动时不用给油，启动油量已经在ECU中被设定。

③ 若是寒冷地区，低温启动需预热，步骤如下：将启动钥匙旋到"ON"位置；当冷却液温度低于－15℃（电装）或0℃（博世），仪表盘上预热指示灯亮起，并在预热结束后熄灭；预热指示灯熄灭后，可启动发动机。

④ 启动成功后，钥匙开关需回至"ON"位置。

⑤ 柴油机启动后低速运行一段时间，让各润滑部位充分润滑，并适度热车，但时间不宜过长，3～5min即可。

(2) 行驶

① 起步要稳，养成柔和起步、缓慢加速的驾驶习惯，起步过快不仅容易造成机件的损坏，而且会造成油耗的增加。

② 行驶中不要猛轰油门，由于国Ⅲ车在急加速时ECU自动将油量平稳增加，所以即使猛轰油门也不会得到想象中的急加速。

③ 按经济时速驾车，低于或高于经济速度都会增加油耗。一般情况下车速控制在60～90km/h最为经济。切忌低挡高速行车，严禁空挡滑行。

④ 发动机电控系统要防止进水，当汽车要涉水行驶时，应避免电控系统因进水而受到损坏，原则上控制器离水面的高度应超过200mm，并且涉水行驶时速度应小于10km/h。

⑤ 当发动机电控系统出现故障时，系统发出故障报警，仪表盘上故障指示灯会点亮。此时，控制单元使发动机以较低的转速和较小的负荷运行，进入"跛行回家"状态。这是电控发动机为确保行车安全，并且能让用户方便维修的人性化功能设置。在"跛行回家"的情况下，驾驶员应耐心地将车开到附近的维修站，踩加速踏板企图加速是没有用的。

(3) 停车

柴油机在停车前应低速空载运行几分钟，钥匙开关关闭后，若要关闭总电源，需再等1min左右再关闭。

4.10.2 CA6DL柴油机的维护保养

4.10.2.1 电控系统部件维护保养

电控共轨系统的部件主要有ECU（电子控制单元）、线束、传感器以及执行器等。

(1) ECU

ECU如图4-10-1所示。注意防水、防潮、防尘、防磁场干扰；严禁碰撞、冲击，严禁使用任何液体清洗；勿用手触摸插接器端子；勿使异物进入插接口。

(a) 博世系统(6DL2)　　　　　　　　(b) 电装系统(6DL1)

图4-10-1　ECU

（2）线束

线束如图 4-10-2 所示。

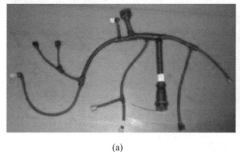
(a)

(b)

(c)

图 4-10-2　线束

插拔线束前，切记应先关闭点火开关。应小心插拔线束上的各类插接件，以防损坏。不可用力拉拽线束，防止拉断。每缸喷油器线束两根接线安装后不要相碰。

定期用清洁软布擦拭线束上的油污与灰尘，保持线束与传感器或执行器的连接部分干燥清洁。线束的插接件不能有水或油，当对国Ⅲ柴油机维修后（例如更换高压油管或排空气），应立即将油泵插接件上溅到的油用软布吸干。

所有线束的插接件要确保锁紧定位装置插到位，插口中无异物。进行电焊作业时，一定要关闭总电源并拔掉 ECU 上所有插头。经常检查各插接件是否有松动虚接情况，并及时排除。注意维护整车线路，发现有线束老化，接触不良或外层剥落时要及时维修更换。传感器本身出现问题时，一定要由专业的维修人员进行整体更换，不能自行在车上简单对接或维修。

（3）传感器

注意防水、防潮、防尘、防磁场干扰；严禁碰撞、冲击，严禁使用任何液体清洗；更换安装要密封，保持清洁，勿沾油污；高压部分传感器不得自行拆卸，如轨压传感器、G 传感器。冷却液温度传感器如图 4-10-3 所示。

（4）执行器

所有执行器电磁阀严禁拆卸；PCV 阀（图 4-10-4）、燃油计量单元插接口注意避免水、油污和异物进入；PCV 阀两个插接件不要插反；各电磁阀不要碰撞，以防损坏。

4.10.2.2　燃油共轨系统维护保养

（1）油箱

必须使用无铅油箱。油箱内至少需要有 50L 燃油，当油箱油量少于此值时（或油量达到警戒线的位置时），必须加油。

图 4-10-3 冷却液温度传感器

图 4-10-4 PCV 阀

(2) 燃油

柴油应根据环境温度来确定牌号,在冬季气温低的情况下,应使用低凝固点的柴油,夏季则反之,可按表 4-10-1 的推荐来选用。例如,环境温度为 -29℃时,应选用 -35 号柴油。

表 4-10-1 柴油的选用

柴油牌号	10 号	0 号	-10 号	-20 号	-35 号
十六烷值	49	49	49	46	45
凝固点/℃	10	0	-10	-20	-35
适用最低气温(柴油机工作环境温度)/℃	18	4	-5	-14	-29

柴油必须保持高度的清洁,不被灰尘杂质所污染,柴油注入燃油箱前应静置 72h 以上,并取用上层柴油。

(3) 燃油管路

油箱中的进油管和回油管必须一直浸没在油液中;进、出油管内径及回油管内径最好保证在 10～12mm 或更大些;所有燃油系统管路在拆装过程中要妥善保管,避免被污染;严禁在柴油机运转时拆卸高压油管(图 4-10-5)。

(4) 油水分离器与燃油滤清器

使用锡柴认可的国Ⅲ专用油水分离器与燃油滤清器(图 4-10-6),否则容易造成油泵及油轨损坏。最好每天放出油水分离器中的水分。每运行 10000km 或累计运行 300h,更换一次柴油滤芯(各机型具体周期按说明书)。

图 4-10-5 燃油管路

更换柴油滤芯的注意事项:使用专用工具且用力要均匀,以免挤压变形;检查新滤芯的密封圈是否完好;不允许往新滤芯中灌注柴油;更换柴油滤芯后要进行油路排空气。

(5) 高压油泵

六缸机高压油泵安装需对标记,四缸机高压油泵安装无需对标记。高压油泵无需校正供油提前角,应注意清洁、安装稳固,严禁敲击、冲洗(图 4-10-7)。

(6) 高压油轨(共轨)

共轨安装要稳固,严禁敲击、冲洗。轨压传感器和轨压限制阀严禁拆卸(图 4-10-8)。

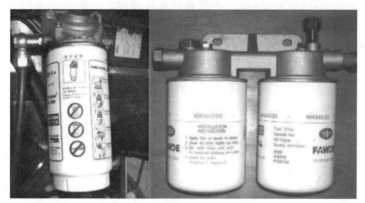

图 4-10-6　油水分离器与燃油滤清器

(a) 电装系统油泵

(b) 博世系统油泵

图 4-10-7　高压油泵

（7）喷油器

喷油器两接线勿短接，电磁阀勿拆卸，严禁敲击、碰撞、冲水（图 4-10-9）。

图 4-10-8　高压油轨（共轨）

图 4-10-9　喷油器

4.10.2.3　进、排气系统维护保养

进、排气系统的作用是保证进气清洁、充足，排气通畅。如果进、排气系统出现问题，会引发零部件早磨、燃油消耗和机油消耗大、功率不足等故障。

绝对禁止发动机在不装空气滤清器或空气滤清器失效的情况下工作。可以通过观察装在空气滤清器后的进气管上的空气阻力指示器来判断空气滤清器的堵塞情况，如果空气阻力指示器的颜色由绿色变为红色，说明需要更换滤芯。如果没有阻力指示器，则视环境空气中含尘量高低定期检查并清理或更换。

每运行 5000～8000 公里应更换空气滤清器滤芯，由于车辆用途和使用环境差异很大，应灵活调整保养、更换周期。

定期检查进、排气管路和增压器，要求管路连接可靠，无破损、无松动、无漏气；增压器叶轮转动灵活，轴向间隙适当，无窜油、窜气现象；排气制动阀和消声器无堵塞。

4.10.2.4　润滑系统维护保养

国Ⅲ柴油机零部件的精度很高，对于机油品质的要求较高，必须使用 CH-4 级以上的发动机机油。

机油的正常工作温度一般为 80～115℃，机油压力在正常工作时一般为 300～650kPa，怠速时不低于 80kPa，当发现机油压力不够时，要及时停车检查，否则会引发烧瓦等故障。

日常驾驶中应避免急速停车，起步和停车前均应怠速运转 3～5min，使润滑油路的油压建立起来，避免瞬时缺油，损坏增压器及其他部件。

定期检查油底壳内的油面高度和油品质量，油面高度要保持在油标尺的上、下限之间，机油变质后要及时更换。

汽车每行驶 8000～10000 公里应更换机油及机油滤芯，启动频繁或经常在高速大负荷下运行时应缩短换油周期。

4.10.2.5　冷却系统维护保养

冷却系统的正常运行关系到发动机的性能及可靠性，当冷却系统出现问题时，会导致水温高、返水，继而引发油温高、排气温度高、油耗高、功率不足甚至零部件烧毁等问题。

日常维护保养和使用中要注意检查各结合面是否存在泄漏；冷却液的容量不够时要及时添加；定期检查水泵带轮的松紧度和磨损程度及水泵的流量是否正常。

注意检查节温器和水温表是否有效。使用较长时间后，要注意对水腔内的水垢进行清理。

当水温过高时，发动机会进入热保护状态，使供油量减少，此时会自动停机，用户应仔细检查原因后予以排除。

6DL 系列柴油机只能用冷却液，不允许用水冷却。推荐使用"锡柴牌"专用冷却液。使用"锡柴牌"专用冷却液时，不必定期更换水滤清器滤芯。该冷却液可全年保护柴油机（从 -45℃ 至 108℃）。冷却液每两年更换一次。

4.10.3　节油操作

① 起步要稳，养成柔和起步、缓慢加速的驾驶习惯。起步过快容易造成机件损坏，因为此时柴油机温度低，机油比较黏稠，各部位供油不充分，突然提高转速极易损坏机件，加速零件磨损，降低使用寿命。急加速和急刹车都会增加油耗。

② 按经济时速驾车，低于或高于经济速度都会增加油耗。一般情况下车速控制在 60～90km/h 最为经济。车辆行驶中，一般尽可能挂入高挡，同时保持低速行驶，这是最经济的行车方法。

③ 正确使用离合器。驾驶员在使用中严禁脚一直踏在离合器的踏板上，原则上要求离合器分离时要快速，一脚踩到底，接合时要尽可能快速松开踏板而又平稳接合，防止长时间处于半联动状态。

④ 尽量匀速行驶，多走直线，少并线。要杜绝一有空当就抢的不良驾驶习惯，特别是在道路不畅、变换车道时，这种现象更为突出。这种驾驶习惯不但增加了行车中的不安全因素，而且油耗会是匀速行驶时的 2～3 倍。

⑤ 多注意红绿灯，早做准备，宁可等也不抢，尽量避免车辆处于发动机空转的状态，堵车严重时可以考虑熄火等候。严禁空挡滑行，可适当带挡滑行。

⑥ 合理少用空调，开空调也不要调到冷热最高挡，挡位要适中。

⑦ 保持车辆清洁，高速行驶时尽可能不开窗户，开窗会增加阻力。

⑧ 跟车保持距离，找比自己车大些的车跟着，能减小气流阻力。

⑨ 根据交通状况提前减油，不要到万不得已才刹车。这需要平时多观察前方路况，与前车保持适当距离等。看到红灯亮起或出入高速路时，可以借剩余动力减速行驶，让车辆滑行前进。如果仍然加速至最后才突然刹车，不仅徒增油耗，还将加剧制动片的磨损。

⑩ 轮胎在按标准充气后，经过一段时间就会部分自然消耗，而轮胎气压的下降，对行驶阻力、轮胎的使用寿命及燃油的消耗有较大的影响，所以要及时调整胎压。

⑪ 要定期对发动机进行预防保养，因为发动机长久失调会增加油耗。车辆的节油是一个系统性的工程，除了与驾驶习惯、技巧有关外，还与车辆的保养有着直接的关系。

⑫ 对于节油，驾驶技巧和保养技巧是很重要的方面，但驾驶者往往忽视了在加油时的技巧。事实上，如果掌握了良好的加油技巧，也是能够节省不少燃油的。多试几个加油站，在保证油品的情况下找出行驶公里数最高的加油站，固定加油站加油。

第5章 6110柴油机

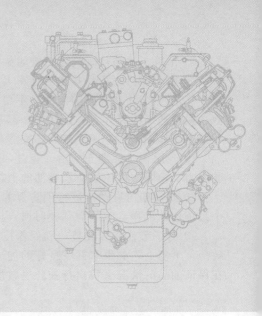

5.1 6110柴油机技术参数和主要部件

5.1.1 主要技术参数和特性曲线

(1) 主要技术参数

型式：直列式、四冲程、直接喷射燃烧室。
汽缸数：6。
汽缸套型式：湿式。
汽缸直径：110mm。
活塞行程：120mm。
额定功率：117kW（160ps）。
额定功率时转速：2900r/min。
最大转矩：431.6N·m。
最大转矩时转速：1700～1900r/min。
活塞排量：6.842L。
活塞平均速度：11.6m/s。
压缩比：17:1。
平均有效压力（最大转矩时）：795kPa。
最大爆发压力：8436.6kPa。
最低燃油消耗率：≤229.8g/(kW·h)。
烟度：≤Rb3.5(Bosch)。
机油消耗量：≤0.8%燃油消耗量。
最低空转稳定转速：≤650r/min。
最低空转稳定转速时机油压力：≥98.1kPa。
稳定调速率：≤10%。

启动温度（不借辅助措施）：-5℃。
柴油机旋转方向（从飞轮端看）：逆时针。
供油提前角（曲轴转角）：14°。
发火次序：1-5-3-6-2-4。
气门间隙（冷态）：进气门 0.30mm；排气门 0.35mm。
配气相位（冷态）（曲轴转角）：进气门开（上止点前）35°±6°；进气门关（下止点后）65°±6°；排气门开（下止点前）60°±6°；排气门关（上止点后）30°±6°。
启动方式：24V 电动机启动。
柴油机外形尺寸（长×宽×高）：1333.5mm×729mm×1016mm。
柴油机净质量（不包括离合器）：(540±20)kg。
额定功率运转时主要技术参数：总管排气温度≤680℃；机油进机温度 75℃；机油出机温度≤95℃；冷却水进口温度 70℃；冷却水出口温度 90℃；机油压力 343.2~441.15kPa。

（2）特性曲线

6110 柴油机总功率特性曲线如图 5-1-1 所示。

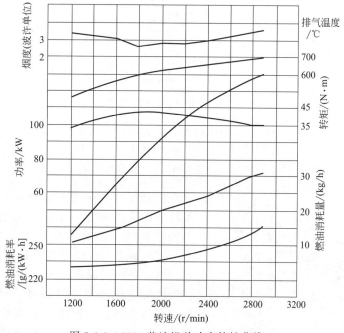

图 5-1-1 6110 柴油机总功率特性曲线

6110/125Z1A1 增压柴油机外特性曲线如图 5-1-2 所示。

5.1.2 主要部件

5.1.2.1 缸体总成

缸体总成由机体、缸套、齿轮室罩盖（飞轮壳）、油底壳等组成，是柴油机的主要固定件。

（1）机体

机体（图 5-1-3）是柴油机的骨架，要支承柴油机的所有零件和附件。机体用优质灰铸铁 HT200 整体铸造，采用薄壁框架结构，侧壁呈拱形，并在缸套冷却水腔与机体侧壁上设

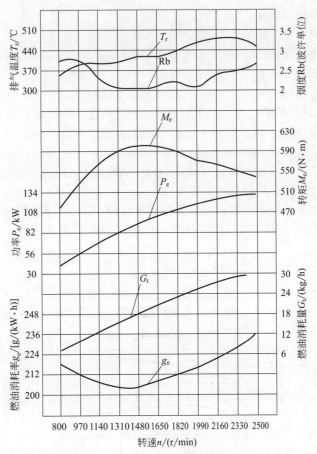

图 5-1-2　6110/125Z1A1 增压柴油机外特性曲线

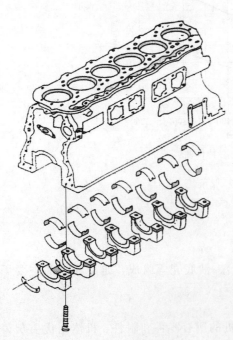

图 5-1-3　机体

计有横隔板和加强筋,以提高机体的刚度。机体主轴承孔采用高龙门结构,主轴承盖用高强度球墨铸铁制成,主轴承孔系组合加工而成。因此,七个主轴承盖与机体都有配对标记,以免装错。

机体进气侧设有纵向主油道和机油冷却器腔;排气侧装有机油粗滤器和机油精滤器;机体后端面设有斜油道,连接主油道与中间齿轮轴孔和凸轮轴孔内的油道,后端凸轮轴轴承上一个油孔对准机体后端斜油道,与机体主油道相通,另一个油孔与机体油道相通,使润滑油进入摇臂轴。

机体进气侧固定有喷油泵托架,该托架与机体组合加工,并用定位销定位,保证了喷油泵轴与空压机轴的同轴度。

（2）缸套

缸套采用合金硼磷铸铁制造,为改善缸套与活塞环的接触润滑状况,缸套内壁加工成平台网纹状,以便能够适当储存润滑油。缸套压入机体时应注意以下事项。

① 在缸套下端外圆涂上机油或肥皂水，以便于嵌入。

② 缸套压入机体后，应检查缸套凸肩上平面高出机体平面的高度在 0.025～0.105mm 范围内，同时相邻缸套的凸出量之差不能大于 0.03mm。

③ 缸套压入机体后，应注意检查机体、缸套、封水圈三者所形成的冷却水腔是否有泄漏。可以用对水腔充水后密封加压的方法进行检查。

（3）油底壳

油底壳用以收集和储存机油。采用 2mm 厚的钢板冲压制成，油底壳上有油标尺，以方便检查油量。6110 柴油机油底壳的容量为 16～18L。

5.1.2.2 曲轴连杆机构

曲轴连杆机构是柴油机的主要工作机构，全部由运动件组成，主要有曲轴、飞轮、减振器、连杆、活塞等零件。曲轴连杆机构的作用是把活塞的往复运动转变为曲轴的旋转运动，把燃气作用在活塞上的力转变为曲轴的转矩并通过飞轮对外输出而做功。

（1）曲轴

曲轴的功用是将活塞的往复运动通过连杆转换为旋转运动，并由飞轮向外输出功率。曲轴用高强度球墨铸铁整体铸成。曲轴共有七个主轴颈和六个连杆轴颈，轴颈的加工精度和表面粗糙度要求均比较高。为了提高轴颈的耐磨性，各轴颈表面进行了氮化处理。

曲轴的前、后端分别安装有减振器（带轮）、甩油盘、主轴齿轮、飞轮等零件。

（2）飞轮

飞轮是用来储存能量、调节曲轴转速波动、稳定转速用的。在柴油机启动时，飞轮也起辅助作用，使启动容易。飞轮端面与离合器连接，向外输出动力。飞轮材料为蠕墨铸铁。

（3）减振器

减振器的作用是将柴油机运转时轴系产生的扭转振动的能量消耗在减振器的内摩擦中，通过减振器的阻滞作用，使振幅的增大受到限制。即使在强共振情况下，也不产生危及曲轴强度安全的大振幅，从而保证柴油机的安全运行。

减振器总成是由减振器体、带轮并在两者之间灌注硫化橡胶而制成的（图 5-1-4）。

（4）活塞连杆组件

活塞连杆组（图 5-1-5）的作用是通过活塞在缸套内的往复运动，将高压燃气的热能转化为曲轴的机械能。活塞连杆组主要由活塞、连杆、活塞环、活塞销等零件组成。

活塞是用硅铝合金制成的。活塞的结构分顶部、头部和裙部。活塞顶部有 ω 形凹坑的燃烧室；活塞头部有三道活塞环槽，供安装活塞环用；活塞裙部有供安装活塞销的销座孔。

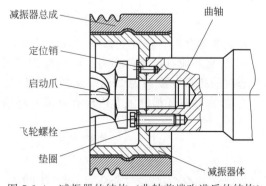

图 5-1-4　减振器的结构（曲轴前端改进后的结构）

新机出厂时，对同台柴油机所配活塞连杆组有质量差的要求。因此，在活塞顶部除有朝向柴油机前端的箭头标记外，还有数字标记，同台柴油机所用活塞的数字标记相同，则质量差在保证范围内（图 5-1-6）。

活塞环由于工作条件比较恶劣，而且长期处于与缸套高速摩擦状况，因此属易损零件。活塞环的主要作用是与缸套、活塞相配合，形成汽缸内的密封容积，同时将活塞产生的热量传递给缸套。活塞环用合金铸铁制成，三道活塞环形状、作用各不相同。第一道为镀铬单面梯形气环，装配时要注意锥面应朝上；第二道为内切口扭曲式气环，内圆上有倒角或缺口，装配时要求缺口朝上；第三道为螺旋弹簧膨胀式组合油环（图5-1-7）。

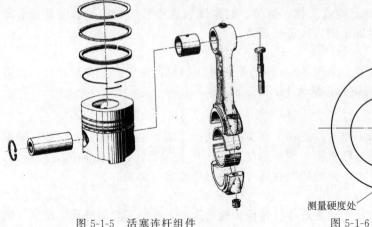

图 5-1-5　活塞连杆组件

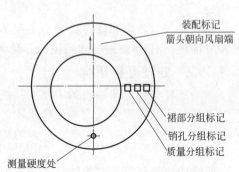

图 5-1-6　6110柴油机活塞顶部标记

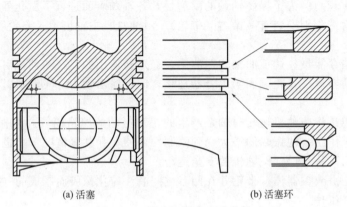

图 5-1-7　活塞与活塞环的结构

在装活塞环时，应注意以下三点。

① 活塞环应有足够的弹力。可根据用手按紧活塞环，使开口合拢时的手感和活塞环自由状态时的搭口开度约为15mm这两条来判断。

② 活塞环在环槽和缸套内应有合适的环槽轴向间隙和搭口间隙，以确保密封效果。

③ 活塞环搭口在活塞环槽内有位置要求，第一道气环搭口应在与活塞销轴线成30°方向，其余依次错开120°。油环环体搭口与衬簧搭口要错开180°（图5-1-8）。

连杆的作用是连接活塞和曲轴，将活塞承受的力传递给曲轴，并将活塞的往复直线运动转变为曲轴的旋转运动。连杆用合金钢模锻而成。连杆由连杆大头、连杆小头、连杆杆身三部分组成。连杆小头孔内有连杆衬套，连杆大头孔内装有连杆轴瓦。

活塞销是用来连接活塞和连杆的。用低

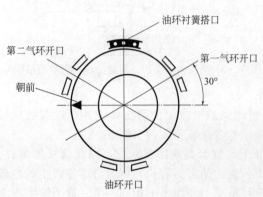

图 5-1-8　活塞环的装配

碳钢渗碳淬火制成，外部硬度较高，内部有一定韧性，耐磨且具备一定抗冲击能力。

5.1.2.3 缸盖总成

缸盖总成（图 5-1-9）用来密封缸套上平面，并与缸套和活塞顶共同形成燃烧室，同时为汽缸换气提供进、排气通道，在缸盖总成上还装有喷油器等零件。缸盖总成由缸盖、进气门、排气门、进气管、排气管、气门弹簧和缸盖罩壳等零件组成。

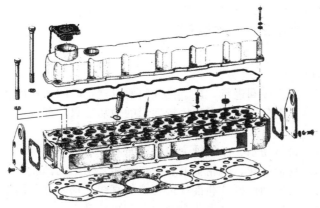

图 5-1-9　缸盖总成

（1）缸盖结构

缸盖是缸盖总成的主体。缸盖用蠕墨铸铁制成，具有强度高和热变形小的特点。缸盖为六缸一盖整体式，内部是直通冷却水腔。每缸各有一个进、排气门座和喷油器套。缸盖前侧有进气道并可安装进气管，后侧有排气道并可连接排气管。进、排气道直接铸出，不再进行机械加工，要求气道表面光滑，以减小进、排气阻力，确保换气质量。

（2）缸盖总成的装配

湿式喷油器套用黄铜挤制而成，装配前先套上 O 形橡胶圈，在配合表面涂上密封胶后压入缸盖孔内，并在下端孔口处进行挤压扩孔。装入喷油器后，应注意检查喷油嘴尖端凸出缸盖底面高度为 3.25～4mm，可用铜垫进行调节。以后若需更换喷油器，则重新测量伸出高度。喷油器铜套的主要作用是使喷油器得到较好的冷却，当柴油机使用一段时间后，喷油器前端有积炭，拆出时要注意不要使喷油器套一同脱出。

气门导管采用合金粉末冶金压铸而成，装配时应将导管清洗干净，外表涂上机油，然后压入缸盖，压至气门导管上端距气门弹簧座面 18mm 为止。气门座圈材料为合金铸铁，冷冻后压入座圈孔内。为保证气门的密封性，对气门和座圈要配对研磨，其密封带宽度为 1.2～1.5mm，整圈无断痕，要求气门凹入缸盖平面 1.1～1.6mm（图 5-1-10）。

气门用耐热合金钢制成，装配气门时，先将导管油封套在导管上端，然后在气门杆部涂上机油从缸盖底面向上插入导管内，依次装入弹簧下座、弹簧、弹簧上座，最后用专用工具压弹簧上座，使气门弹簧处于压缩状态，装入气门锁块。

缸盖总成装好后，应进行两项检查：一是

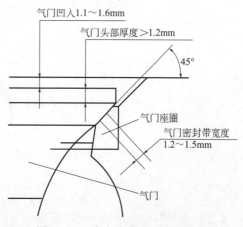

图 5-1-10　气门与气门座匹配尺寸

气门密封性试验,翻转缸盖总成,用煤油检查,在气门弹簧弹力作用下,不得有渗漏;二是压水试验,压力为 0.3MPa,历时 3min,不得有渗漏现象。

缸盖总成装上柴油机时,应检查缸盖平面和缸体上平面及活塞顶面是否清洁无杂物、无缺陷,汽缸垫是否完好无损,并注意正反面及各孔的位置是否与机体对准。若需对汽缸垫涂密封胶时,要注意薄而均匀,否则容易堵死水孔影响冷却。缸盖在机体上的位置由定位销进行限制。

由于缸盖紧固螺栓较多[26 个 M14 螺栓(有长短之分)和 6 个 M10 螺栓],紧固缸盖螺栓时,必须按规定的顺序分 2~3 次逐步拧紧,装配前在螺纹部位涂机油,拧紧力矩 M14 螺栓为 255.4N·m,M10 螺栓为 34.3N·m。

5.1.2.4 配气机构

为了使柴油机四个冲程顺利进行,进、排气门要以规定时间、速度和开度来动作。在短暂的时间内使换气干净、充分,从而得到比较理想的做功效果。配气机构就是根据这种要求来设计的。

配气机构主要由齿轮传动系、凸轮轴、挺柱、推杆、摇臂等零部件组成。曲轴的旋转,通过齿轮传动系带动凸轮轴旋转。凸轮轴上有十二个相互错开的凸轮,与各进、排气门开闭要求相适应。通过凸轮的转动使挺柱和推杆进行往复直线运动,并利用摇臂的杠杆作用控制气门的开闭。气门的开闭速度及开度主要由凸轮轮廓形状来决定。

(1)齿轮传动系

齿轮传动系(图 5-1-11)由大小不同的合金钢直齿齿轮组成。主动齿轮装于曲轴后端,在曲轴上有一圆柱销作齿轮定位用。主动齿轮在曲轴后端的固定是靠两者之间的过盈配合来

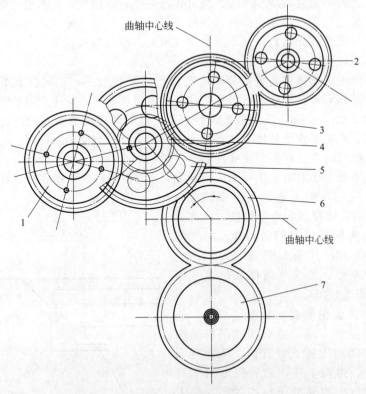

图 5-1-11 齿轮传动系
1—喷油泵传动齿轮;2—凸轮轴正时齿轮;3—凸轮轴正时中间齿轮 3;4—凸轮轴正时中间齿轮 2;
5—凸轮轴正时中间齿轮 1;6—曲轴正时齿轮及机油泵驱动齿轮;7—机油泵从动齿轮

实现的，因此装主动齿轮时应用加热齿轮后再压入的方法。主动齿轮为双联式，大齿轮带动机油泵小齿轮带动正时中间齿轮 2。正时中间齿轮 1 与正时中间齿轮 2 用键压装成整体式，由齿轮轴固定，齿轮轴与齿轮衬套之间由机体后端润滑油道通过齿轮轴上的横油孔供油润滑。正时中间齿轮 3 用齿轮轴固定，齿轮轴与齿轮衬套之间的润滑同样由机体后端润滑油道供油。正时中间齿轮 3 分别与正时中间齿轮 2 和正时齿轮（凸轮轴传动齿轮）啮合。各齿轮上均有供装配用的啮合标记。

齿轮传动系在装配时注意以下几点：装配时必须严格对准啮合标记，确保啮合正确；中间齿轮轴采用压力润滑方式，应注意油道畅通；各啮合间隙和中间齿轮的轴向齿隙应在规定范围内。

(2) 气门传动组

柴油机气门传动组由凸轮轴、挺柱、推杆、摇臂等零件组成。

① 凸轮轴　6110 柴油机采取高置凸轮轴、空心整体式，有球墨铸铁制和钢制两种，表面经热处理而具有一定的硬度。在凸轮轴上布置有十二个凸轮，通过推动挺柱、推杆、摇臂等零件来控制气门启闭。凸轮的布置完全根据配气相位和发火顺序的要求，来确保气门启闭的时间。凸轮轴除两端设有支承挡外，中间也有两个支承挡，使每两缸有一个支承面，从而凸轮轴的受力变形情况比较合理。

凸轮轴在工作时的润滑分两种形式：一是四个轴承挡由中心油道供给的压力油来进行润滑；二是凸轮与挺柱底面由汽缸体凸轮轴腔高位油池进行油浴润滑，这种润滑方式可防止启动时的瞬间摩擦。

凸轮轴在装配前应先检查后凸轮轴承两个油孔位置是否正确，否则将影响凸轮轴及摇臂的润滑。装配时应注意凸轮轴在缸体凸轮轴孔内转动灵活，无任何卡滞现象。凸轮轴传动齿轮则要严格按标记与中间齿轮啮合。

② 挺柱　气门挺柱是凸轮的从动件，其作用是将凸轮的转动转化为挺柱的上下往复运动，并通过推杆和摇臂控制气门的启闭。挺柱工作时随凸轮转动升起或降落，要承受气门弹簧的压力，因与凸轮的接触面积很小，故接触应力很大，为适应这种条件，挺柱用冷激铸铁制成，保证与凸轮接触的底平面具有较高的硬度。同时挺柱与凸轮有一偏心距，这样在凸轮的推动下，挺柱在作上下往复运动的同时，还绕自身轴线转动，从而有效减轻了底平面与凸轮的磨损，并达到挺柱底面磨损均匀的目的。因此，挺柱工作是否正常，也可从底面和圆柱表面的摩擦痕迹来判定。

③ 推杆　气门推杆用来传递挺柱与摇臂之间的推力。为减轻重量，推杆用空心钢管制成。推杆上端焊有凹形端头，使气门间隙调节螺钉的球头落入其中；下端焊有球形端头，抵在气门挺柱的凹球形座内。由于上、下端头在工作时要承受较大的接触应力，故均用钢件制成，并经热处理提高硬度，改善其耐磨性。

推杆属细长形零件，若柴油机工作不正常，例如气门间隙不对、配气正时不对或飞车时，很容易造成推杆弯曲变形，使用过程中间应尽量避免，一旦发现推杆弯曲，要及时校正或换新。

④ 摇臂　气门摇臂用中碳钢模锻而成，无进、排气之分。摇臂压装锡铝合金衬套后，装在同一根摇臂轴上，中间用摇臂轴座和定位弹簧进行分隔和固定。装配时应注意组件的润滑油道畅通，摇臂轴中心通孔即为组件的润滑油道，靠横油孔与后端摇臂轴座的油孔接通，进油通道由座上定位螺钉来保证。摇臂轴的油孔与各摇臂衬套的油槽在摇臂摆动时间歇对准，使摇臂间歇上油。摇臂轴中孔用堵片将两端封死，构成完整的摇臂润滑油路。每个摇臂上均装有调节螺钉和锁紧螺母，用来调整气门间隙。气门摇臂组件如图 5-1-12 所示。

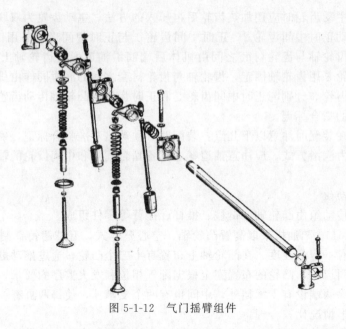

图 5-1-12　气门摇臂组件

5.2　6110 柴油机的三大系统

5.2.1　润滑系统

5.2.1.1　润滑系统的作用

① 润滑作用，减少内部摩擦消耗。
② 冷却作用，带走运动表面的多余热量。
③ 清洗作用，清除运动所产生的杂质和微粒。
④ 密封作用，填补微小间隙。
⑤ 防锈作用，使柴油机内部零件表面不易产生氧化。

5.2.1.2　润滑形式

柴油机主要采用三种润滑方式来对各部位进行润滑。

（1）压力润滑

用机油泵对润滑油进行加压后，通过有关管路将润滑油送到各润滑点。由压力油进行润滑的部位主要有曲轴主轴承、连杆轴承、中间齿轮轴承、凸轮轴承、摇臂轴承、空压机曲轴轴承等。

（2）飞溅润滑

无法采用压力润滑或承受负荷不大的部件，利用曲轴、连杆等运动部件的运动，将润滑油甩到各润滑点，进行润滑。这些部位主要有缸套与活塞环之间、活塞销与连杆铜套之间、传动齿轮的端面和齿面、凸轮表面、挺柱表面、推杆两端面、气门与导管之间、调速器内部、高压油泵内凸轮轴、自动提前器内部、空压机缸套与活塞环之间等。

（3）油脂润滑

其他一些辅助机构运动件，如水泵轴承、发电机轴承、起动机轴承等，由于负荷小，摩擦损失也不大，采用定期加注润滑脂的方式进行润滑。

上述三种润滑方式，组成了一个完整的润滑系统，以适应柴油机高速运转的需要。

5.2.1.3 压力润滑系的组成及工作过程

由于柴油机的主要运动件和主要承载件依靠压力润滑来确保润滑效果，因此压力润滑系成为6110柴油机润滑系统的主体。压力润滑系主要由机油泵、机油粗滤器、机油精滤器、机油冷却器、调压阀及连接管道组成（图5-2-1）。

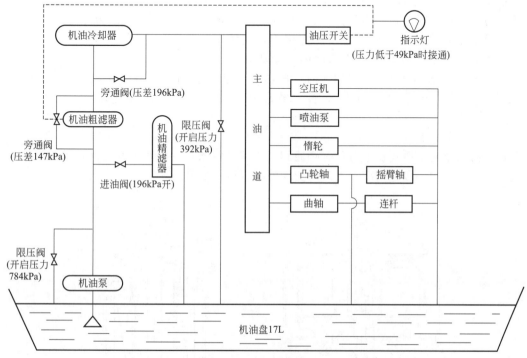

图 5-2-1 压力润滑系

油底壳的机油经集滤器吸入到机油泵加压。集滤器有防止杂质进入而保护机油泵不受损坏的功能。由于柴油机工作时转速变化比较频繁，转速变化范围也较大，机油泵内可能会产生瞬间高压。为限止这种会损坏压力管道的高压的出现，在机油泵上装有限压阀，从而保证压力润滑系的油压在此限值以下。机油由机油泵加压后经连接管道到达机油粗滤器、机油精滤器。在精滤器内装有限压阀，只有机油压力大于调整值时，进油阀才开启，精滤器投入工作，而小于该调整值时，进油阀则关闭，精滤器退出工作。流入机油粗滤器的机油被送到主油道。机油粗滤器如果长期不清洗，很容易造成堵塞，而且堵塞后，机油将无法到达主油道。因此，在机油粗滤器上设有旁通阀和堵塞指示器，当粗滤器进、出口压差大于规定值时，旁通阀开启，使机油不经粗滤器而直接进入主油道。经粗滤器滤清后的机油首先进入机油冷却器，以降低油温。由于机油冷却器内的通过截面较小，为防止机油冷态时黏度高，流动阻力增大，损坏冷却器芯，冷却器盖板上装有安全阀（旁通阀）。该阀的作用原理与粗滤器上的旁通阀相似，当冷却器进、出口压差大于规定值时，安全阀开启，机油不经冷却器而直接进入主油道。缸体主油道上装有限压阀，位于缸体进气侧供油自动提前器下方，确保机油在规定压力下进入各润滑部位。

5.2.1.4 润滑系统的主要部件

(1) 机油泵

机油泵为单级齿轮泵,装于缸体后端的下方,由曲轴齿轮直接驱动。当齿轮转动时,机油从右边被吸入,在轮齿与外壳形成的密封腔内被不断送往左边,齿轮啮合时容积减小,机油被压至机油泵出口,泵体出油口处装有限压阀(图5-2-2)。

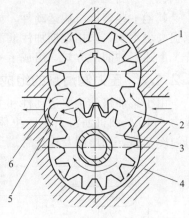

图5-2-2 机油泵工作原理
1—主动齿轮;2—吸油腔;3—从动齿轮;
4—泵体;5—卸压槽;6—压油腔

(2) 机油精滤器

精滤器又称离心式机油滤清器,装于缸体排气侧,进油口与主油道并联,其结构如图5-2-3所示。压力油经转子总成下部两个喷孔射出,产生反作用力,使转子旋转,高速旋转产生的离心力使机油内的杂质积聚在转子壁上。当进口机油油压大于196kPa时,机油进入转子,并从喷孔喷出,转子总成开始旋转,最高转速可达5000r/min以上。

(3) 机油粗滤器

粗滤器为全流纸质式,上盖装有旁通阀,当滤芯堵塞后,机油将不经粗滤器直接进入主油道。因此,使用一段时间后,应及时更换滤芯(图5-2-4)。

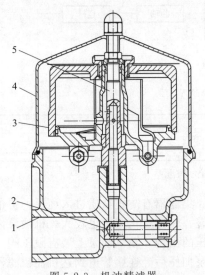

图5-2-3 机油精滤器
1—底座;2—限压阀;3—转子总成;4—外罩;5—转子轴

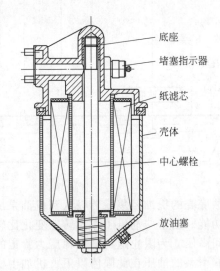

图5-2-4 机油粗滤器

(4) 机油冷却器

机油冷却器为水冷板翅式,与铝质盖板组合后安装于缸体进气侧水腔内。

(5) 主油道限压阀

限压阀(图5-2-5)安装在缸体进气侧供油自动提前器下方,可采用加减垫片的方法改变弹簧力,进而调整主油道压力。当油压超过规定值时,限压阀开启,润滑油流回油底壳。

为保证润滑系统正常工作,防止柴油机出现异常磨损及损坏,用户必须严格按照说明书规定使用符合要求的润滑油。

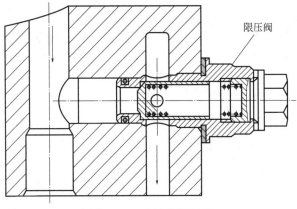

图 5-2-5 主油道限压阀

5.2.2 燃油系统

5.2.2.1 燃油系统的作用与要求

柴油机依靠燃油在汽缸内与空气混合后进行燃烧，利用燃烧产生的高压气体推动活塞向外做功。活塞在汽缸内往复运动，以合适的气门启闭与之相配合，组成四个冲程，解决了汽缸内的换气问题。燃油系统要在柴油机需要的时间内，按要求将燃油顺利送入汽缸。一般来说，柴油机对燃油供给有下列几方面的要求。

（1）油量要求

根据柴油机的不同转速和不同负荷要求，供给相应油量。这里包含两层意义：同一转速下负荷不变时，每一循环所供油量不变；负荷变化时，应能相应地改变供油量，以维持转速不变。对多缸柴油机来讲，各缸的供油量应一致。

（2）时间要求

由于活塞处于上止点时燃油充分燃烧，就可以得到最佳的工作压力，而燃油从送入汽缸与空气混合到充分燃烧需要一定的时间间隔，为了在不同的发动机转速下，都能保证活塞在上止点燃油充分燃烧，就需要根据柴油机的不同转速来控制不同的供油提前量，这个提前量如果用曲轴转角来表示，对于不同的转速，就有不同的供油提前角，从而保证在不同的转速下都能获得最佳的燃烧效果。

（3）压力要求

燃油进入汽缸时，汽缸内空气已经被压缩，为了使油气快速混合，要求燃油进入汽缸要有一定的速度，这种速度用燃油进入汽缸时的压力来保证。

（4）形状要求

为了使燃油进入汽缸后，与空气能够快速混合燃烧，要求喷入的燃油呈良好的雾状，并满足规定的空间形状和角度。

根据以上要求，可以得到以下结论：燃油系统的作用是根据柴油机工作的需要，将燃油以合适的油量、合适的时间、一定的压力和形状喷入汽缸。

5.2.2.2 燃油系统的组成

燃油系统分为低压油路和高压油路两大部分。低压油路由输油泵、低压油管和柴油滤清器等组成，完成柴油的输送和滤清工作；高压油路由自动提前器、喷油泵、调速器、高压油管和喷油器等组成，完成对汽缸的供油（图5-2-6）。

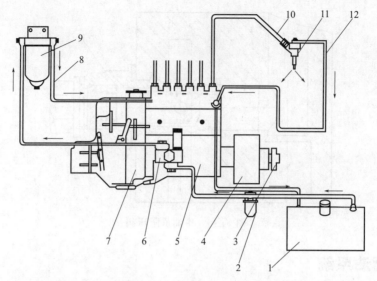

图 5-2-6 燃油系统的组成
1—燃油箱；2—粗滤器；3—连接器；4—自动提前器；5—喷油泵；6—输油泵；7—调速器；
8—低压油管；9—细滤器；10—高压油管；11—喷油器；12—回油管

输油泵从油箱吸入柴油，经滤清后将柴油送入喷油泵。柴油在喷油泵柱塞内被加压，经高压油管送到喷油器，以一定的压力和形状喷入汽缸。调速器和自动提前器则根据不同的工况和转速来调整合适的油量和供油提前角。各缸喷油器回油由回油管流回喷油泵。

输油泵除机械驱动外，还设置有手动驱动装置，用于柴油机启动前排除低压油路内的空气。调速器、喷油泵、输油泵和自动提前器装在一起，又称喷油泵总成。

5.2.2.3 燃油系统主要部件结构和工作原理

（1）输油泵

6110柴油机输油泵采用活塞泵，其功能是向喷油泵提供足够数量和一定压力的燃油。

活塞式输油泵的工作原理如图5-2-7所示。凸轮轴转动时，轴上的偏心轮1推动活塞10作往复运动。当偏心轮的凸起部分转到下方时［图5-2-7(a)］，活塞被弹簧7推动下移，上方泵腔容积增大，产生真空，使单向阀8打开，柴油被吸入。与此同时，活塞下方泵腔容积减小，油压增高，使单向阀6关闭，柴油经通道4流向柴油滤清器。当活塞被偏心轮和顶杆推动上移时［图5-2-7(b)］，上方泵腔的油压升高，单向阀8关闭，单向阀6开启，同时下方泵腔中产生真空，柴油自上方泵腔通过单向阀6经通道4流入下方泵腔。当输油泵的供油量大于喷油泵的需要量时，油路和下方泵腔中油压升高，此油压与弹簧7的弹力在某一位置平衡，使活塞不能回到下止点，即活塞有效行程减小［图5-2-7(c)］，从而减小了输油量，并限制了油压的进一步提高，实现了输油量和供油压力根据需要量的自动调节。

（2）自动提前器

由于燃油的燃烧需要一定的时间，因此为使燃油总是在活塞处于上止点位置时充分燃烧，必须将喷油的时间适当提前，这种提前量是随柴油机转速的升高而不断加大的。6110柴油机规定的喷油提前角为上止点前14°，该提前角仅适用于柴油机在低转速工作时的要求，随着柴油机转速的升高，提前角要不断加大，随转速变化而自动调整提前角的功能，就由自动提前器来实现。6110柴油机采用机械离心式自动提前器，装在柴油机喷油泵与空压机之间。曲轴通过传动齿动带动空压机及自动提前器转动，提前器再带动喷油泵转动。自动

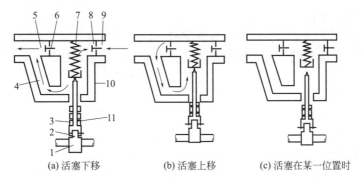

图 5-2-7 活塞式输油泵的工作原理
1—偏心轮；2—移动轮；3—顶杆；4—通道；5—出油口；6,8—单向阀；
7—活塞弹簧；9—进油口；10—活塞；11—弹簧

提前器的结构如图 5-2-8 所示，驱动盘 5 的底板上装有两个销轴 12，两个飞块 7 的一端各有一圆孔套在此销轴上，另一端压装两个销钉 8，并各自套上一个滚轮 3 和内座圈 2，从动盘 1 两臂上的弧形侧面与滚轮 3 接触，并被弹簧 9 所提供的弹力压紧。柴油机工作时，驱动盘 5 由空压机带动连同飞块 7 一起旋转，两个飞块的活动端因离心力而向外甩开，滚轮 3 则使从动盘 1 也沿相同方向转动一个角度，直到弹簧 9 的弹力与飞块的离心力平衡为止，此时驱动盘与从动盘同步旋转。转速升高时，飞块活动端便进一步向外甩开，从动盘被迫再相对驱动盘前进一个角度，同时压缩弹簧，到弹簧的弹力足以平衡新的离心力为止，供油提前角便相应地增大。反之，当柴油机转速降低时，供油提前角则相应减小。

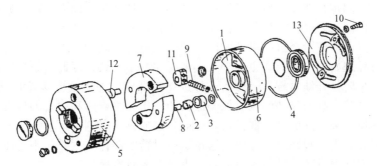

图 5-2-8 自动提前器的结构
1—从动盘；2—内座圈；3—滚轮；4—密封圈；5—驱动盘；6—筒状盘；7—飞块；
8—销钉；9—弹簧；10—螺钉；11—弹簧座圈；12—销轴；13—调节器

6110 柴油机在急速时，自动提前器的飞块在弹簧预紧力作用下不动作，此时的实际供油提前角应是调整值（上止点前 14°），随着转速的升高，飞块在离心力作用下压缩弹簧向外张开推动从动盘向前，故柴油机的实际供油提前角比调整值大，柴油机达到最高转速时，飞块位移也最大，此时从动盘相对驱动盘向前移动了约 6°，对应在曲轴转角上也就是 12°，因此柴油机处于额定转速时实际供油提前角为 14°+12°=26°。

自动提前器驱动盘端面有一内六角螺塞，用来对提前器加注润滑油。使用时应按期加注清洁机油。

(3) 喷油泵

喷油泵的作用是将燃油以一定的压力以及与各工况相适应的油量送至喷油器。6110 柴油机选用的是直列柱塞式 A 型喷油泵，柱塞直径为 $\phi 9.5\text{mm}$，柱塞斜槽为左旋。喷油泵主要由泵体、凸轮轴、柱塞偶件、柱塞弹簧、出油阀偶件、出油阀弹簧、齿杆、油量控制套筒、滚轮传动部件等组成。

喷油泵为六缸整体式，每一对柱塞与柱塞套只向一个汽缸供油，六个缸的喷油顺序由喷油泵凸轮来控制，与柴油机的发火顺序相适应。为了保证燃油能达到一定的压力，柱塞与柱塞套的配合间隙非常小，通过精密加工和严格选配来保证，故两个零件合用一个零件号，称为柱塞偶件，修理或更换时不能单个更换。

柱塞的圆柱表面上铣有斜槽，斜槽与柱塞上面的泵腔有连接通道。柱塞套上有两个圆孔，与喷油泵泵体上的低压油腔相通。柱塞在凸轮与弹簧的作用下，在柱塞套内作上下往复运动，同时在齿杆作用下绕柱塞本身轴线在一定的角度范围内转动。当柱塞下移时，燃油自低压油腔经油孔被吸入并充满泵腔。在柱塞自下止点上移的过程中，起初有部分燃油被泵腔挤回低压油腔，直到柱塞将油孔完全挡住为止。此时柱塞继续上升，柱塞上部形成一个密闭的空间，故燃油压力迅速增高并克服出油阀弹簧的作用，使出油阀打开，燃油经高压油管供给喷油器，当柱塞继续上移到斜槽与油孔接通，泵腔内压力迅速下降，出油阀在弹簧作用下回位，喷油结束。此后柱塞继续上移，直到上止点，但不再供油。

由此而见，柱塞在上移过程中并非都供油，只有在柱塞完全封闭油孔之后到柱塞斜槽与油孔接通之前这段行程内才供油。显然，喷油泵每一循环泵出的油量取决于供油有效行程的长短，只需对柱塞绕其轴线进行旋转，便可得到不同的油量。

柴油机在不同的情况下，需要提供不同的油量，这由喷油泵的油量调节机构来实现，如A型泵的油量调节机构为齿条齿圈式（也称齿杆式），不同的齿条位置，决定了不同的供油有效行程，也就得到了不同的供油量。柴油机在工作时还要求各缸供油量一致，当需要调整某一缸的油量时，可先松开齿圈的紧固螺钉，然后转动套筒，并带动柱塞相对于齿圈转动一个角度，再将齿圈固定。调整时应注意，向左转动是增加油量，向右转动是减少油量。

六个缸除了供油量要保持一致外，供油时间也要求一致。一般来讲，喷油泵凸轮轴各个凸轮的相对位置足以保证六个缸的供油时间，使各缸喷油时间的偏差在一定的范围内，但各缸的供油有效行程起始点不一致，也会导致供油时间的不一致，因此齿条齿圈式油泵上设有滚轮传动部件，只要松开锁紧螺母，拧出或拧进调整螺钉，即可改变滚轮传动部件的高度，从而改变了喷油泵某一缸的供油时刻。在柴油机的使用和维修过程中，如果发现各缸喷油时刻不一致，或调换了某一缸的柱塞偶件后，应对各缸的供油时刻进行复校或调整。

喷油泵上部装有出油阀和出油阀座，这也是一对精密偶件，主要作用是使喷油结束得干脆利落，出油阀因磨损或其他原因需更换时，也必须成对更换。

喷油泵工作得好坏，可以通过专用的喷油泵校验台来检测，检测的内容一般来说是柴油机所规定的各工况油量，各缸供油量的均匀性，以及特定的工作性能。车用机配喷油泵的供油量主要是检测标定、怠速、启动、校正油量以及各缸供油量的偏差是否在一定范围内。特定的工作性能主要有两项：一项是提供转矩油量时的转速要求在 1800~2000r/min，另一项是停止喷油的转速不得大于 1630r/min。表 5-2-1 是配一汽 CA1110PK2L2 型 5t 平头柴 CA6110-1B 型柴油机喷油泵（6A446 型）的主要调整数据，供参考。

表 5-2-1　6A446 型喷油泵主要调整数据

柴油机工况	喷油泵转速/(r/min)	喷油次数	供油量/mL
启动	150	200	17~24
怠速	270	200	3.1
校正	900	400	27.7±0.5
标定	1450	200	15.8±0.5
停油	≤1630		

（4）调速器

柴油机负荷经常变化，而实际使用时则希望外界变化时，柴油机能自动地维持比较稳定的转速，也就是说，要用变化的供油量来适应变化的外界负荷，达到稳定转速的效果。调速器就是柴油机上根据外界负荷信号来改变供油量，最终实现稳定柴油机转速这一要求的部件。

6110柴油机采用的是RFD型机械调速器，具有全程调速和两极调速功能，当柴油机作为汽车动力时，只使用两极调速功能。

当柴油机不工作时，滑动盘受低速弹簧的作用靠向最左端，喷油泵齿杆处于较大油门位置，柴油机启动后，转速上升，由于飞锤离心力的作用，使滑动盘右移，带动齿杆右移减油。当转速升到某一值时，滑动盘推动球面顶块与弹簧滑套接触，此时由于高速弹簧的限制，滑动盘停止右移，齿杆位置可由操纵杆来控制。如果此时外界负荷变化使转速下降，则飞锤离心力下降，低速弹簧推动滑动盘并带动齿杆左移加油，以阻止转速的下降，此时的稳定转速也称为怠速。当操纵杆控制齿杆左移，致柴油机达到标定转速时，飞锤的离心力正好与高、低速弹簧的合力相平衡，此时若外界负荷变小，则转速要上升，离心力上升，促使滑盘右移齿杆减油，阻止转速的上升，确保柴油机不超出额定转速。两极式调速器可以使柴油机具有稳定的怠速和限制最高转速，而在中间区段可通过操纵杆来得到所需的转速。这是两极式调速器最基本的功能。为适应车用发动机的实际使用要求，RFD型调速器还设计有多种附加装置，使调速器具备以下功能：保证稳定的怠速；正常转速范围内由操纵杆控制齿杆运动，以便得到需要的转速，特定的转速区间能够提供校正油量，以增大输出转矩；限制最高转速，防止飞车；提供手工停车装置。

调速器在柴油机各种工况下的工作原理如下。

启动工况：发动机处于停车状态，把油门手柄置于最大负荷位置，此时，飞锤在启动弹簧力的作用下处于合拢状态，齿杆在启动弹簧和烟雾限制器的共同作用下处于特定的启动油量位置，发动机在启动过程中，由于转速的上升，飞锤离心力克服启动弹簧作用力，使滑套平移，同时通过杠杆系统使齿杆减油，启动过程结束（图5-2-9）。

怠速工况：启动过程结束后，将油门手柄置于怠速位置，发动机即处于怠速状态，此时飞锤离心力与怠速弹簧和启动弹簧的合力在某一位置平衡，并通过杠杆的作用，使齿杆位于怠速油量位置，这样柴油机便在怠速工况下运转（图5-2-10）。

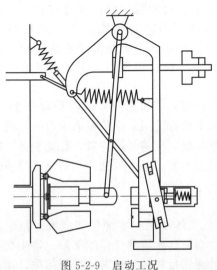

图5-2-9 启动工况

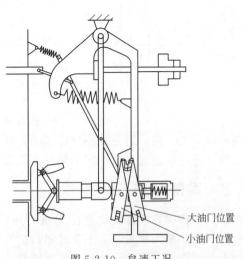

图5-2-10 怠速工况

额定工况：随着转速的升高，飞锤离心力逐步增大，致使怠速弹簧和校正弹簧处于压缩状态，提供额定功率，若油门手柄处于最大油门位置，而柴油机负荷并非最大，则势必引起转速的升高，飞锤离心力增大，克服调速弹簧的限制，带动齿杆减油，这样有效控制了最高转速（图 5-2-11）。

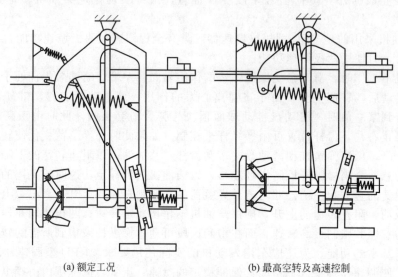

(a) 额定工况　　　　　　　　　(b) 最高空转及高速控制

图 5-2-11　额定工况与最高空转及高速控制

校正工况：当柴油机负荷增加，最大油门位置时的油量也不能满足需要时，转速将下降，同时引起离心力的下降，转速降到一定值时，校正器弹簧将克服离心力作用而使怠速顶杆左移，并通过杠杆带动齿杆加油，此时达到的供油量，即最大转矩油量，此时的转速即为最大转矩转速（图 5-2-12）。

（5）喷油器

喷油器的功能是将喷油泵供给的高压燃油以一定的压力、速度和方向喷入汽缸，喷油结束时能迅速切断燃油供给，不发生燃油滴漏现象，以保证燃烧效果。喷油器总成主要由油嘴偶件、调整弹簧、调节螺钉、喷油器体组成，油嘴是精密偶件，柴油机工作时，喷油质量的好坏将直接影响柴油机的工作，因此对油嘴应经常检查、校验和保养，偶件需更换时必须成对更换。

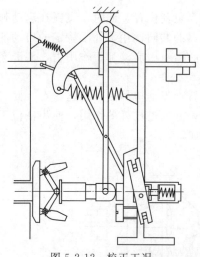

图 5-2-12　校正工况

喷油器工作得好坏，可通过喷油器检验器来检查。喷油器后部的调节螺钉是用来调节喷油压力的，向里拧是提高喷油压力，向外退是减小喷油压力，压力调整好后，应将螺钉拧紧，以防变动。除喷油压力外，还应注意观察喷油时的喷射形状及雾化是否良好，是否滴油，声音是否清脆。

5.2.3　冷却系统

柴油机工作时，柴油燃烧产生大量的热，与高温气体接触的零部件如活塞、缸套、缸盖、气门等受热极为严重，若不对其进行适当冷却，会使这些零部件强度下降，发生变形及异常磨损。同时，零部件受热后会发生膨胀，过大的膨胀量将破坏正常的配合间隙，使运动件受损。此外，柴油机的高温也会使进气温度升高，导致进入汽缸的空气量减少，使柴油机功率下降。因此，为保证柴油机的正常工作，必须采取必要的冷却措施。

5.2.3.1 系统组成

6110柴油机冷却系统以水为冷却介质，采用强制性闭式循环的冷却方式，将高温零部件中的热量吸收后再散发出来进行冷却。这种冷却方式的特点是冷却均匀，效果好，柴油机运转噪声小，因此应用比较广泛。

柴油机的冷却系统主要由散热器、风扇、水泵、冷却水腔、节温器等组成。如图5-2-13所示，冷却水泵在柴油机工作时与柴油机同时运转，其进水口与散热器的出水口及节温器的小循环通道相连，出水口与柴油机冷却水腔相连。当水泵运转时，冷却水由水泵提供一定的压力和速度，进入冷却水腔，对缸套、机油冷却器、缸盖等进行冷却，最后经出水管到节温器。当冷却水温高于规定的温度时，冷却水经过节温器的大循环通道进入散热器进行散热，再回到水泵进水口。当冷却水温较低时，冷却水经过节温器的小循环通道直接回到水泵进水口。

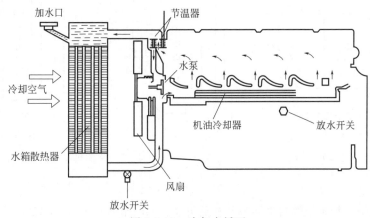

图 5-2-13 冷却水循环

5.2.3.2 主要部件

（1）水泵

水泵的作用是强制性地使冷却水在冷却系统内循环流动。6110柴油机冷却系统选用的是离心式水泵，具有结构简单、尺寸小、工作可靠等特点。水泵主要由泵体、轴承、泵轴、叶轮、水封、轴承等组成。

当叶轮旋转时，水泵中的水被叶轮带动一起旋转，并在离心力作用下向叶轮边缘运动，顺势沿出口被压入柴油机冷却水腔。同时，由于叶轮中心部位的水被甩向边缘，使叶轮中心形成低压，冷却水经水泵进口不断地补充进来，形成供水过程。

水泵使用注意事项：经常加润滑油脂，确保轴承工作可靠，加注的油脂要有一定的耐温性能；石墨水封属易损件失，效后必须成对更换；新结构水泵可不加润滑油脂，也不能更换水封。

（2）节温器

节温器是用来针对不同的工况，确保柴油机都在最佳温度下工作的装置。也就是说，节温器能够根据需要自动调节冷却系统的出口温度。6110柴油机采用两个蜡式节温器，如图5-2-14所示。在较低温度时，石蜡呈固态，大循环阀门关闭，小循环阀门开启，冷却水通过小循环通道直接回水泵进水口。当水温升高至70℃左右，石蜡熔化，逐渐变成液态，体积发生膨胀，大、小循环阀门开始动作。大循环阀门由关闭状态逐步开启，小循环阀门由开启状态逐步关闭，使冷却水的循环方式逐步由小循环向大循环过渡。当柴油机出水温度达到86℃时，石蜡膨胀最大，大循环阀门全开，小循环阀门关死，冷却水经节温器到水箱进行冷却，完全实现大循环。当冷却水温降至某一值（70℃左右），石蜡完全凝固，冷却系统回到小循环状态。柴油机冷却循环水路如图 5-2-15 所示。实际使用过程中，节温器能将出水温度自动控制在 70~90℃ 范围内。节温器如有损坏，要及时更换，否则容易造成大循环水路不畅，而形成水温过高。如果一时无新件更换，也可采取摘除节温器的临时措施，但必须同时堵死小循环水路。

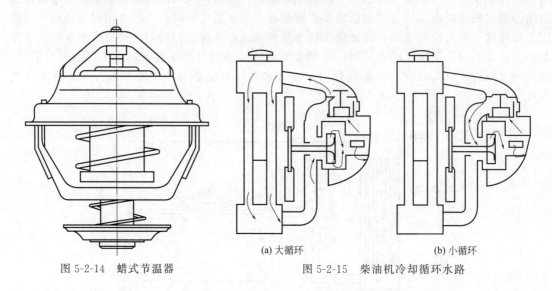

图 5-2-14　蜡式节温器　　　　　　图 5-2-15　柴油机冷却循环水路

(3) 风扇离合器

为了使柴油机冷却系统的自动调节装置更可靠，同时节省风扇的功率消耗，近年来，在部分车用柴油机上开始采用风扇离合器。目前使用的硅油风扇离合器，由前盖、双金属感温器、阀片轴、阀片、主动板、从动板、壳体、轴承、主动轴、锁止板等零件组成（图 5-2-16）。

风扇 15 安装在壳体 9 上，主动板 7 铆接在主动轴 11 的端部，主动轴与水泵轴连接。从动板 8、前盖 2 和壳体 9 连成一体，靠轴承 10 支承在主动轴上。从动板与壳体之间的空腔为工作腔，从动板与前盖之间的空间为储油腔，其中装有硅油。从动板上有一进油孔 A，平时由阀片 6 关闭，将阀片转动一角度，进油孔即打开。阀片的转动由离合器前端的双金属感温器 4 控制。从动板外缘有回油孔 B。

当柴油机在小负荷下工作时，冷却水温不高，通过散热器的气流温度也不高，进油孔被阀片关闭，硅油不能从储油腔流入工作腔，离合器处于分离状态，主动轴与水泵轴一起转动，风扇随离合器壳在主动轴上处于打滑状态，不对散热器冷却，也不消耗柴油机功率。

柴油机负荷增加，散热器中冷却水温升高，通过散热器的气流温度随之升高，双金属感温器受热变形而带动阀片转动一定角度，进油孔 A 打开，于是硅油从储油腔进入工作腔。主动板利用黏度极高的硅油带动风扇旋转，此时离合器处于接合状态，散热器得到有效冷却。

当硅油离合器失灵时，可将锁止板端部的指销插入主动轴孔中，使风扇与主动轴连成一体。

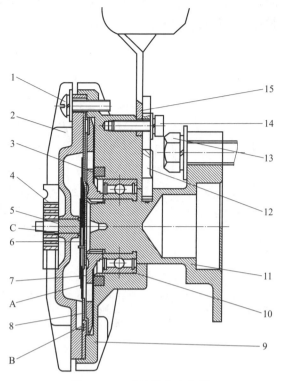

图 5-2-16 硅油风扇离合器
1—螺钉；2—前盖；3—密封毛垫圈；4—双金属感温器；5—阀片轴；6—阀片；7—主动板；8—从动板；
9—壳体；10—轴承；11—主动轴；12—锁止板；13—螺栓；14—内六角螺栓；15—风扇

5.3 6110 柴油机的主要装置

5.3.1 离合器

离合器的作用是使发动机的动力与汽车传动系统可靠接合和彻底分离，以保证汽车平稳起步，减小换挡冲击，以及防止传动系统过载。

6110 柴油机选装的离合器，根据各种不同的配套车型而不同。与解放汽车配套，主要选用 DS330 型或 DS350 型膜片离合器，又称 AP 离合器。这种离合器具有结构简单、分离彻底、散热性好、调整方便、尺寸紧凑等优点。

（1）结构与工作原理

膜片离合器由离合器盖及压盘总成、从动盘总成、操纵机构三大部分组成。

离合器盖及压盘总成如图 5-3-1 所示，是离合器的主动部分，由膜片弹簧、离合器盖、传动片、支撑环、支撑圈、压盘等组成。离合器盖用八个螺钉和两个定位销固装在飞轮上，依靠膜片弹簧的弹力将压盘压向飞轮，由于膜片中心部位开有径向槽，形成十六个分离指，使膜片弹簧兼作分离杆用。从动盘总成是离合器的从动部分，如图 5-3-2 所示，主要由从动盘、波形片、摩擦片、减振盘、减振弹簧等组成。在从动盘的外缘沿径向铆有十片薄弹簧板制成的波形片，两摩擦片分别铆接于波形片的两侧，在自由状态时两摩擦片之间保持一定的间隙，离合器接合时，间隙逐渐消除，使接合平稳。从动盘的盘毂上开有六个孔，装有减振弹簧，使离合器工作平稳，减少振动和噪声。

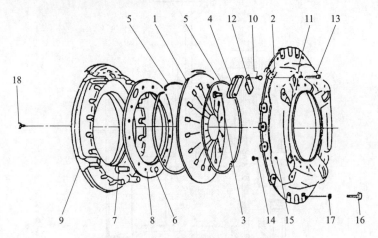

图 5-3-1 膜片离合器盖及压盘总成

1—膜片弹簧；2—离合器盖；3—传动铆钉；4—传动片；5—支撑环；6—隔套；7—支撑圈铆钉；8—支撑圈；
9—压盘；10—分离钩座；11,17—弹簧垫圈；12—分离钩；13—内六角螺母；14—平衡铆钉；
15—平衡垫圈；16—紧固螺钉；18—定位销

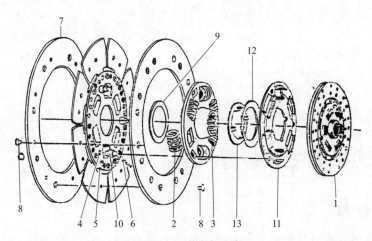

图 5-3-2 从动盘总成

1—从动盘总成；2—减振弹簧；3—盘毂；4—从动盘；5—波形片；6—波形片铆钉；7,13—摩擦片；8—摩擦片铆钉；9—摩擦垫圈；10—制动销；11—减振簧；12—碟形垫圈

离合器的工作过程：当踏下离合器踏板时，分离轴承被推向前，消除间隙后压下分离指，使膜片弹簧以前支撑环为支点发生反锥形的转变，于是膜片弹簧的外端翘起，并通过分离钩向后拉动压盘使离合器分离。

(2) 安装与调整

离合器在装配前应注意清洁，飞轮与摩擦片接合面无油渍。首先用辅助工具插入飞轮轴承孔内，安装从动盘总成时要注意方向，从动盘上有"飞轮侧"字样，安装时朝向飞轮，不得装反。紧固离合器盖的八个螺钉，要均匀交叉拧紧，力矩为45～63N·m。离合器安装好后，要注意与操纵机构的配合，分离轴承与分离指之间的正常间隙为3～4mm，最小不应小于1.5mm。反映到加速踏板上的自由行程为30～40mm，总行程160～170mm。

5.3.2 空气压缩机

作为汽车动力，为了向整车提供车辆制动气源，6110柴油机上配装了空气压缩机（图5-3-3）。目前主要选用CA141J2C型空压机。该空压机为单缸活塞式，其主要参数为缸径ϕ90mm，行程38mm，行程容积242cm^3，额定转速1500r/min，排气量200L/min，额定排气压力8kPa。一般车型选配风冷型，后置客车等冷却效果不太好的，则选用水冷型。

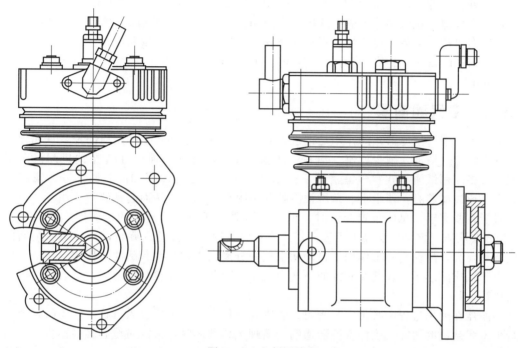

图5-3-3 空气压缩机

（1）结构与工作原理

空压机主要由缸体曲轴箱总成、活塞总成、缸盖总成等组成。空压机由柴油机后端齿轮传动，曲轴旋转，经连杆使活塞产生往复运动，进行压气和吸气。空压机工作时的润滑为压力和飞溅综合式，压力油由柴油机提供，经油管从曲轴箱体引入，使曲轴后轴承得到润滑，并经主轴斜油孔到连杆轴颈，使连杆轴瓦得到润滑，再经主轴斜油孔飞溅到缸壁及前轴承，使活塞和前轴承得到充分的润滑，润滑油最后经回油孔流回柴油机的油底壳。在空压机缸盖进气阀上端装有卸压阀，当气源压力超过规定值后，实现进气卸压，空压机即空转不再压气。

（2）安装与调整

空压机通过连接前盖的止口与六个螺孔与柴油机后端连接并通过齿轮啮合，安装时必须注意啮合标记，否则会影响燃油供油时间。空压机与高压油泵用弹性联轴器相连，两者之间有同轴度要求。空压机的进气管应由柴油机空滤器后引出，并保证管路密封，使进气清洁。

5.3.3 液压转向助力泵

载货汽车或大型客车由于车体重量与载荷较大，车辆转向阻力也较大，为了使汽车转向操纵轻便灵活，降低驾驶员的劳动强度，有些车型加装了液压转向助力装置。6110柴油机中有些型号已配装了液压转向助力泵，可以为整车提供转向助力。

整车的液压转向助力系统一般由转向泵、油缸、油箱、操纵阀、转向机构等组成。汽车直线行驶时，滑阀在回位弹簧和反作用阀的作用下处于中间位置，油泵、油箱和滑阀通道之间形成一个常通油路，油液一直处于常流状态，油压处于低压状态。汽车转向时，通过操纵转向盘，使滑阀移动，关闭常流油路，油液经滑阀的相应通道进入动力缸的一腔，推动活塞起转向助力作用。

6110柴油机选配的转向助力泵主要有两种：一种是齿轮式转向助力泵，配6110B-4机型；另一种是叶片式转向助力泵，配6110-1B机型。ZYB型叶片泵主要由泵体、转子、叶片、定子、泵盖、稳流阀等组成。液压油自油箱提供给叶片泵进油端，经叶片旋转加压后，至车辆转向机构。泵体上设有稳流阀和安全阀，以控制系统的流量和压力。该泵主要参数为排量15.77mL/min，最高压力10.5MPa，控制流量15.44L/min，工作转速500～3200r/min。

5.3.4 空气滤清器

空气滤清器（空滤器）的作用是把进入柴油机的空气中的灰尘和杂质滤掉，从而保证进入汽缸内的空气清洁，减少汽缸、活塞、活塞环、气门等的磨损。6110柴油机配汽车用的机型，大多配用纸质干式空气滤清器。空滤器的主要组成为滤壳和滤芯两部分，滤芯为纸质，空气通过滤芯时，使尘土、杂质被阻隔并黏附在滤芯上，从而起到滤清作用。

对于有些车辆，总体布置允许时，也有采用惯性式空气滤清器的，例如一汽五平柴用6110-1B柴油机，该种空滤器体积较大，当汽缸吸气时，气流急剧旋转，而尘土或杂质的密度比空气要大，故在离心力作用下自动从空气中分离出去，从而起到滤清作用。

由于纸质滤芯不宜长期在潮湿的空气中工作，因此对湿度较高的地区，可改用油浴式空滤器代替。

空滤器在使用过程中必须安装密封，否则容易使尘土、杂质进入汽缸。使用时，要及时进行尘土和杂质的清除，确保空滤器通畅。清理纸质滤芯时，只需对滤芯轻轻拍打，或用压缩空气由滤芯内向外吹净灰尘，不可用液体清洗。纸质滤芯一旦破损，应立即换新。柴油机的使用寿命与空气滤清器的工作质量有极大的关系，禁止柴油机在不装空滤器或空滤器失效的情况下工作。

5.3.5 曲轴箱通风装置

由于柴油机的爆发压力比较高，工作中，汽缸内的一部分燃气不可避免地会经过活塞环的间隙漏入曲轴箱，如果没有通风装置，将会产生下列不良后果：曲轴箱内气体压力增高，引起曲轴两端油封处漏机油；曲轴箱内润滑油被燃气污染；曲轴箱中温度、压力过高，油雾浓度超过一定值后，容易引起爆炸。

6110柴油机的曲轴箱通风装置设在汽缸盖罩上，装置内装有钢丝填料，以避免外界空气中杂质侵入到曲轴箱内，同时也防止曲轴箱内油雾溢出曲轴箱。

5.3.6 排气制动装置

为了适应汽车在山区行驶，克服长时间下坡时，因经常需要制动，导致气源不能保证及制动鼓容易发热的弊端，有些车辆选配了排气制动装置。

排气制动装置就是在柴油机的排气道中设置障碍，阻塞柴油机的排气通道，使活塞上行排气受阻，阻碍柴油机的运转，从而使柴油机成为汽车运行中的负载，最终实现减速效果。

某些机型上选装的是气动蝶阀式排气制动装置，由排气制动阀（图5-3-4）和排气制动阀控制机构（图5-3-5）组成。

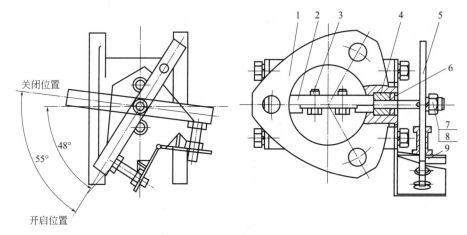

图 5-3-4　排气制动阀
1—阀体；2—阀轴；3—六角螺栓；4—轴承；5—操纵杆；6—调节垫片；
7—六角螺栓；8—弹簧垫圈；9—限位支架

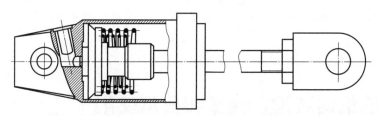

图 5-3-5　排气制动阀控制机构

当车辆需要排气制动时，利用制动气源，使控制机构动作，带动蝶阀旋转，阻塞排气道，实现制动。启用排气制动装置时，需要同时关闭油门。因此，理想的状况应该是蝶阀控制机构与油门及熄火装置联动，以保证不产生误动作。

排气制动阀的布置如图 5-3-6 所示。汽缸 2、12 分别控制排气制动阀 1 和熄火控制臂 11。储气筒 3 到各汽缸的压缩空气管路由常闭式电磁阀 13 控制（也可用多用开关阀来代替）。电磁阀串联在三个开关的控制电路中，其中任何一个开关断开，都会使电磁阀关闭而解除排气制动，各开关的作用如下。排气制动开关 5 装在仪表板或转向轴上，驾驶员操作后，移到接通位置，仪表板上排气制动信号灯亮，电流通过离合器开关 8、电磁阀 13 及加速开关 9 使电磁阀工作，打开气动阀，将气路沟通，排气制动作用；移至断开位置时，信号灯灭，排气制动电路和气路断开，排气制动不起作用。离合器开关 8 由离合器踏板 7 控制，当踩下踏板时，触点断开，电路即断，它的作用是便于在排气制动过程中换挡，只要踩下离合器踏板，发动机就恢复供油，同时使排气制动暂时解除，以保持发动机的运转。电磁阀 13 由气路开关和移动铁芯及线圈组成，它是气路的开关，能实现气路的远距离操纵。加速开关 9 装在喷油泵调速器外壳上，由加速踏板通过油门控制臂 10 上的调整螺钉控制，使其只有在柴油机处于怠速位置时，控制电路才能接通，排气制动才能进行。排气制动装置的蝶阀安装在柴油机排气管上，这样刚性较好，制动效果也比较明显。有的车型也安装在排气管路中，控制机构安装在柴油机的凸轮轴室盖板上，与蝶阀的操纵臂连接。汽缸动作压力为 588kPa，推杆行程为 40mm。

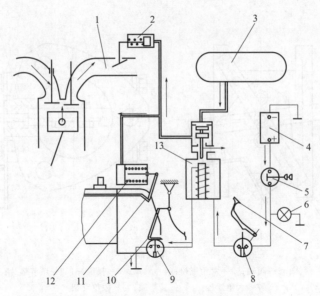

图 5-3-6 排气制动阀的布置

1—排气制动阀；2—排气制动控制汽缸；3—储气筒；4—电源；5—排气制动开关；6—指示灯；7—离合器踏板；8—离合器开关；9—加速开关；10—油门控制臂；11—熄火控制臂；12—熄火控制汽缸；13—电磁阀

5.4
6110 柴油机的装配、调试和日常使用

5.4.1 柴油机的装配和调试

5.4.1.1 装配前的准备

柴油机进行装配前，要做好场地、工具和必要的辅助用品以及柴油机零部件的准备工作。

(1) 场地

柴油机的装配场地应宽敞、明亮、整洁，特别是尽量保证无灰尘。装配场地最好选择室内，同时要具备必要的起重设备，起重量在半吨以上，以方便柴油机的吊装。

(2) 装拆工具

除了必要的专用装拆工具外，必须准备好常用工具，如开口扳手、套筒扳手、梅花扳手、扭矩扳手等，以供不同部位紧固之用。另外，铜锤（或木锤）、旋具、钢丝钳、尖嘴钳等也不可少。

(3) 辅助用品

装配时的辅助用品包括清洗用的油盘、摆放零件的托盘、清洗零部件的擦布（要求用纤维少的棉织品）、刷子、钢针、润滑油、润滑脂、压缩空气、密封胶、螺纹锁紧胶、垫木等。

(4) 柴油机零部件

待装配的柴油机零部件应齐全、清洁、完好。对已经损坏或达到磨损极限的零部件要换新，对新购配件要检查型号、规格是否正确，功能是否正常。对零件光洁表面有碰伤、拉毛现象，要进行修正。内部油道要检查是否畅通，结合面必须平整无缺陷，损坏的纸垫必须换新。

5.4.1.2 总装顺序及注意事项

总装顺序及注意事项见表 5-4-1。

表 5-4-1 总装顺序及注意事项

顺序	项目	注意事项
倒装	安装曲轴	①检查机体油道 ②上轴瓦油孔对准机体主轴承孔油孔 ③止推片定位销低于止推片 0.5～1mm,止推片机体上一片,轴承盖上两片,合金层朝外 ④主轴颈上涂机油 ⑤轴承盖对号认向,按要求紧固螺钉。装好后检查曲轴转动应灵活,曲轴轴向间隙在 0.10～0.30mm 之间
	安装机油泵、机油管、集滤器	①机油泵传动齿啮合间隙正常 ②机油管连接法兰垫平整无缺陷
	安装后端钢板	结合面需涂密封胶并垫好纸垫
	安装凸轮轴轴承、凸轮轴	①后端凸轮轴衬套油孔对准机体油道 ②凸轮轴与凸轮轴止推片间有一定止推间隙 ③转动灵活,无卡滞现象
	安装中间齿轮	①啮合标记对准 ②啮合间隙和轴向间隙正常 ③中间齿轮轴润滑油道畅通
	安装齿轮室罩盖	结合面需涂密封胶并垫好纸垫
	安装前端甩油盘及前油封座	结合面需涂密封胶并垫好纸垫
立装	安装缸套水封圈、压缸套	①检查水封槽中应无杂质 ②缸套凸出量均匀一致并在许可范围内
	安装活塞、连杆	①检查连杆组标记、配组质量和活塞配组标记 ②连杆、活塞组件按缸序认向装配 ③活塞环应按要求相互错开搭口 ④缸套壁和曲轴连杆轴颈涂机油 ⑤连杆螺母镀铜层完好 ⑥按拧紧方法和力矩紧固螺纹连接件 ⑦装好后转动应无卡滞
	安装油底壳	油底壳垫完好无损
	安装汽缸盖	①检查气门下沉量、气门密封、油嘴伸出量等是否符合要求 ②缸垫应完好,进、排气道内及活塞顶上无异响 ③装缸盖前先放好挺柱
	安装气门摇臂、推杆等	①调节螺钉尽量退出 ②不要漏装导管密封和气门盖帽(目前产品上已取消) ③按紧固要求拧紧缸盖螺钉 ④按要求调整气门间隙
	安装机油冷却器	①油道橡胶密封圈应完好 ②纸垫完好并涂密封胶 ③有条件时用气密法检查冷却器有无渗漏
	安装空压机	注意对准齿轮啮合标记
	安装高压油泵	①检查与空压泵的同轴度 ②喷油提前角应符合要求

续表

顺序	项目	注意事项
立装	安装进气管、排气管、出水管	检查有无异物进入气道
	安装机油滤清器	纸垫要涂密封胶
	安装水泵总成	先装水泵垫块,后装水泵,并垫好纸垫
	安装飞轮螺钉、飞轮、减振器等	减振器大螺母或螺栓必须按拧紧力矩装配(目前已改用平面法兰连接)
	安装起动机、发电机、风扇皮带等	皮带松紧合适
	安装低压油管、高压油管、缸罩通气管等	完好,准确

5.4.1.3 柴油机的调试

经重新装配或大修后的柴油机,都应进行运转试车,确认正常后,才能投入使用。柴油机的调试一般可通过试车台进行,也可直接安装在车辆上进行。

(1) 调试前的准备工作

① 油底壳、高压油泵、调速器加注润滑油直到符合刻线要求,油品牌号正确。

② 连接柴油机进、出水管,并对水箱及柴油机冷却腔内加水,注意观察连接部位有无漏水现象。要对水腔及水管内放气,确保冷却水充满。

③ 连接进、排气管,安装空滤器、消声器。

④ 连接柴油管,并用高压油泵上的手揿泵,排清油路空气。

⑤ 连接启动电源。

(2) 启动与试车

① 启动前应先对柴油机进行手动盘车或以起动机点动的形式,检查运动部件是否有发卡现象。

② 启动过程中要密切注意有无异声和三漏现象。

③ 每次启动时间不应超过 10s,两次启动之间要间隔 2min,连续三次启动失败要进一步检查原因。

④ 启动成功后,要注意检查润滑油压力、冷却水循环、排气烟色及有否异声、三漏等,直至全部正常。

⑤ 注意新车及大修后的柴油机必须经过磨合后方可投入正常运转。

5.4.2 柴油机的日常使用和保养

5.4.2.1 燃油、机油和冷却水的正确使用

(1) 燃油

供柴油机使用的柴油有多种牌号,必须根据柴油机工作的环境温度来选用。

例如最低气温在 -2℃时,选用 -10 号柴油;最低气温在 -12℃时选用 -20 号柴油;温度再低,在 -27℃时应选用 -35 号柴油。如果气温在 5℃以上,可选用 0 号柴油。

柴油的牌号,表示该柴油的凝固点温度。0 号柴油凝固点为 0℃,而 10 号柴油凝固点为 10℃;-10 号、-20 号、-35 号则分别表示凝固点为 -10℃、-20℃、-35℃。但柴油在凝固前首先表现为析蜡,析蜡点温度高于凝固点温度 5~8℃。就是说,选用柴油牌号时,应考虑析蜡点温度。这样才会避免由于牌号选错造成柴油析蜡,致使柴油机不易启动,甚至不能工作。

柴油应高度清洁,最好静置三天以上,并用上层柴油。加油前可将燃油箱底剩余柴油放出少许,以去除沉积水分和杂质。加油时还应严格防止灰尘和杂质混入柴油。

实际使用中要避免将油箱用空。更不能使用劣质柴油。劣质柴油既影响高压油泵和喷油嘴的使用寿命,又会造成燃烧不好而使柴油机功率下降,排气温度升高,进而引发一系列问题。

(2)机油

6110自然吸气(非增压)柴油机应选用CC级机油;增压柴油机则选用CD级机油。

机油牌号的选择还应以柴油机工作的环境温度为依据。非增压柴油机选用CD级机油会增加使用成本。增压柴油机选用CC级机油就会加速零件磨损。

使用的机油必须清洁,加油用具必须干净,劣质或被污染的机油会引起零件异常磨损,甚至造成烧瓦拉缸的事故,绝对禁止使用。

换油周期一般为8000~12000公里,可视机油质量确定,不可只添不换。机油到期不换,不仅增加零件磨损,降低使用寿命,还会引发柴油机拉缸、烧瓦抱轴等严重事故。

柴油机加注机油时不能忘记同时应对高压油泵、调速器、自动提前器加注机油(图5-4-1)。

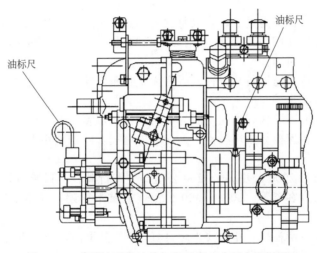

图5-4-1　高压油泵机油的加注示意(非压力润滑型)

(3)冷却水

柴油机使用的冷却水必须是无杂质的软水,不宜使用硬水,硬水中含有钙盐和镁盐,长期使用易在散热水箱、缸体、缸盖等水道中形成水垢,影响传热效果,造成柴油机过热。若使用硬水,必须经过软化处理(每升水中加入2g磷酸钠),或把水煮沸后使用。

为了防止锈蚀,冷却水中可加入0.5%的工业用重铬酸钾。在添加冷却水的过程中,应注意避免冷却水腔中出现气阻现象,使冷却水量不足,进而使发动机过热损坏。因此,加水时要缓慢加入,必要时应松开螺塞或水温传感器,将空气放出,同时一定要加足水量(图5-4-2)。

5.4.2.2　新机启用与磨合

(1)新机启用

首先要检查包括柴油机在内的整车各主要部位螺栓紧固和调整情况,可参阅驾驶员手册和柴油机使用说明书,然后按下列步骤启动柴油机:排除燃油系统中的空气;将变速杆置于空挡位置;接通电源,启动柴油机。

6110柴油机带有空气加热器,环境温度低启动困难时,在接通电源后可先按下预热按

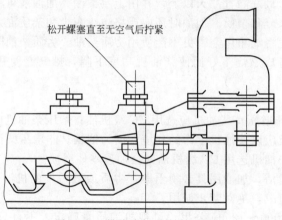

图 5-4-2　排除冷却系统中的空气

钮，使加热器工作加热进气，以利柴油机启动。加热器工作时间不得超过 40s，时间过长将烧毁电路。

起动机的工作时间也不能过长，一般每次不超过 10s。第一次启动不成功，第二次启动至少间隔 2min。三次启动不成功，要查明原因再启动。否则，不是启动电动机烧坏就是将蓄电池电用光，更无法启动。

柴油机启动后，应急速运行几分钟，听有无不正常声响，观察机油压力指示灯，灯灭表示油压已正常，可以起步。

柴油机启动后千万不要猛踩油门，因为此时柴油机温度较低，机油比较黏稠，各部位供油不充分，突然提高转速极易损坏机件，加速零件磨损，降低使用寿命。

（2）新机磨合

新机磨合期一般为 2000 公里。0～200 公里要空车行驶，不得装载，特别是一些改装后的加长车、自卸车、大客车等。200～1500 公里，载重不得超过额定负载的 70%，1500 公里后，可增加到 90%。

磨合期间，不允许带拖挂，路面要平坦良好，500 公里内，车速不得超过 60km/h。

磨合期到 500 公里时，应做好下列工作。

① 汽车停在平坦处，在热车状态下放出机油。此时油中机械杂质处于悬浮状态，同时热油黏度低更易于将油放尽。放油时要注意安全，避免被机油烫伤。

② 放油后一定要及时将放油螺塞旋紧，避免螺塞脱落造成断油事故。

③ 清洗（当滤芯为网片式时）或更换（当滤芯为纸质时）机油粗滤器滤芯。

④ 有黄油嘴的水泵加注汽车通用的 2 号锂基润滑脂。

⑤ 消除渗漏处，排除松动及异常现象。

⑥ 加入新机油，使油面在油尺上刻线处，运转几分钟，停机 3～5min 后检查，油面应在上、下刻线之间。

磨合期到 1000 公里时，除做好上述 500 公里时内容外，还应做好下列工作。

① 在热车状态下，从中间向两端顺序对角线交叉复验缸盖螺栓拧紧力矩。

② 在热车状态下紧固进、排气管螺栓，顺序也是从中间向两端对角线交叉拧紧。

③ 紧固喷油泵联轴器处螺栓及风扇螺栓等。

2000 公里磨合期结束，应到新车登记的服务站进行走合保养。走合保养除重复 500 公里、1000 公里内容外，还应做好如下工作。

① 更换机油，清洗油底壳。

② 清洗机油粗滤器及网片，清洗滤芯时应防止将杂物、油泥混入网片内部；若是旋装式纸滤芯则应更换滤芯。
③ 清洗机油精滤器，清除转子内壁污垢。
④ 清洁空气滤清器及滤芯。清洁空滤器滤芯时可用手拍打滤芯，也可用干燥的压缩空气从内向外吹滤芯，直至吹净灰尘。
⑤ 根据说明书规定的要求调整气门间隙。
⑥ 检查并调整风扇皮带松紧度，以39N的力揿单根皮带，应下沉10~15mm。
⑦ 更换柴油滤清器滤芯，清洗输油泵进油接头滤网。
⑧ 复查供油提前角。
⑨ 复校喷油嘴压力和雾化情况。

注意：新柴油机要磨合，大修后的柴油机也需要磨合。经磨合后的柴油机，出力强劲，经济性高、磨损小、故障少、寿命长。

5.4.2.3 日常保养

投入正常运转的柴油机，必须定期、正确地进行保养。很多事例证明，柴油机的故障和损坏，大多是没有进行保养造成的。

(1) 每日例行保养
① 检查油底壳及高压油泵调速器润滑油面高低。油面不正常升高或降低，应找出原因并排除。
② 检查冷却水量，不足应补足，有异常也应查明原因并排除。
③ 检查主要部位及附件螺栓紧固情况。
④ 环境温度低于5℃，又未用防冻液时，停车后应放尽冷却水，避免因气温突降冻裂机体。为将水放尽，必须同时打开水箱下部放水开关和机体上放水开关，并打开水箱盖。
⑤ 排除渗漏点，保持柴油机洁净，进行必要擦洗。

(2) 一级保养
每行驶2000~2500公里应进行一级保养，一级保养除完成每日例行保养内容外，还要进行下列工作。
① 清理空气滤清器。空气滤清器堵塞会使柴油机功率下降、冒黑烟、油耗增加。可视道路灰尘情况适当延长或缩短空滤器的保养周期。
② 清除柴油滤清器沉淀杯中沉积的杂质。
③ 检查风扇皮带的松紧度。
④ 清理机油粗滤器滤芯。
⑤ 水泵上有压注油杯时加注2号锂基润滑脂。

(3) 二级保养
二级保养在每8000~10000公里时进行，除完成一级保养内容外，还需进行下列工作。
① 更换机油，并清洗油底壳及机油吸油盘。
② 清洗输油泵进油接头滤网，清洗柴油滤清器，更换柴油滤清器滤芯。
③ 清洗机油粗滤器，若是旋装式滤芯则应更换。
④ 清洗机油精滤器，去除转子内油垢。
⑤ 调整气门间隙，用气门间隙调整片或塞尺进行调整。
⑥ 用干压缩空气吹掉发电机内灰尘。
⑦ 若水温偏高可拆下水温调节器，在86℃水中检查节温器开度，90s内主阀门升程不应小于7mm。

(4) 三级保养

三级保养在汽车行驶到 20000～25000 公里时进行，除完成二级保养内容外，还必须完成如下保养内容。

① 按说明书规定复查缸盖螺栓、主轴承盖螺栓及连杆螺栓拧紧力矩。
② 更换空气滤清器滤芯；清洗曲轴箱通风器。
③ 检查并调整喷油器喷油压力和雾化情况。
④ 检查并调整供油提前角。
⑤ 根据情况决定是否需调整、拆检喷油泵、发电机、启动电动机和空压机。
⑥ 根据情况决定是否要清除冷却水道、散热水箱水垢，及研磨气门等。
⑦ 对柴油机各部位进行一次全面检查，补齐缺损零件，消除三漏，使柴油机处于完好状态。

(5) 冬季使用与保养

在环境温度低于 5℃ 时，应给柴油机以特别的维护。

① 必须使用冬季机油和柴油，柴油中不得有水分，避免堵塞油路。
② 应使用防冻冷却液代替冷却水，否则停车前应使柴油机怠速运转 3～5min 后，及时将水放尽。
③ 严寒冬季车辆最好不露天存放，必要时将蓄电池搬入室内保温。冬天若加注热水，给机油加温，并使用进气空气加热器，柴油机 −20℃ 也可启动。

5.4.2.4 日常检查、调整与清理

(1) 日常检查

柴油机在使用过程中，除机件损坏引起故障外，还会出现一些不正常现象，如冒黑烟、功率下降、启动困难、运转不稳定、水温高等。这些情况大多是由于空滤器堵塞、燃油系统故障、供油提前角变动、气门间隙不对造成，必须对相关部分经常进行检查。

对于空气滤清器，除按前述要求定期保养外，还要注意的是保养周期不是绝对不变的，应视具体情况，该长则长，该短则短。过于频繁会损坏滤芯与壳体的密封；长期不保养，空滤器堵塞，进气不足，会使柴油机冒黑烟。保养时除将灰尘除去外，还应检查滤芯有无破损，与进气管接头处有无缝隙。进气管路不能有缝隙，否则便会形成"空气短路"，空气不经滤清器就进入汽缸，加速缸套、活塞环等零件磨损。不允许用任何油料或水清洗滤芯（油浴式滤芯除外），任何保养方法均应避免灰尘、杂物进入滤芯内部。

燃油系统中喷油泵、喷油器故障等均需在专用设备上由专业人员排除。但诸如排除燃油系统空气，校正喷油嘴压力，检查喷油嘴雾化情况等则不一定非专业人员不可，因为此项工作并不复杂且需经常进行。当发现启动困难、功率下降、运转不稳、冒黑烟、机油稀释等情况时，就应考虑油路中有空气，喷油器雾化不良、咬死，喷油泵连接螺栓松动，输油泵不供油，油泵油量调整螺钉松动等情况。这时可以直接在柴油机上检查，发现问题及时处理。例如怀疑喷油器雾化不良、咬死，可以将喷油器连同高压油管一道拆离缸盖，高压油管另一端仍与喷油泵连接，用启动电动机带动柴油机或在柴油机怠速情况下观察雾化情况是否良好。

(2) 调整

① 气门间隙的调整 柴油机有异响，如有"呲呲"漏气声，气门碰活塞顶，冒黑烟，功率下降等情况，与气门间隙变动有很大关系。

气门间隙过大，会造成气门晚开早关，对进气门而言减少了进气量，对排气门而言使废气不能充分排出。这样汽缸中空气就少，供氧不足，燃料燃烧不完全，造成冒黑烟、功率不足等一系列问题。

气门间隙过小，气门关不死，造成漏气。冷态时柴油机不易启动，在不供油的情况下，启动时从进气口会听到"呲呲"的漏气声；热态时压缩压力不足，燃烧不好。同时低速时还会在缸盖附近听到活塞顶碰气门的金属撞击声。

必须经常检查并调整气门间隙，使气门间隙处于规定的范围内。

气门间隙调整方法如下：使飞轮上的1、6缸上止点标记与固定在飞轮壳内的指针对齐，同时1缸进、排气门处于开启状态时，依次调整4、5、8、9、11、12各气门间隙；转动曲轴一周，此时飞轮上止点标记又与飞轮壳指针对齐，6缸进、排气门均处于开启状态，依次调整1、2、3、6、7、10各气门间隙（从风扇端往飞轮端气门依次为1～12）。

具体操作方法是，用梅花扳手将气门调节螺钉锁紧螺母旋松，用旋凿旋松调节螺钉，将塞尺插入摇臂头与气门杆（顶帽）之间，再旋动调节螺钉，使塞尺被轻轻压住，将螺母旋紧，至塞尺能以微小阻力来回抽动即可。

② 供油提前角的调整　柴油机启动不起来，有时就是供油提前角不正确造成的，这多发生在新装或拆装喷油泵时。供油提前角过小，喷油就晚，造成后燃，柴油机缸套温度升高，使水温过高，甚至排气管烧红；供油提前角过大，喷油太早，燃油着火太早，柴油机工作粗暴，甚至压缩消耗功增加，造成柴油机无力等。

如果开始柴油机工作正常，说明供油提前角原先正确，后来供油提前角变动，这多半是由于提前器工作不正常，联轴器处钢片断裂或螺栓松动，必须及时检查、更换、固紧。

供油提前角检查与调整步骤如下。

a. 确认1缸活塞处于压缩上止点前30°～50°位置，将1缸高压油管喷油泵端松开后推离油泵出油阀紧帽，逆时针撬动飞轮直至有油。将油面吹低，顺时针撬动飞轮30°～50°，再逆时针撬动飞轮，观察油面波动。油面一有波动立即停止撬动，检查飞轮上供油提前角刻线是否对准飞轮壳上指针，若对准说明供油提前角正确，若没有对准则需进行调整。前端带轮上也有刻度与机体指针对齐，可核对。

b. 将飞轮上标记供油提前角的刻线与飞轮壳上指针对准，并将喷油泵连接盘与钢片组的紧固螺栓拆下，双手抱住喷油提前器反复旋转，至紧帽内有油溢出，再将紧帽内油面吹低，逆时针缓慢旋转提前器，观察油面，油面一有波动，立即停止转动并稳住，紧固连接盘与钢片组的螺栓。再如前述先顺时针撬动飞轮至上止点前30°～50°，再逆时针撬动飞轮，观察油面，油面一波动，立即停止撬动，检查飞轮壳指针是否与飞轮上14°（6110型）标记对准或带轮上14°刻线有否与机体上指针对准。不同型号柴油机供油提前角不尽相同，以说明书为准。

③ 风扇皮带的调整　风扇皮带过紧，会使水泵轴承、发电机轴承过早磨损；过松皮带打滑，降低皮带使用寿命，降低皮带传动效率，造成水泵冷却水量、风扇冷却风量不足，引起水箱开锅，柴油机过热。

新皮带使用10min后就应重新调整一下松紧度，用39N的力撳单根皮带应下沉10～15mm。行驶1000公里后再检查一次，这时皮带变形趋于稳定，以后按2000～2500公里检查调整一次即可。

(3) 冷却水道、散热水箱水垢的清除

柴油机运行50000公里，若发现水温偏高，可以考虑是水道堵塞或水垢太厚造成，应检查清洗。

清洗可用碱水溶液。10L水中加入750～800g洗涤用碱，以中等速度将柴油机走热10～15min，让溶液在柴油机内停留10～12h，再重新走热10～15min，将溶液放掉，再用清水仔细清洗后运转3～5min，放掉，换上新冷却水即可。

清除了内部水垢后，也不要忘了清除散热水箱外部灰尘与污垢。散热水箱外表面应经常冲刷，保证充分散热。

柴油机外表的清洁也不应忽视。否则也会缩短柴油机寿命。

5.4.3 柴油机的常见故障原因

（1）启动困难或不能启动

① 检查油箱是否有柴油，并用输油泵手揿泵排除系统内的空气，检查燃油管路及接头处有无漏气，有否堵塞现象；检查输油泵柱塞及止回阀是否密封良好，弹簧是否断裂失去弹性，进油接管滤网是否堵塞。

② 检查高压油泵工作是否正常，松开高压油管观察喷油是否正常；检查齿条是否灵活，停车手柄是否在正常位置。

③ 检查供油提前角是否正确，喷油器喷油压力和雾化情况是否良好，气门间隙是否在规定范围内。

④ 检查活塞环和缸套是否严重磨损，窜气严重；活塞环是否结胶卡死、失去弹性、断裂等，造成密封不良；进、排气门是否严重漏气。

⑤ 冬季气温低，检查空气加热器是否良好；检查蓄电池电压是否过低，使起动机达不到最低启动转速；检查电气线路接头是否松脱；检查起动机齿轮是否不能嵌入飞轮齿圈。

（2）功率不足

① 空气滤清器堵塞，进气不足，必须经常清理滤芯或更换滤芯。燃油管道或燃油滤芯堵塞，供油不足。

② 供油提前角不对，气门间隙不对，燃油品质太差，喷油器雾化不良，喷孔堵塞，针阀咬死。

③ 排气管消声器堵塞，气门漏气，活塞环、缸套磨损，汽缸压缩压力不足。

④ 环境温度太高，或海拔太高。

⑤ 喷油泵联轴器钢片断裂损坏，油门拉线不到位。

⑥ 离合器摩擦片打滑。

（3）突然停机

① 燃油系统进入空气，燃油管道或燃油滤清器堵塞，输油泵失效。

② 由于缺机油致使机油压力不足或断机油，使曲轴烧瓦抱死。

③ 由于水泵供水不足或失效，燃烧恶化，排气温度升高引起活塞与缸套抱死。

④ 运动部件的损坏，致使曲轴不能转动。

（4）柴油机转速激增（飞车）

① 调速器失灵。

② 调速弹簧断裂。

③ 油泵齿杆卡死或齿圈卡死。

注意柴油机飞车时应立即采取停车措施，切断油路、气路，挂挡制动，带有排气制动阀的柴油机，关闭制动阀。

（5）运转声音异常

① 气门和摇臂的间隙过大，气门机构中有金属敲击声，必须按规定调整气门间隙。

② 气门弹簧折断或挺柱碎裂，推杆弯曲。

③ 供油时间过早或过迟，油泵连接片断裂，油泵提前器缺油，高压油管和其他部位摩擦碰击。

④ 飞轮螺钉断裂或松动。

⑤ 气门与导管卡死，齿轮装配时标记未对准，导致气门碰活塞。

⑥ 连杆轴瓦或主轴瓦因间隙过大有敲击声，连杆小头衬套间隙过大。
⑦ 水泵轴承或发电机损坏发出连续撞击声，空压泵阀片的撞击声。
⑧ 齿轮室个别齿轮不合格，齿隙太小或过大。
⑨ 机油泵高度方向位置不对，造成齿隙过小。
⑩ 惰轮与定位轴之间轴向间隙太小，穿心螺栓紧固后，压死隋轮。
⑪ 端钢板形位公差不对，致使齿轮传动无侧隙。
⑫ 气门摇臂不上油，造成推杆干磨。
⑬ 曲轴轻微烧瓦，活塞轻微拉缸。
⑭ 气门漏气，排气制动阀失效。
⑮ 缸垫密封失效，冲缸垫，排气管冲坏。

（6）运转不稳
① 燃油系统中有空气，或混入较多水分。
② 喷油器工作不良，喷油泵各缸供油量不均匀，或有个别缸不工作。
③ 喷油泵柱塞咬死或弹簧断裂。
④ 调速器工作不稳定。

（7）排气烟色不正常
产生黑烟的原因如下。
① 超负荷运转。
② 喷油嘴喷油不良、滴油、喷油压力太低。
③ 供油提前角失准。
④ 燃油质量差。
⑤ 空气滤清器滤芯堵塞，进气量不足。
⑥ 气门间隙不对或气门漏气。
⑦ 排气制动阀处于半关闭状态。
⑧ 个别缸不工作。

产生蓝烟的原因如下。
① 活塞环开口位置于同一侧。
② 活塞环卡死或磨损过大。
③ 气门杆油封脱落或失效。
④ 机油油面太高。
⑤ 水温太低或喷油器雾化不良。

产生白烟的原因如下。
① 汽缸内漏水。
② 燃油中有水分。
③ 喷油提前角不对。

（8）柴油机过热
排气温度过高的原因如下。
① 柴油机超负荷运转。
② 供油提前角不准或个别缸工作不良，喷油器偶件卡死，滴油。
③ 进气通道堵塞不畅。
④ 冷却水不足或水道不畅。

机油温度过高的原因如下。
① 柴油机过载。

② 机油冷却器芯子及油道结焦堵塞，旁通阀长开。
③ 活塞、缸套磨损严重，窜气。
④ 润滑油黏稠、脏污。
⑤ 冷却水不足或水道不畅。
冷却水温度过高的原因如下。
① 散热水箱散热片上尘土太多。
② 水量不足。
③ 水泵皮带过松、打滑，造成水泵出水量少，压力小，水循环缓慢，水温升高。
④ 节温器失灵，水走小循环。
⑤ 水泵故障，冷却水系统有空气。
⑥ 缸盖冷却水道堵塞或不畅通，机体上水孔不畅通，缸套外壁有水垢。
⑦ 天气炎热，负载过重。
⑧ 冷却风扇不匹配，或装反方向。
⑨ 柴油机水腔及水箱内腔积垢太多。
（9）润滑油稀释
① 活塞环结胶或磨损超过极限值。
② 使用的机油或柴油牌号不符合规定。
③ 燃油进入油底壳中，喷油器喷油压力过低或偶件卡滞，雾化不良，严重滴油。
（10）机油与冷却水混合
油底壳润滑油油面升高并变色的原因如下。
① 缸套封水圈损坏或老化，封水失效。
② 缸盖或机体有裂缝，使冷却水进入润滑油中。
③ 机体挺柱凸轮腔壁面有砂眼，造成缸套周围的冷却水流入挺柱孔，而进入油底壳。
④ 缸盖气道内铸造疏松，导致缸头内的冷却水流入缸套，再由缸套流入油底壳。
⑤ 缸套凸台高出机体太多，造成缸垫密封失效，使水流入油底壳。
⑥ 缸套有裂纹，引起油水混合。
⑦ 缸盖堵片密封失效。
冷却水中有机油的原因如下。
① 冷却器芯子开裂漏油。
② 冷却器芯子与冷却器盖板间密封垫片损坏。
③ 机体第六缸上油孔螺栓处铸造疏松，与缸套水腔相通。
④ 机体飞轮端齿轮润滑斜油道铸造疏松，与冷却水套相通。
（11）机油压力过低
① 油底壳内机油量少。
② 机油压力表或传感器失灵或指示不准确。
③ 曲轴轴颈与主轴瓦、连杆轴瓦之间间隙过大。
④ 机油泵内齿轮、轴承及壳体平面磨损。
⑤ 调压阀卡死或调压弹簧折断。
⑥ 主油道调压阀因螺纹孔口有毛刺，橡胶圈切坏，引起低速时油正常，高速、高温时泄油加快。
⑦ 机油黏度低。
⑧ 机油收集器网片堵塞。
⑨ 机体油道上有砂眼。

⑩ 机油泵连接油管法兰面不平或未压紧，冲掉密封垫。
⑪ 离心式机油滤清器转子开裂损坏。

（12）燃油耗量大
① 进气系统阻力增大，空气滤清器堵塞。
② 燃油系统泄漏严重。
③ 供油提前角不正确。
④ 喷油器雾化不良。
⑤ 喷油泵调整不正确，弹性连接片断裂。
⑥ 柴油机内部磨损严重。
⑦ 严重超载，车速慢，百公里耗油高。
⑧ 离合器摩擦片打滑。

（13）机油消耗量增大
① 机油外漏严重。
② 空气滤清器滤芯堵塞，空压机进气负压大，机油倒窜。
③ 曲轴箱加油通风口阻塞。
④ 气门导管过度磨损。
⑤ 空压机活塞环磨损，窜机油过多。
⑥ 柴油机缸套、活塞、活塞环磨损严重。
⑦ 气门导杆密封圈失效。

（14）窜气
① 缸垫烧蚀或冲坏。
② 缸套、活塞环严重磨损。
③ 活塞环结胶或活塞环开口成一条线。
④ 由于超载或高温引起拉缸。
⑤ 轴瓦拉毛或有烧蚀。
⑥ 运动件润滑不良。

（15）拉缸
① 长期严重超载。
② 燃油品质不良，喷油器雾化不良。
③ 供油提前角不正确。
④ 润滑油品质不良。
⑤ 缺水、断水或冷却不好，引起柴油机高温。
⑥ 活塞环断裂。
⑦ 新车未磨合就全负荷运行。
⑧ 新车装配时活塞环间隙过小。
⑨ 新车装配时机体水封槽尺寸不对或水封槽中有杂质，引起缸套变形。
⑩ 节温器打不开。

（16）烧瓦
① 机油品质差，或使用牌号不对。
② 断油或缺油。
③ 机油滤清器堵塞。
④ 机油泵失效。
⑤ 机油泵连接管路堵塞或泄漏。

⑥ 机油滤清器保养不及时或滤芯破裂，致使杂质进入油道。
⑦ 柴油机刚启动就轰油门，尤其在冬天。
⑧ 轴瓦磨损严重，间隙增大，油压降低。
⑨ 机油变质。

(17) 喷油泵故障

不供油或供油不足的原因如下。
① 供油系统内有空气。
② 输油泵止回阀卡滞或弹簧断裂。
③ 出油阀卡滞或弹簧断裂。
④ 出油阀杆身及密封面磨损。
⑤ 油泵柱塞磨损或断裂。
⑥ 进油压力低。
⑦ 柱塞齿圈螺钉松动。

内漏的原因如下。
① 喷油泵柱塞套磨损。
② 出油阀与柱塞间密封失效。
③ 输油泵泄漏。
④ 柱塞套与高压油泵体密封不良。

(18) 空压机故障

① 因排气阀积垢，气阀弹簧折断，活塞环断，缸套磨损而泵气不足。
② 活塞环卡滞、折断，缸套磨损，回油管路堵塞而窜出机油过多。
③ 因空压机曲轴与轴承磨损严重，活塞碰缸盖而产生异响。
④ 空压机机油进油管阻塞致使空压机断油。

5.5
6110 柴油机的改进型

5.5.1 6110/125 柴油机

随着我国平原地区公路条件的不断改善，高原山区公路的逐步开通，以及汽车加装空调、提高装载量等，对增大柴油机匹配功率的需求日益迫切。为此在 6110 基本型柴油机基础上增加活塞行程，对配气系统、燃油系统等进行优化设计而推出了 6110/125 柴油机（俗称 AK 机）。该机型与 6110 柴油机有很高的零件通用性和完全相同的外形安装尺寸，输出功率从原 117kW 增加到 125kW。

6110/125 柴油机与 6110 柴油机相比，结构上主要有以下不同。

活塞行程：曲轴曲柄半径由 60mm 增大为 62.5mm，使活塞行程由原来的 120mm 增大到 125mm。

活塞结构：活塞销孔中心到顶面尺寸由 70.8mm 减小到 68.3mm，燃烧室形状改为收口 ω 形。

喷油泵总成：由 A 型泵改为 W 泵或 AD 泵（柱塞直径由 ϕ9.5mm 改为 ϕ10.5mm）。

凸轮形状：进、排气凸轮顶径由原来的 48.3mm 分别增加到 48.8mm（进气凸轮）和 49.07mm（排气凸轮），凸轮的型线也相应作了改进。

气门阀盘直径：进气门由原来的 $\phi 47mm$ 增加到 $\phi 49mm$，排气门由原来的 $\phi 40mm$ 增加到 $\phi 41mm$，进、排气门座外径也分别增加到 $\phi 50mm$ 和 $\phi 44mm$，由于座圈尺寸更改缸盖为专用件。

气门内、外弹簧：由原圆柱形等节距弹簧改为圆柱形不等节距弹簧。这里特别应注意的是柴油机进、排气门内、外弹簧安装时弹簧端面涂漆标记的一端要朝上，即紧圈在下（节距小的一端）、松圈在上（节距大的一端），不可装反。

减振器总成：由于 6110/125 柴油机转动惯量较 6110 柴油机大，因此其减振器带轮宽度从 71mm 增加到 92mm。

为了便于区别，6110/125 各型柴油机采用淡酞蓝色油漆，而 6110 各型柴油机采用驼灰色油漆。

为适应个别车型的需要，还有一种介于基本型和 AK 机之间的简易 AK 机，其型号标记为 6110J，该机型仅在基本型基础上加长活塞行程，除采用 AK 机曲轴、活塞、减振器总成外，其他结构不变，输出功率由 117kW 增加到 120kW。

5.5.2 6113 柴油机

为了进一步增大柴油机功率和转矩，在 6110/125 柴油机基础上采取扩大缸径、重新匹配燃油系统等措施，成功开发了 6113 柴油机（俗称 BK 机）。和 6110/125 柴油机一样，6113 柴油机与 6110 柴油机有很高的零件通用性和完全一样的外形安装尺寸。

6113 柴油机与 6110/125 柴油机相比，结构上主要有以下不同。

活塞：外圆公称尺寸为 $\phi 113mm$。

活塞环：外圆公称尺寸为 $\phi 113mm$。

活塞销：长度由 90mm 增加到 93mm，内孔为阶梯形。

缸套：内孔公称尺寸由 $\phi 110mm$ 增大到 $\phi 113mm$，其他直径方向的有关尺寸相应增大。早期的 6113 柴油机缸套水封圈槽设计在缸套上，后恢复水封圈槽在缸体上。

机体：缸套安装孔尺寸相应增大，主轴承上座装有斜喷嘴，用于对活塞内腔进行喷油冷却。

机油冷却器：采用五片冷却芯子，比 6110 基本型增加一片。

传动齿轮：采用加大了齿宽的传动齿轮，以提高齿轮传递转矩的能力。

机油泵及管路：采用了加大流量的专用机油泵及相应管路。

为了方便用户区别，6113 各型柴油机采用的油漆颜色为翠绿色。

5.5.3 四缸机（4AK 机和 4BK 机）

为了适应轻型卡车及中巴客车的配套需要，在 6110/125（AK 机）及 6113（BK 机）的基础上，采取减少两个缸而设计生产了 4110/125（4AK）和 4113（4BK）柴油机。由于四缸机的纵向长度尺寸有所减小，因此与六缸机结构上的最大不同之处是空压机不再串接在后端钢板与喷油泵之间，而改由曲轴带轮以皮带传动，而喷油泵则采用内置式提前器。喷油泵的安装及喷油提前角的调整方式有所不同。

喷油泵的安装：把柴油机曲轴置于 1 缸（从风扇端数起）压缩上止点前 30°的位置。把喷油泵传动齿轮逆时针方向旋转（从泵驱动端看），至 1 缸（从调速器端数起）开始供油为止（手感有阻力），然后松开手让喷油泵凸轮轴处于自由状态［凸轮轴会反转一个角度，传动齿轮上的白色标记与喷油泵过渡盘定位凸缘上的白色标记对齐，若标记没有对齐（图 5-5-1），可拨动齿轮使其对齐］。把喷油泵安装在柴油机上，拧紧法兰螺钉、螺母后

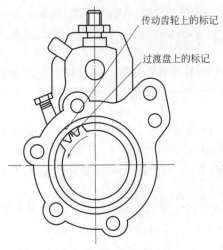

图 5-5-1 传动齿轮上的标记与喷油泵过渡盘上的标记

（图 5-5-2），把曲轴拨到上止点位置。从飞轮壳上的检视孔可检查油泵传动齿轮上的白色标记是否在检视孔标记附近（图 5-5-3）。

喷油泵供油提前角的调整：把曲轴顺时针方向旋转（从飞轮端看）至 1 缸压缩上止点前 40°，然后逆时针方向旋转，直至喷油泵 1 缸出油阀座内油面发生波动为止，这时在前端带轮上指针指向的角度就是供油提前角，若需要调整角度，把喷油泵与过渡盘连接的四个螺母（内侧螺母使用专用工具）和调速器壳上的支撑螺母松开，拨动泵体就可改变供油提前角，把泵体顺时针方向拨动（从泵驱动端看）为加大提前角，逆时针方向拨动为减小提前角，调整好后，把四个螺母拧紧，最后拧紧调速器后壳上的支撑螺母。

供油提前角调整后需要复查，反复几次直至确认准确为止。供油提前角调整的准确性对柴油机性能和可靠性影响很大。

图 5-5-2 固定螺栓

图 5-5-3 飞轮壳上的检视孔

5.5.4 增压柴油机

5.5.4.1 增压柴油机简介

内燃机是一种耗气机械，因为燃油需要与空气混后才能完成燃烧做功，一旦空燃比达到某一值后，再增加燃油，除了将黑烟和未燃尽的燃油排到大气中外，不会产生更多功率。发动机供油越多，黑烟就越浓。因此，超过空燃比极限后，增加供油量只会造成燃油消耗量过多、大气污染、废气温度升高，并使柴油机寿命缩短。

涡轮增压器是一种利用发动机排气中的剩余能量来工作的空气泵。废气驱动涡轮叶轮总成（热侧），与压气机叶轮（冷侧）相连。当涡轮增压器转子转动时，大量的压缩空气被输送到发动机的燃烧室里。由于增加了压入空气量，便可将更多的燃油喷入发动机里去，使发动机在尺寸不变的条件下发出更多的功率。

增压技术分为增压和增压中冷两类。增压一般是指增压比在 2.5 以下的中、低增压，而增压比大于 2.5 则为高增压，高增压一般都辅以中冷技术，以水或空气为介质，把经涡轮增压器压缩后的空气再加以冷却。通过空-空中冷或水-空中冷后的压缩空气密度得到进一步增加，同样体积的燃烧室中，可容纳的空气更多了，增加功率和节约燃料的效果就更显著了（图 5-5-4）。

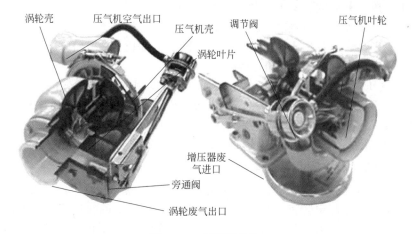

图 5-5-4　增压器结构

为了改善发动机的低速性能，必须使用小涡轮壳来提高低速工况时的空燃比。结果在发动机高速工况时将带来过高的空气压力和流量，导致汽缸爆发压力过高，燃油消耗率上升和增压器超速。采用带旁通阀的增压器可以有效地解决这一问题。由压气机压力控制旁通阀的开启与关闭，得到一个简单的可变流量的涡轮壳，压力大时，部分发动机废气经旁通阀排出，这样达到既改善低速性能，又避免高速工况汽缸爆发压力过高的目的（图 5-5-5）。

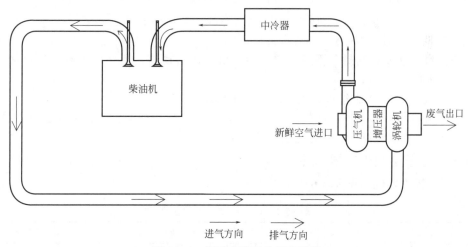

图 5-5-5　增压中冷工作原理示意

5.5.4.2　增压柴油机的特点

① 提高发动机的动力性能。非增压发动机进气压力仅为一个大气压，采用增压装置后向发动机提供的是压缩后密度大大增加的空气。由于进入汽缸的空气总量增加了，所允许喷入的燃油也可以相应增多，使发动机产生更大的功率并能有更好的燃烧。这就意味着一部同样重量、体积、排量的发动机增压后得到了更强劲的动力。一台较小排量的增压发动机可以代替较大排量的自然吸气发动机来使用。

② 燃油经济性大大改善。增压对汽油机和柴油机的燃油经济性都有较大改善，尤其是柴油机燃油经济性改善可高达 35%，新发动机经过磨合，各部件互相适应后，效果将更

明显。

③ 适应环保要求,改善排放状况。随着国家环保法规的实施,且有越来越严格的趋势,增压和增压中冷成为首要的、必需的技术措施。增压技术被称为"绿色革命",发动机燃烧做功过程中,氧气增加了,燃烧能更加充分,热能转化为机械能的效率提高了,废气中的有害物质相应减少了。研究数据表明,增压技术可减少柴油机排气中15%～20%的二氧化碳、45%的颗粒状化合物、60%的氮氧化合物。

④ 由于大气压力是随着海拔高度的增加而降低的,所以自然吸气的柴油机在高海拔地区,由于进气量不足而达不到额定功率。柴油机增压后,增加了进入汽缸的空气密度,氧气得到了补偿,可以恢复和维持发动机的正常工作。增压发动机即使在平地上工作,虽然进入燃烧室的燃油没有增加,但这些燃油的燃烧效率提高了,发动机将显得更有劲。

5.4.4.3 增压柴油机的使用注意事项

增压柴油机与自然吸气柴油机相比,特别要确保增压器转子轴承的压力润滑。增压器的转子组件,在工作时的额定转速高达100000r/min,在这样高的转速下,任何滚动轴承已无法正常工作。所以,增压器所采用的是用压力油把转轴托浮起来的液压轴承。保持一定压力的润滑油,在特殊设计的轴承压力室中,产生一个向心力,保持轴与套不产生金属接触磨损。同时循环流动的压力油还把运转过程中的热量带走,保证轴承的工作温度在允许的范围内。为确保增压柴油机的正常工作,在使用中必须注意下列几点。

① 严格按照使用说明书的规定,加注增压柴油机专用机油。一般使用CD级柴油机润滑油。

② 增压柴油机在每次启动后应首先怠速运行3min左右,使机油泵工作正常并建立必要的机油压力,保证压力油到达位于柴油机最上端的增压器轴承处,然后才能加速。

③ 非紧急情况不要突然关机停车,应逐渐降低柴油机转速到怠速运行3min,待增压器转子的转速和外壳温度大幅度下降后再关机。

④ 新车启动前或长期封存不用的增压柴油机再次启动前,要在增压器进油口加注相同牌号的纯净机油50mL以上。

⑤ 严禁汽车采用"加速-熄火-空挡滑行"的操作方法。

⑥ 在不装进气管和不连接空气滤清器的情况下不能启动柴油机,否则会造成人员伤害,或因外来物体进入涡轮增压器,使之受到损坏。

5.4.4.4 增压柴油机主要机型

增压柴油机主要机型见表5-5-1。

表 5-5-1 增压柴油机主要机型

型号	功率	转速	机型特点	配套厂家或车型
6110/125Z1A2	125kW	2600r/min	高原恢复功率机型	一汽、青汽、柳特五吨王、西北王等
6110/125Z1A1	132kW	2500r/min	高原恢复功率机型	一汽、青汽、柳特五吨王、西北王等
6110/125Z	147kW	2500r/min	AK增压机	青汽9t车
6110/125ZL	170kW	2300r/min	CK机	一汽9t平头、16t牵引
6110ZT	125kW	2500r/min	采用低增压技术	配套E514型联合收割机动力
4110/125ZL	117kW	2300r/min	增压、空-空中冷	5t货车,8m以上客车

5.5.5 排放机型

为了使柴油机尾气排放中有害物质明显降低，符合国家有关机动车尾气排放法规，除了采用增压或增压中冷技术外，还对柴油机作了许多优化改进，主要措施如下。

① 提高燃油喷射压力。采用较小喷孔的小压力室喷油嘴，配以大一挡的喷油泵如 P7 型泵及 PW 泵、PB 泵等，将喷油嘴端高压油管峰值压力从原来的 70~80MPa 提高到 90~100MPa。

② 改进燃烧室结构。采用带有缩口型燃烧室的活塞。

③ 提高缸体的刚度以及缸孔和缸套加工精度。采用小平台网纹缸套、新的活塞环及相应的活塞外形，将机油消耗降低，以达到减少颗粒污染物的目的。

④ 采用充气效率更高的进、排气系统。改进了缸盖内的进气道、排气道，采用了新的进气门、排气门、凸轮轴、进气管、排气管等，使进入汽缸的空气更多，阻力更小。

⑤ 采用高效率的增压或增压中冷系统。采用带废气旁通阀的增压器，以改善柴油机低速性能，加大低速时转矩，降低排放，减少油耗。

锡柴排放机型见表 5-5-2。

表 5-5-2 锡柴排放机型

型号	标定功率	最大转矩
CA6110Z5A2	125kW(2500r/min 时)	560N·m(1600r/min 时)
CA6110ZLA9	125kW(2500r/min 时)	560N·m(1600r/min 时)
CA6110ZLA8	132kW(2500r/min 时)	580N·m(1600r/min 时)
CA4110ZLA1	103kW(2300r/min 时)	103N·m(2300r/min 时)
CA6110/125ZWA	147kW(2500r/min 时)	676N·m(1500r/min 时)
CA6113HA	125kW(2600r/min 时)	500N·m(1600r/min 时)
CA6110/125ZL	169kW(2300r/min 时)	850N·m(1400~1600r/min 时)
CA6110/125Z	147kW(2500r/min 时)	647N·m(1400~1600r/min 时)
CA6110/125Z1A1	132kW(2500r/min 时)	580N·m(1600r/min 时)
CA6110/125Z1A2	125kW(2600r/min 时)	550N·m(1600r/min 时)
CA4110/125Z	90kW(2700r/min 时)	350N·m(1500~1700r/min 时)
CA6113Z	158kW(2500r/min 时)	700N·m(1400~1600r/min 时)
CA6110ZA1	132kW(2800r/min 时)	510N·m(1600~1800r/min 时)
CA6110ZLA5	155kW(2500r/min 时)	680N·m(1400r/min 时)

5.6 6110 柴油机的调整数据

一汽无锡柴油机厂 1983 年首批试制成功 500 台 6110 车用柴油机，供一汽解放载货汽车配套。锡柴 6110 柴油机以其低油耗、低噪声、低排放、材质独特、强劲可靠的产品特征，赢得了市场的认可。为了适应国民经济的发展，特别是汽车工业的发展，一汽锡柴近几年来，运用先进的技术和合理的措施，在原 6110 柴油机基础上，不断改进和开发了新的品种，来满足一汽新车型的需要和其他汽车的配套需要。6110 柴油机从原来的基本型（160 马力）主配中吨位卡车和中型客车，逐步开发了输出功率向两端发展的 4AK、4BK（110~120 马力）柴油机和 6AK、6BK、6CK、6AKZ(170~250 马力）柴油机，使 6110 柴油机成为了一个功率范围广、配套适应性强、动力性与经济性好、零部件通用适度高的系列产品,不仅满足中吨位卡车和大、中型客车的需要,而且还成为重型货车、轻型货车、大型豪华客车、工程机械、联合收割机、船用主机、发电机组、空压机组等的首选动力。

(1) 6110柴油机调整数据(表5-6-1)

表5-6-1 6110柴油机调整数据

机型		基本型(包括降低功率型)	AK机	BK机	四缸机		工程AK机
					4110	4113	
气门间隙(冷态)	进气门	0.30mm	0.30mm	0.30mm	0.30mm	0.30mm	0.30mm
	排气门	0.35mm	0.35mm	0.35mm	0.35mm	0.35mm	0.35mm
气门凹入量	进气门	1.1~1.6mm	1.2~1.6mm				
	排气门	1.1~1.6mm	1.3~1.7mm				
供油提前角		14°	12°	14°	10°	12°	12°
喷油器伸出量		3.25~4mm	3.4~3.9mm		3.4~3.9mm		
配气相位(冷态)	排气门开(上止点前)	35°±6°	27°±6°				
	排气门关(下止点后)	65°±6°	51°±6°				
	进气门开(下止点前)	60°±6°	67°±6°				
	进气门关(上止点后)	30°±6°	25°±6°				

(2) 6110柴油机高压油泵调整数据(表5-6-2~表5-6-8)

表5-6-2 6110柴油机喷油泵调整数据

生产厂家	无锡油泵油嘴厂					
型号	6A446		6A439		6A438	
输出	额定功率 117kW (2900r/min时)	最大转矩 432N·m (1700~ 1900r/min时)	额定功率 103kW (2900r/min时) 117kW (2900r/min时)	最大转矩 392N·m(1700~ 1900r/min时) 432N·m(1700~ 1900r/min时)	额定功率 117kW(3000 r/min时)	最大转矩 432N·m (1700~ 1900r/min时)
工况	转速	油量 不均匀度	转速	油量 不均匀度	转速	油量 不均匀度
标定	1450r/min	(16±0.6) mL/200次 ±4%	1450r/min	(15.8±0.5) mL/200次 ±4%	1500r/min	(15.5±0.5) mL/200次 ±4%
校正	930r/min	(29±0.6) mL/400次 ±2.5%	900r/min	(27.7±0.5) mL/400次 ±2.5%	900r/min	(27.7±0.5) mL/400次 ±2.5%
低速	(500±25) r/min	20~24 mL/200次 ±6%				
低速	(470±20) r/min	(29±2) mL/400次				

续表

工况	转速	油量	不均匀度	转速	油量	不均匀度	转速	油量	不均匀度
启动	150r/min	20~24 mL/200次		150r/min	17~24 mL/200次		150r/min	17~24 mL/200次	
起作用	(1480±10) r/min			(1480±10) r/min			(1530±10) r/min		
怠速	275r/min	2~3 mL/200次	±15%	275r/min	2~3 mL/200次	±15%	275r/min	2~3 mL/200次	±6%
停油	≤1630r/min	≤0.6 mL/200次		≤1630r/min	≤0.6 mL/200次		≤1630r/min	≤0.6 mL/200次	

表 5-6-3　6110/125 柴油机喷油泵调整数据

生产厂家	南岳油泵油嘴厂（衡阳）			无锡油泵油嘴厂		
型号	B6AD50			6AW410		
输出	额定功率 125kW (2900r/min 时)	最大转矩 461N·m (1700~1900r/min 时)		额定功率 125kW (2900r/min 时)	最大转矩 461N·m (1700~1900r/min 时)	
工况	转速	油量	不均匀度	转速	油量	不均匀度
标定	1450r/min	(17.25±0.6) mL/200次	±3%	1450r/min	(17.25±0.6) mL/200次	±3%
校正	900r/min	(16.25±0.45) mL/200次	±2.5%	900r/min	(16.25±0.45) mL/200次	±2.5%
低速	500r/min	(13.25±0.6) mL/200次		500r/min	(12.0±0.54) mL/200次	
怠速	300r/min	(2.75±0.35) mL/200次	±15%	300r/min	3mL/200次	±15%
启动	100r/min	≥16mL/200次		150r/min	26~30 mL/200次	
起作用	(1510±10)r/min			(1480±10) r/min		
停油	≤1620r/min			≤1630r/min		

表 5-6-4　6113 柴油机喷油泵调整数据

生产厂家	无锡油泵油嘴厂			南岳油泵油嘴厂（衡阳）		
型号	6AW415			B6AD50B		
输出	额定功率 125kW (2900r/min 时)	最大转矩 461N·m (1700~1900r/min 时)		额定功率 125kW (2900r/min 时)	最大转矩 461N·m (1700~1900r/min 时)	
工况	转速	油量	不均匀度	转速	油量	不均匀度
标定	1450r/min	(19.3±0.68) mL/200次	±3%	1450r/min	(18.6±0.6) mL/200次	±3%
校正	930r/min	(18.7±0.47) mL/200次	±2.5%	900r/min	(17.75±0.45) mL/200次	±2.5%

续表

工况	转速	油量	不均匀度	转速	油量	不均匀度
低速	500r/min	(16.4±0.74)mL/200次		500r/min	(2.75±0.35)mL/200次	
急速	275r/min	$3_{-0.1}^{0}$mL/200次	±15%	300r/min	≥16mL/200次	±15%
启动	150r/min	24～30mL/200次		100r/min		
起作用	(1480±10)r/min			(1510±10)r/min		
停油	≤1630r/min			≤1620r/min		

表5-6-5　6110/125G5柴油机A型泵调整数据

生产厂家	无锡油泵油嘴厂					
型号	6A128			6A129		
输出	额定功率125kW（2900r/min时）	最大转矩461N·m（1700～1900r/min时）		额定功率125kW（2900r/min时）	最大转矩461N·m（1700～1900r/min时）	
工况	转速	油量	不均匀度	转速	油量	不均匀度
标定	1000r/min	(12.5±0.5)mL/200次		1000r/min	(12.5±0.5)mL/200次	±4%
校正	690r/min	(14.1±0.2)mL/200次	±3%	690r/min	(14.1±0.2)mL/200次	±2.5%
急速	325r/min	(3±0.45)mL/200次	±15%	325r/min	(3±0.45)mL/200次	±15%
启动	150r/min	19～23mL/200次		150r/min	19～23mL/200次	
起作用	1010～1030r/min			1010～1030r/min		
停油	≤1115r/min			≤1115r/min		

表5-6-6　6110Z及6110/125Z1A2增压柴油机AW泵调整数据

生产厂家	无锡油泵油嘴厂					
型号	6AW406			6AW412		
输出	额定功率125kW（2900r/min时）	最大转矩461N·m（1700～1900r/min时）		额定功率125kW（2900r/min时）	最大转矩（1700～1900r/min时）	
工况	转速	油量	不均匀度	转速	油量	不均匀度
标定	1300r/min	(19.3±0.8)mL/200次	±4%	1300r/min	(16.0±0.8)mL/200次	±4%
校正	850r/min	(19.0±0.7)mL/200次	±2.5%	850r/min	(16.4±0.7)mL/200次	±2.5%
低速	500r/min	(12.8±0.8)mL/200次	±6%	600r/min	(14.6±0.8)mL/200次	±6%
急速	300r/min	3～5mL/200次	±15%	300r/min	3～5mL/200次	±15%

续表

工况	转速	油量	不均匀度	转速	油量	不均匀度
启动	100r/min	≥15.6 mL/200次		100r/min	≥24 mL/200次	
起作用	1300^{+35}_{+25}r/min			1300^{+35}_{+25}r/min		
停油	1410～1460r/min	≤0.6 mL/200次		1410～1460r/min	≤0.6 mL/200次	

表 5-6-7　6110/125Z 增压柴油机喷油泵调整数据

工况	转速	油量
额定	1250r/min	(90.5±3.5)mL/次
最大转矩	700r/min	(96±3.5)mL/次
低速	500r/min	(77±3)mL/次
怠速	350r/min	(30±3)mL/次
启动	100r/min	(125±15)mL/次
停油	≤1400r/min	

表 5-6-8　6110/125ZL 型柴油机 P7 泵调整数据

生产厂家	上海浦东伊维燃油喷射有限公司		
型号	P7-705		
输出	额定功率 170kW(2300r/min 时)	最大转矩 850N·m(1400～1600r/min 时)	
工况	转速	油量	不均匀度
标定	1150r/min	(25±0.6)mL/200次	±3%
校正	700r/min	(25.4±0.45)mL/200次	±2.5%
低速	500r/min	(16.8±0.6)mL/200次	
怠速	300r/min	(3.2±0.34)mL/200次	±15%
启动	100r/min	≤13.2mL/200次	
起作用	(1200±10)r/min		
停油	≤1250r/min		

第6章 4DX23-130E3 电控单体泵柴油机

6.1 4DX23-130E3 柴油机电控系统

4DX23-130E3 柴油机电气部分主要包括传感器、发动机线束、电子控制单元（ECU）、电控单体泵，如图 6-1-1 所示。

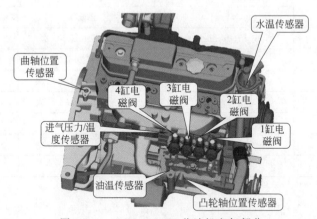

图 6-1-1　4DX23-130E3 柴油机电气部分

6.1.1 传感器

传感器是一种将物理量转换成电信号的装置，它们将系统状态传递给 ECU，在 ECU 中再将电信号转换成数字信号进行处理。本系统使用的主要传感器有转速传感器、进气压力/温度传感器、水温传感器、油温传感器、加速踏板位置传感器。

（1）转速传感器

转速传感器包括曲轴位置传感器和凸轮轴位置传感器两种，是霍尔效应式传感器，用来测量发动机转速，参与喷油量和喷油正时的确定。

曲轴位置传感器检测发动机的转速和活塞上止点位置,与凸轮轴位置传感器一起用于控制顺序喷油的1缸上止点信号。凸轮轴位置传感器检测油泵凸轮轴位置,与曲轴位置传感器一起用于控制顺序喷油。两个传感器相位时序图如图6-1-2所示。

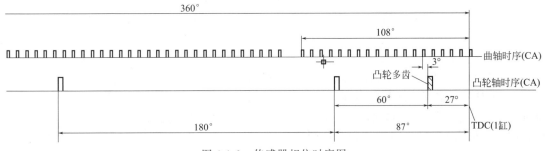

图6-1-2 传感器相位时序图

（2）进气压力/温度传感器

进气压力/温度传感器也被称为中冷后压力/温度器传感器,功能是测量发动机进气中冷后的压力和温度值,对进气压力和温度进行修整。中冷后压力值参与喷油量的计算和空燃比控制,在瞬态工况时用于烟度控制。另外,压力信号还作为判断发动机处于调速还是瞬态状态的输入信号。

压力测量范围为50～350kPa（绝对压力）；温度测量范围为－40～130℃。

（3）水温传感器

水温传感器的功能是测量发动机冷却水温度,保证发动机处于最佳的性能和排放水平。当发动机处于低温时,给电控单元提供低温信号,以便提供额外的油量,提高目标怠速转速,确保发动机快速启动或快速预热。

温度测量范围为－40～130℃。

（4）油温传感器

油温传感器与水温传感器结构原理相同,其功能是测量燃油温度变化,计算燃油密度,用于调整喷油量,以达到准确的功率输出。

温度测量范围为－40～130℃。

（5）加速踏板位置传感器

加速踏板位置传感器的功能是确定驾驶员的主要操作意图,转换成电信号输送给电控单元ECU。加速踏板位置传感器信号是主要的输入信号。

6.1.2 发动机线束

发动机线束是连接传感器、油泵电磁阀和ECU的纽带,各传感器、油泵电磁阀和ECU的插接件之间的孔位或针脚是一一对应的。发动机线束与ECU之间是通过40针的插接件连接的。发动机线束与油泵电磁阀的连接如图6-1-3所示,控制线共8根,每2根为一组,分别连接电磁铁,每组中的红色线连接各缸电磁阀的控制线,灰色线为公共端（图6-1-3）。

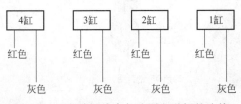

图6-1-3 发动机线束与油泵电磁阀的连接

发动机线束的参数最大过载电流30A；最高工作温度120℃；最小弯曲半径40mm。

发动机线束安装应注意事项：对导线进行机械上的保护；各选用部件之间易于连接；对连接处进行环境保护；对接头进行保护；避免信号线和电源线相互干扰。

6.1.3 电子控制单元（ECU）

ECU 是电控系统的核心部分，它控制整个电控系统的工作，包含系统的核心控制芯片，是整个电控系统的大脑。ECU 由电路板、插接件、底板部件、冷却盒（选装）组成。它主要有以下几种功能：发动机喷油量和喷油正时的计算；诊断监测；数据通信；辅助系统控制。

ECU 的参数：32 位处理器；串行通信接口；工作环境温度－40～85℃；工作电压 14～30VDC；24V 时峰值电流 20A；24V 时最大消耗功率 36W。

ECU 安装应牢固，必要时可在安装螺栓螺纹上涂胶防松。安装时注意：安装位置必须通风，注意防水、防尘、防泥沙；安装前对正减振衬套，避免偏斜；对角交叉拧紧安装螺栓，拧紧力矩为 20～24N·m；拧紧油管接头螺母，拧紧力矩为 36～40N·m（仅用于带油冷却的 ECU）。

6.1.4 电控单体泵

4DX23-130E3 柴油机采用的是 WP2000 电控单体泵。该系统体积小，刚度好，喷油压力高，具有冷启动控制、怠速闭环控制、加速烟度控制、飞车保护、故障自动诊断等功能。该系统通过 ECU 监测柴油机的工作状态，对柴油机各种运行工况进行实时判别，对喷油正时、喷油量进行精确控制，可显著提高柴油机的动力性、经济性并降低噪声。与柴油机进行适当匹配后，能达到国Ⅲ排放要求。本系统适用于单缸功率为 20～40kW 的柴油机。系统安装、调试简单，维护方便，性能稳定可靠。

WP2000 泵总成由泵体单元、泵箱、挺杆组件、凸轮轴、轴承、燃油输油泵、连接盘、燃油及润滑油通路等组成，如图 6-1-4 所示。油泵总成在发动机上的安装位置如图 6-1-5 所示。

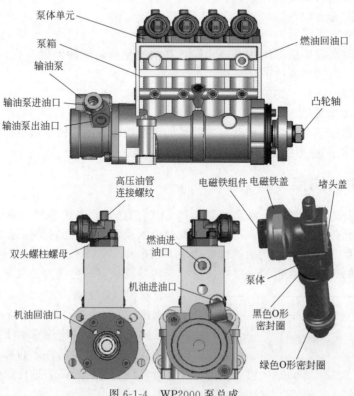

图 6-1-4　WP2000 泵总成

图 6-1-5　油泵总成在发动机上的安装位置

　　WP2000 泵总成安装及拆卸时注意防止与其他零件碰撞,并注意避免异物进入泵总成。泵体单元安装前,密封圈上应均匀涂抹适量润滑脂。非专业人员不能拆装泵总成。安装泵体单元时,应将两个安装螺栓均匀拧紧。电磁铁插头应连接可靠,严防短路。电磁铁发生漏油渗油、开裂、短路等故障后,应换新,电磁铁后盖预紧力矩为 40～45N·m。线束如出现电气连接故障、绝缘层划伤、过度弯曲和挤压导致的断裂应及时更换。各传感器发生故障,如信号出错、无信号等,应换新。

6.2 4DX23-130E3 柴油机整车功能

　　4DX23-130E3 柴油机整车功能主要有以下几项:串口通信;故障诊断;空调控制;排气制动控制;冷启动加热控制;发动机转速输出。

　　(1) 串口通信

　　串口通信主要用于对柴油机的性能标定和诊断,为了方便连接,中间通过插接件 MG610327 转接,接线图如图 6-2-1 所示。通信线要求用屏蔽线。

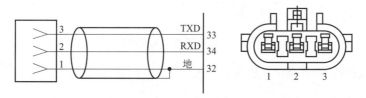

图 6-2-1　串口通信接线图

　　(2) 故障诊断

　　故障指示灯与故障诊断开关配合,显示发动机故障状态以及闪码,接线图如图 6-2-2 所示。

　　故障诊断开关(19):控制闪码输出。连接方式是一端接 ECU 的 19 脚,另一端接钥匙开关 ON 挡。

　　故障诊断灯(12):显示闪码,按下诊断开关,灯以一定频率显示闪码。连接方式是一

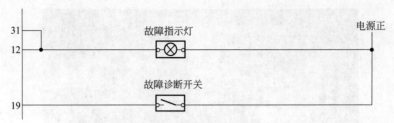

图 6-2-2 故障指示灯与故障诊断开关接线图

端接 ECU 的 12 脚，另一端接电源正极。

故障指示灯一般应选择额定电压 24V、电流不大于 0.8A 的 LED 灯。故障诊断开关一般推荐为接触电阻较小的普通翘板开关。

(3) 空调控制

空调请求开关接线图如图 6-2-3 所示。

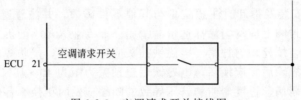

图 6-2-3 空调请求开关接线图

(4) 排气制动控制

整车的排气制动可以由手动控制，也可由 ECU 控制。通过控制排气制动阀的开启和关闭（ON/OFF），为整车提供辅助制动。相应接入排气制动阀、排气制动开关、离合器开关、加速踏板、排气制动指示灯的电信号量。以上五个量必须都连接，缺一不可。

排气制动阀接线图如图 6-2-4 所示。

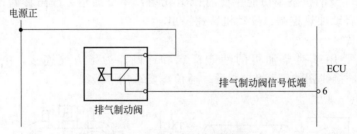

图 6-2-4 排气制动阀接线图

制动指示灯接线图如图 6-2-5 所示。

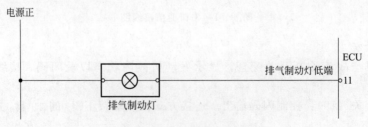

图 6-2-5 制动指示灯接线图

排气制动开关、离合器开关接线图如图 6-2-6 所示。

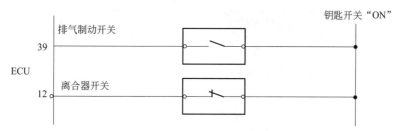

图 6-2-6　排气制动开关、离合器开关接线图

排气制动功能的工作条件：所有硬件线路连接正确；排气制动开关打开；发动机转速达到一定的数值；突然松开油门踏板。

（5）冷启动加热控制

利用加热器对进气进行加热，以改善冷启动性能及减少冷启动后排放。整车需要连接加热器及其继电器、进气加热开关、进气加热指示灯。

冷启动加热控制接线图如图 6-2-7 所示。

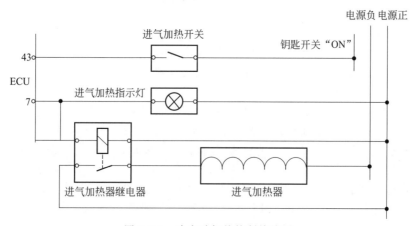

图 6-2-7　冷启动加热控制接线图

（6）发动机转速输出

发动机转速输出由 ECU 的 56 脚引出。

输出特性：输出信号为 TTL 电平数字脉冲信号，高电平 4.5～5.0V，低电平 0～0.5V。

6.3
4DX23-130E3 柴油机故障诊断仪及其使用方法

WCS0401 手持式故障诊断仪是针对威特公司电控单体泵燃油喷射系统柴油机开发的故障诊断系统，采用电池（4 节 7 号干电池）或外接电源供电，可以实时读取 ECU 中存储的故障代码和当前发动机运行的基本状态参数，及时给驾驶员提示发动机故障信息，帮助维修、维护人员检测发动机状态和判断发动机故障。故障诊断仪如图 6-3-1 所示。

（1）操作说明

诊断仪电源开关置于"关"状态；串行通信电缆与诊断仪通信口连接；ECU 上电；按

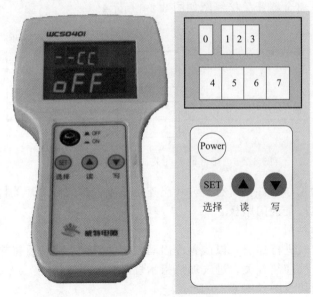

图 6-3-1 故障诊断仪

下诊断仪电源开关。

诊断仪显示:"--CC""ON"表示与 ECU 联机成功;

诊断仪显示"--CC""OFF"表示与 ECU 联机失败。

(2) 各数码管和按键的定义

"0"号数码管显示状态 A、B,通过按 SET 键对状态 A、B 进行选择。

0 号数码管显示"A"表示读发动机状态,此时"1""2""3"号数码管组合显示发动机各种参数编号,"4""5""6""7"号数码管组合显示发动机参数的数据。按上、下键循环显示发动机参数。

"0"号数码管显示"B"表示读发动机故障代码,"1""2""3"号数码管组合显示故障编号,最大显示范围为 000~999,"4""5""6""7"号数码管组合显示故障代码。按上、下键,循环显示已出现的故障代码。

故障码清除:按住键 3s。

(3) 闪码的使用

当发动机有故障时,可以通过故障诊断灯的闪码来判断发动机的故障,从而进行实时的维护和检修。读取闪码时可以不必启动发动机,但必须保证给 ECU 供电,并打开故障诊断开关。ECU 上电后,无论是否存在故障,将持续点亮故障指示灯 4s,然后再进行正常的故障指示。

当故障诊断开关断开时,处于非诊断状态:若发动机无故障,故障诊断灯熄灭;若发动机有故障,一般故障灯慢闪,频率为 1Hz,严重故障灯快闪,频率为 8Hz。

当故障诊断开关闭合时,处于诊断状态:若发动机无故障,故障诊断灯熄灭;若发动机有故障,故障诊断灯按一定规律闪烁,先快闪,持续时间为 3s,每次闪 0.125s,间隔 0.125s,然后显示故障代码。灯亮 1 次、持续 1s 代表数字"0";灯亮 1 次、持续 0.5s 代表数字"1";灯亮 2 次、每次持续 0.5s、间隔 0.5s 代表数字"2";灯亮 3 次、每次持续 0.5s、间隔 0.5s 代表数字"3",依次类推。同一故障代码的四位数之间相互间隔 2s。

图 6-3-2 所示为闪码显示故障代码"0105"和"0114"。

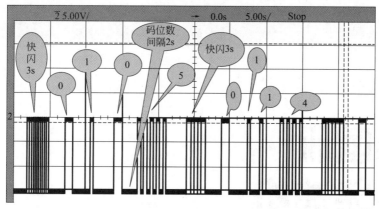

图 6-3-2 闪码显示

第7章 锡柴国Ⅲ共轨柴油机

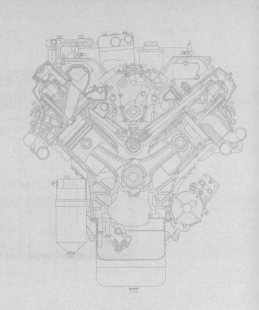

7.1 国Ⅲ共轨柴油机简介

7.1.1 锡柴国Ⅲ共轨柴油机机型

一汽锡柴国Ⅲ柴油机产品见表7-1-1。

表7-1-1 一汽锡柴国Ⅲ柴油机产品

产品系列	柴油机型号	缸径×行程	排量	燃油系统
4DF3	CA4DF3-13E3	110mm×125mm	4.7L	博世电控共轨
	CA4DF3-15E3			
	CA4DF3-17E3			
4DL1	CA4DL1-18E3	110mm×135mm	5.1L	电装电控共轨
	CA4DL1-20E3			
6DF3	CA6DF3-18E3	107mm×125mm	6.7L	博世电控共轨
	CA6DF3-20E3			
	CA6DF3-22E3			
	CA6DF3-24E3			
6DL1	CA6DL1-26E3	110mm×135mm	7.7L	电装电控共轨
	CA6DL1-29E3			
	CA6DL1-32E3			
6DL2	CA6DL2-35E3	112mm×145mm	8.6L	博世电控共轨
	CA6DL2-38E3			
6DM	CA6DM1-46E3	131mm×155mm	12.5L	博世电控共轨

(1) 4DF3 产品系列（表 7-1-2、图 7-1-1）

表 7-1-2　4DF3 产品参数

功率范围	130～170 马力（96～125kW）
额定转速	2300r/min
最大转矩	600N·m
最大转矩时转速	1400r/min
最低转速	800r/min
缸径×行程	110mm×125mm
排量	4.7L
共轨系统	博世
适配车型	7～8.5m 客车，轻型载货车

图 7-1-1　4DF3 产品外观

(2) 4DL1 产品系列（表 7-1-3、图 7-1-2）

表 7-1-3　4DL1 产品参数

功率范围	180～200 马力（132～147kW）
额定转速	2300r/min
最大转矩	780N·m
最大转矩时转速	1300～1700r/min
最低转速	800r/min
缸径×行程	110mm×135mm
外形尺寸（长×宽×高）	955.2mm×820mm×962.7mm
排量	5.1L
共轨系统	电装
适配车型	8～10m 客车，中、轻型载货车

图 7-1-2　4DL1 产品外观

(3) 6DF3 产品系列（表 7-1-4、图 7-1-3）

表 7-1-4　6DF3 产品参数

功率范围	180～240 马力（132～176kW）
额定转速	2300r/min
最大转矩	935N·m
最大转矩时转速	1400r/min
最低转速	800r/min
缸径×行程	107mm×125mm
外形尺寸（长×宽×高）	1338.8mm×1056mm×962.7mm
排量	6.7L
共轨系统	博世
适配车型	9～11m 客车，中、重型载货车

图 7-1-3　6DF3 产品外观

(4) 6DL1 产品系列（表 7-1-5、图 7-1-4）

表 7-1-5　6DL1 产品参数

功率范围	260～320 马力(191～235kW)
额定转速	2300r/min
最大转矩	1250N·m
最大转矩时转速	1300～1700r/min
最低转速	800r/min
缸径×行程	110mm×135mm
外形尺寸(长×宽×高)	1264.5mm×822mm×1039.2mm
排量	7.7L
共轨系统	电装
适配车型	10～12m 客车,重型载货车

图 7-1-4　6DL1 产品外观

(5) 6DL2 产品系列（表 7-1-6、图 7-1-5）

表 7-1-6　6DL2 产品参数

功率范围	350～380 马力(257～279kW)
额定转速	2300r/min
最大转矩	1500N·m
最大转矩时转速	1300～1500r/min
最低转速	800r/min
缸径×行程	112mm×145mm
外形尺寸(长×宽×高)	1242mm×735mm×1106mm
排量	8.6L
共轨系统	博世
适配车型	12～13.7m 客车,重型载货车

图 7-1-5　6DL2 产品外观

(6) 6DM1 产品系列（表 7-1-7、图 7-1-6）

表 7-1-7　6DM1 产品参数

功率范围	420～460 马力(309～338kW)
额定转速	2100r/min
最大转矩	600N·m
最大转矩时转速	1100r/min
最低转速	800r/min
缸径×行程	131mm×155mm
排量	12.5L
共轨系统	博世
适配车型	12m 以上客车,重型载货车

图 7-1-6　6DM1 产品外观

7.1.2 电控共轨柴油机的优点、工作原理及主要部件

电控共轨燃油系统是 20 世纪 90 年代研制出燃油喷射系统，它的优越性在于通过各种传感器检测出发动机的实际运行状态，通过计算机的计算和处理，可以对喷油量喷油正时、喷油压力和喷油速率进行最佳控制。

7.1.2.1 电控高压共轨系统的优点与功能

（1）优点

① 可以实现高压燃油喷射，目前喷射压力可达 160MPa，逐渐发展喷射压力可达 180MPa。

② 燃油喷射压力完全独立于发动机转速，在低速低负荷工况下同样可实现高压喷射，改善了发动机低速低负荷时的性能。

③ 可实现预喷射或多次预喷射，可调节喷油速率及形状，对降低油耗和改善排放都有好处。

④ 能自由调节喷油正时和喷油量。

⑤ 具有良好的喷射特性，可优化燃烧过程，使发动机油耗、噪声、烟度和排放等性能指标得到明显改善，同时有利于改进发动机的转矩特性，实现低速大转矩。

⑥ 结构简单，可靠性好，适应性强，可在所有新老发动机上应用。

⑦ 具有很高的控制自由度，很容易实现更低的排放。

⑧ 具有很高的可靠性。

⑨ 电控高压共轨系统具有最低的成本。

（2）功能

① 优化柴油机/整车的动力性、经济性和排放：改善动力性；优化经济性；降低排放。

② 增加柴油机/整车的可靠性、寿命：防止非法操作的异常损害；改善柴油机/整车的运行环境；延长整车的寿命。

③ 增加柴油机/整车操作的安全性：故障诊断 OBD/EOBD；监测柴油机/整车的运行状态（超速、高原、油压、胎压等）。

④ 扩展柴油机/整车的功能：AT/AMT；ABS/EBD；ASR/ESP；发动机制动；BLACKBOX。

⑤ 减轻操作负担，优化人机操作：CRUISE（巡航）；发动机制动、排气制动；简化复杂的操作过程。

⑥ 全方位的信息输入：GPS；RADAR；智能交通和车队调动。

7.1.2.2 电装 ECD-U2 电控共轨系统工作原理

CA6DL 电控共轨柴油机采用的是日本电装（DENSO）公司 ECD-U2 电控共轨系统，该系统是目前最具代表性的电控共轨系统之一。其工作原理如图 7-1-7 所示。

由压力控制阀（PCV）严格控制共轨中的燃油压力。共轨实际上是一种燃油分配管，储存在共轨内的燃油在适当的时刻通过喷油器喷入柴油机汽缸内，同时一部分油经泄油口回到油箱。

7.1.2.3 电控共轨燃油喷射系统主要部件

电控共轨燃油喷射系统主要部件有高压油泵、高压油轨、高压油管、高压油管接管、电控喷油器、低压油管、燃油滤清器、油箱等，如图 7-1-8 所示。

（1）油泵

手油泵：用于燃油喷射系统部件更换后油路排空气。手油泵手柄逆时针旋转后松开，即

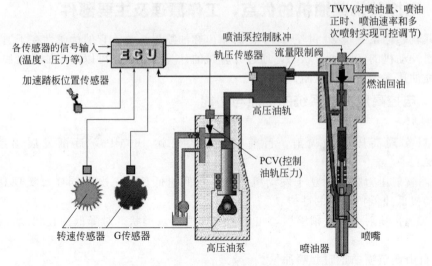

图 7-1-7　电装 ECD-U2 电控共轨系统工作原理

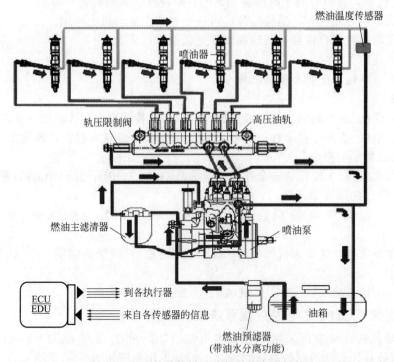

图 7-1-8　电控共轨燃油喷射系统主要部件

可压手油泵手柄泵油排气，排气结束后必须将手柄压下并拧紧，方可启动发动机。

输油泵：位于高压油泵的左侧，与高压油泵集成在一起，给高压油泵提供一定压力的燃油。

高压油泵：HPO 型高压油泵（图 7-1-9）有两个高压柱塞泵（靠飞轮端为油泵 1，靠前端为油泵 2），按时将燃油供给高压油轨，两个压力控制阀（PCV）分别控制两个泵的供油量与供油正时，HPO 型高压油泵内部集成了一个凸轮轴位置传感器和一个相应的凸轮轴位置传感器的插头在油泵正面中部位置。凸轮轴位置传感器用于判断发动机 1 缸压缩上止点的到来时刻，作为喷油的基准信号，在曲轴位置传感器故障时可以维持发动机跛行功能。

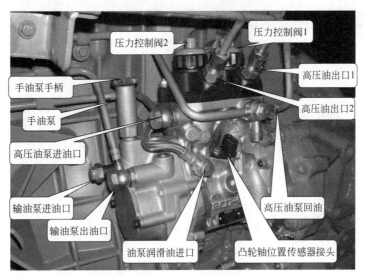

图 7-1-9　HPO 型高压油泵

（2）高压油轨

高压油轨（图 7-1-10）将高压油泵提供的高压燃油稳压、滤波后，分配到各喷油器中，起蓄压器的作用。其容积应能够削减高压油泵的供油压力波动和每个喷油器由喷油过程引起的压力振荡，使压力波动控制在 5MPa 之下，但其容积又不能太大，以保证有足够的压力响应速度以快速跟踪柴油机工况的变化。

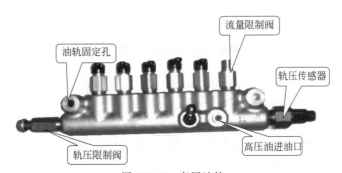

图 7-1-10　高压油轨

将高压油泵输出的高压燃油储存在高压油轨内，维持 ECU 所设定的轨压。当轨压超过油轨所能承受的最高压力时，轨压限制阀会自动开启，将轨压降到约 30MPa。注意轨压限制阀一旦开启，需要到服务站进行故障排除，并更换高压油轨。

在高压油轨上部有六个流量限制阀，分别与六个缸的高压油管相连。当某一缸的高压油管有泄漏或喷油器出现故障而导致燃油喷射量超过限值时，流量限制阀会动作，切断该缸的燃油供应。

油轨的外侧有两个进油口，与高压油泵的出油口相连。轨压传感器位于油轨的右侧，带有一个线束插头。高压油管共八根，其中由高压油泵到高压油轨两根，由高压油轨到各缸喷油器六根（图 7-1-11）。

（3）高压油管接管

高压油管接管内置多孔滤清器，既连接高压油管和喷油器，又同时对燃油进行最后的过

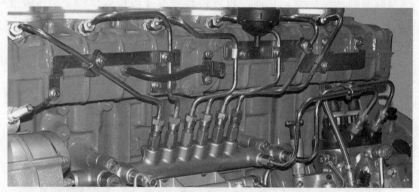

图 7-1-11　高压油管

滤，确保进入喷油器的燃油的清洁度。

高压油管接管螺纹附近有一扁平的夹持部位，用以在拆装时夹持，防止高压油管接管与喷油器体的接触部位拆卸时转动而损坏（图 7-1-12）。

图 7-1-12　高压油管接管

（4）电控喷油器

电控喷油器根据 ECU 的指令在适当的时候将适量的燃油喷射到燃烧室中。

电控喷油器如图 7-1-13 所示，主要由喷油器电磁阀（TWV 阀）、喷油器体、喷油器偶件、O 形圈、QR 码信息片、喷油器电磁阀接线柱等构成。

喷油器工作原理（图 7-1-14）：未喷油状态，电磁阀不通电；喷油过程，电磁阀通电；喷油结束，电磁阀不通电。

注意电控喷油器的喷油时刻和喷油量完全由电磁阀的通电时刻控制（根据 ECU 的指令）。

电控喷油器喷油过程中有大量的高压燃油泄流，回油量大，回油温度较高，要求回油必须通畅，配套时整车的回油管径必须大于 7.5mm。

（5）低压油管

系统低压油管包括油箱到初级滤清器、初级滤清器到输油泵进油口、输油泵出油口到精滤器、精滤器到高压油泵进油口、油泵回油、油轨与喷油器回油几段。

（6）燃油滤清器

电控共轨系统燃油滤清器包括燃油初级滤清器（预滤器）、燃油精滤器（主滤清器）。

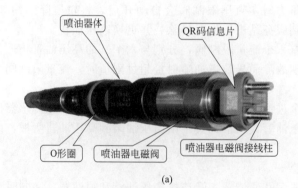

(a)

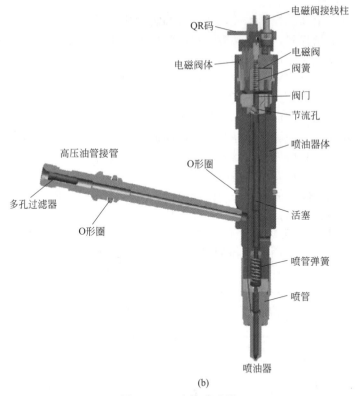

(b)

图 7-1-13 电控喷油器

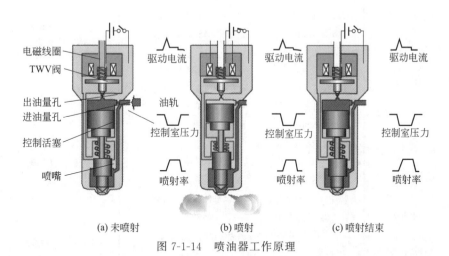

(a) 未喷射　　　　(b) 喷射　　　　(c) 喷射结束

图 7-1-14 喷油器工作原理

7.1.3　6DL 电控共轨柴油机电控系统

（1）电控系统特点

① 控制精度高。

② 控制自由度大，控制对策灵活，控制功能齐全。

③ 控制功能的可扩展性好。

④ 在性能、可靠性、安全等方面具有明显的优势。

(2) 电控系统功能

① 共轨系统具有很高的控制柔性,能适应和满足整车开发需要。
② 过渡工况喷油量控制,整车动力性和经济性的最佳匹配。
③ 过渡工况烟度限制,加速无烟,绿色环保公交。
④ 怠速电子控制,怠速承载能力,省油,起步性能改善。
⑤ 不同环境条件的优化控制补偿,整车地域适应性大大增加,可靠性增加。
⑥ 常用工况适当调整,油耗进一步降低。
⑦ 怠速停车功能,长期等红灯停车,油耗降低。
⑧ 定速行驶功能,轻松驾驶,驾驶员驾驶疲劳大大缓解。
⑨ 最高车速限制,整车安全性提高。
⑩ 在线故障诊断功能,故障代码、闪码可查,故障排除快捷迅速。
⑪ 跛行功能,将损失降低到最小。
⑫ CAN 通信支持,仪表数据显示更加完整。
⑬ 共轨系统可以与整车的其他控制系统如 ABS、ASR、AMT 等连接,实现整车性能的综合优化。

(3) 电控系统原理

电控系统原理如图 7-1-15 所示。

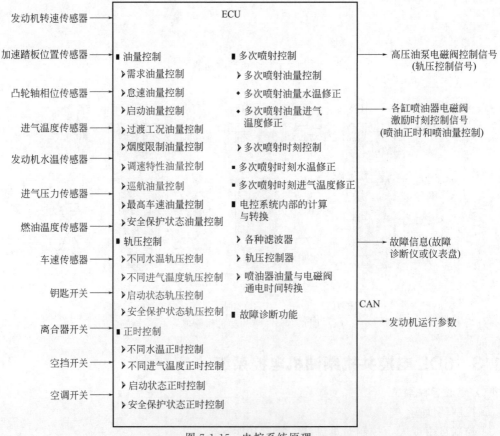

图 7-1-15 电控系统原理

(4) 电控系统部件

① ECU 电子控制单元(ECU)是一个单片机,它是将中央处理器(CPU)、程序存

储器（ROM）、数据存储器（RAM）、定时器/计数器，以及输入/输出（I/O）接口电路等主要计算机部件，集成在一块电路芯片上形成的芯片机的微型计算机，称为单片微型计算机（Single Chip Microcomputer），简称单片机。

电子控制单元 ECU（Electronic Control Unit）是整个柴油机电控系统的计算机与控制中心，是电控系统的核心，负责整个电控系统的信号采集与处理、数据运算与分析、控制策略的实现、控制指令的产生、数据的通信与交换等功能。

电子控制单元通过各种传感器和开关，并收集到发动机当前的工作状态信息，进行分析计算，并按此状态下预先标定好的最佳参数，控制发动机的喷油量、喷油时间及喷油压力，从而调整发动机的工作状态，达到省油、高效、低排放的目的（图7-1-16）。

② 曲轴位置传感器与凸轮轴位置传感器　曲轴位置传感器用来采集柴油机转速信号，以便 ECU 计算循环供油量，并对喷油正时进行准确控制；凸轮轴位置转速传感器用于判缸（图7-1-17、图7-1-18）。

图 7-1-16　电子控制单元（ECU）

图 7-1-17　凸轮轴位置传感器

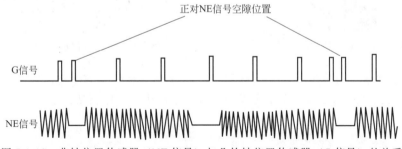

图 7-1-18　曲轴位置传感器（NE 信号）与凸轮轴位置传感器（G 信号）的关系

③ 燃油温度传感器　是负温度系数的热敏电阻，使用范围为-40～130℃，主要用来测定回油温度，安装在汽缸盖回油处。

燃油温度传感器把温度信号转化电压信号（温度升高，电压减小，两者之间为反比非线性关系），然后送给 ECU，由其进行相关比较，运算后控制执行器的动作（图7-1-19）。

④ 轨压传感器　为压阻式高压传感器，最高频率在 1kHz，测量范围为 0～200MPa。

轨压传感器实时测定油轨中的实际压力信号并反馈给 ECU，由 ECU 对 PCV 阀实施反馈控制，通过对供油量的增减使油压稳定在目标值。

轨压传感器安装在共轨管上，把压力信号转化为电

图 7-1-19　燃油温度传感器

压信号（压力增大，电压增大，两者之间为线性关系），然后送给 ECU，由其进行相关比较，运算后控制执行器的动作。

⑤ 冷却液温度传感器　为负温度系数的热敏电阻，使用范围为 $-40\sim130℃$，主要用于测量发动机冷却液温度，从而进一步精确控制燃油喷射量。

冷却液温度传感器安装在节温器体上，把温度信号转化为电压信号（温度升高，电压减小，两者之间为反比非线性关系），然后送给 ECU，由其进行相关比较，运算后控制执行器的动作。

⑥ 进气压力传感器　为半导体压敏电阻式传感器，用于通过计算空气量控制空燃比。

进气压力传感器安装在进气歧管上，把压力信号转化为电压信号（压力增大，电压增大，两者之间为线性关系），然后送给 ECU，由其进行相关比较，运算后控制执行器的动作（图 7-1-20）。

⑦ 进气温度传感器　为负温度系数的热敏电阻，其使用范围为 $-30\sim130℃$，主要用于测量进气管中的进气温度，从而进一步精确控制燃油喷射量。

进气温度传感器安装在进气歧管上，把温度信号转化为电压信号（温度升高，电压减小，两者之间为反比非线性关系），然后送给 ECU，由其进行相关比较，运算后控制执行器的动作（图 7-1-21）。

图 7-1-20　进气压力传感器

图 7-1-21　进气温度传感器

⑧ 发动机线束　与各传感器、执行器、喷油器以及整车线束连接，进入电子控制单元 ECU（图 7-1-22、图 7-1-23）。发动机线束布置在发动机上，用支架固定。

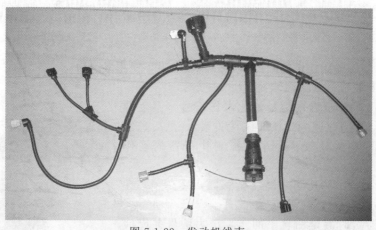
图 7-1-22　发动机线束

发动机线束设计原则：保证电控系统功能正确；合理选择线束上的各个零部件（导线、波纹管、三通管、插接件等）；电磁辐射最小化；压接端子阻值满足要求。

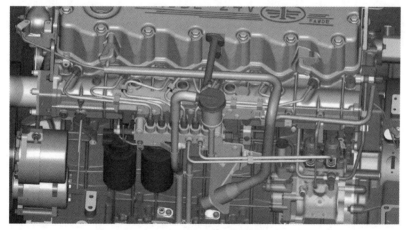

图 7-1-23 发动机线束布置

⑨ 喷油器线束　连接喷油器和发动机，如图 7-1-24 所示。喷油器线束安装在汽缸盖罩内，选用 200℃ 高温导线、耐高温扎带及热缩管，采用专门的线束支架。

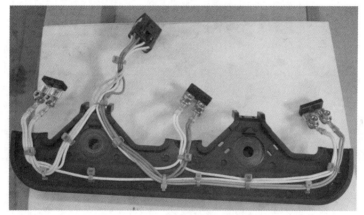

图 7-1-24 喷油器线束

⑩ 加速踏板位置传感器　差动变压器式，非接触检测油门转动角度，检测元件无磨损，可靠性好。

加速踏板位置传感器安装在驾驶室内加速踏板处，主要通过了解驾驶的意图进而了解发动机的负荷状况，把发动机的负荷信号转变为电压信号（负荷越高，电压越大），然后送给 ECU，由其进行相关比较，运算后控制相关的执行器。

7.2 国Ⅲ共轨柴油机的性能及系统

7.2.1 柴油机性能

（1）性能参数

柴油机性能参数见表 7-2-1、表 7-2-2。

表 7-2-1 4/6DL-E3 系列柴油机性能参数

型号		CA6DL1-26E3	CA6DL1-29E3	CA6DL1-32E3	CA6DL2-35E3	CA4DL1-18E3	CA4DL1-19E3	CA4DL1-20E3	CA4DL1-21E3
型式		直列,直喷,增压中冷							
缸径×行程		110mm×135mm			112mm×145mm	110mm×135mm			
缸数		6				4			
排量		7.7L			8.6L	5.13L			
最大净功率		192kW (2300r/min时)	213kW (2300r/min时)	228kW (2300r/min时)	258kW (2100r/min时)	136kW (2300r/min时)	140kW (2300r/min时)	151kW (2300r/min时)	155kW (2300r/min时)
最大转矩		1050N·m (1300~1700 r/min时)	1150N·m (1300~1700 r/min时)	1250N·m (1300~1500 r/min时)	1500N·m (1300~1500 r/min时)	650N·m (1300~1700 r/min时)	650N·m (1300~1700 r/min时)	780N·m (1300~1700 r/min时)	780N·m (1300~1700 r/min时)
怠速转速		700r/min	700r/min	750r/min	700r/min	700r/min	700r/min	700r/min	700r/min
发火顺序		1-5-3-6-2-4				1-3-4-2			
喷油泵	生产厂	电装	电装	电装	博世	电装	电装	电装	电装
	型号	HP-0	HP-0	HP-0	CP2.2-6DL2	HP3	HP3	HP3	HP3
喷油器	生产厂	电装	电装	电装	博世	电装	电装	电装	电装
	型号	G2	G2	G2	CRIN2-6DL2	G2	G2	G2	G2
ECU	生产厂	电装	电装	电装	博世	电装	电装	电装	电装
	型号	275800-4280	275800-4280	275800-4280	EDC7-6DL2	c31	c31	c31	c31
增压器	生产厂	无锡霍尔塞特工程有限公司	无锡霍尔塞特工程有限公司	霍尼维尔涡轮增压系统(上海)有限公司	无锡霍尔塞特工程有限公司	无锡霍尔塞特工程有限公司	无锡霍尔塞特工程有限公司	无锡霍尔塞特工程有限公司	霍尼维尔涡轮增压系统(上海)有限公司
	型号	HX40W	HX40W	GT37	HX40W	HX40W	HX40W	HX40W	CT30
冷启动装置		电加热式							
润滑系统		压力飞溅复合式							
型式核准号		CN CJ G3 03600003-00	CN CJ G3 03600001-00	CN CJ G3 01790010-00	CN CJ G3 01790011-00	CN CJ G3 03600007-00	CN CJ G3 03600020-00	CN CJ G3 03600008-00	CN CJ G3 03600019-00

表7-2-2 4/6DF-E3系列柴油机性能参数

型号	CA6DF3-18E3	CA6DF3-20E3	CA6DF3-22E3	CA6DF3-24E3	CA4DF3-13E3	CA4DF3-15E3	CA4DF3-17E3
型式	直列,直喷,增压中冷						
缸径×行程	107mm×125mm				110mm×125mm		
缸数	6				4		
排量(L)	6.74L				4.752L		
最大净功率	132kW(2300r/min时)	147kW(2300r/min时)	162kW(2300r/min时)	177kW(2300r/min时)	96kW(2500r/min时)	110kW(2300r/min时)	125kW(2300r/min时)
最大转矩	680N·m (1400r/min时)	760N·m (1400r/min时)	860N·m (1400r/min时)	935N·m (1400r/min时)	450N·m (1400r/min时)	530N·m (1400r/min时)	600N·m (1400r/min时)
怠速转速	700r/min	700r/min	700r/min	700r/min	700r/min	700r/min	700r/min
发货顺序	1-5-3-6-2-4				1-3-4-2		
喷油泵 生产厂	博世	博世	博世	博世	博世	博世	博世
喷油泵 型号	1111010-470	1111010-470	1111010-470	1111010-470	CP3.3-4DF3	CP3.3-4DF3	CP3.3-4DF3
喷油器 生产厂	博世	博世	博世	博世	博世	博世	博世
喷油器 型号	1112010-470	1112010-470	1112010-470	1112010-470	1112010-470	1112010-470	1112010-470
ECU 型号	EDC7-6DL2	EDC7-6DL2	EDC7-6DL2	3501115-470	EDC16-4DF3	EDC16-4DF3	EDC16-4DF3
增压器 生产厂	霍尼维尔涡轮增压系统(上海)有限公司	霍尼维尔涡轮增压系统(上海)有限公司	霍尼维尔涡轮增压系统(上海)有限公司	霍尼维尔涡轮增压系统(上海)有限公司	霍尼维尔涡轮增压系统(上海)有限公司	霍尼维尔涡轮增压系统(上海)有限公司	霍尼维尔涡轮增压系统(上海)有限公司
增压器 型号	CT35	CT35	CT35	CT35	CT25	CT25	CT25
冷启动装置	电加热式						
润滑系统	压力飞溅复合式						
型式核准号	CN CJ G3 03600002-00	CN CJ G3 03600006-00	CN CJ G3 03600005-00	CN CJ G3 03600004-00	CN CJ G3 03600011-00	CN CJ G3 03600010-00	CN CJ G3 03600009-00

（2）性能曲线

柴油机性能曲线如图 7-2-1～图 7-2-5 所示。

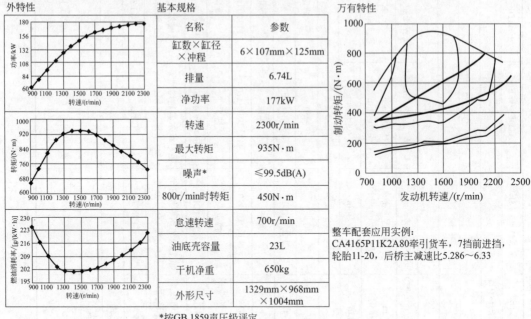

图 7-2-1　CA6DF3-24E3 柴油机性能曲线

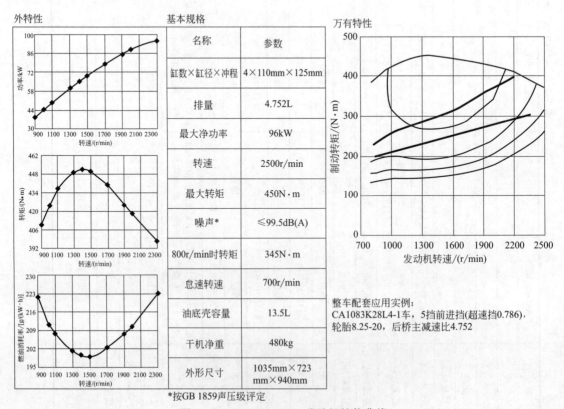

图 7-2-2　CA4DF3-13E3 柴油机性能曲线

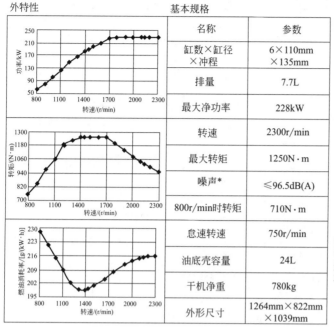

*按GB 1859声压级评定

图 7-2-3　CA6DL1-32E3 柴油机性能曲线

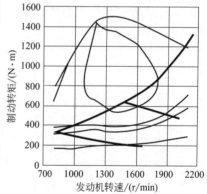

*按GB 1859声压级评定

图 7-2-4　CA6DL2-35E3 柴油机性能曲线

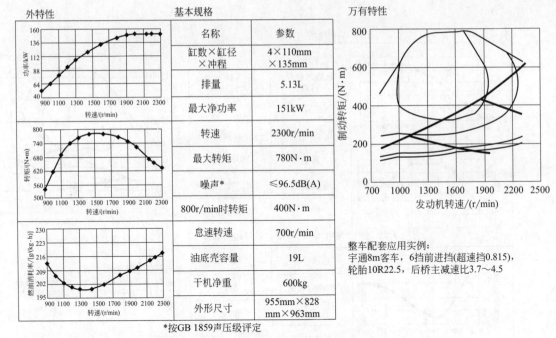

图 7-2-5　CA4DL1-20E3 柴油机性能曲线

7.2.2　柴油机系统

7.2.2.1　冷却系统

(1) 冷却系统标定工况热平衡

两个代表机型热平衡试验结果分别见表 7-2-3 和表 7-2-4。

表 7-2-3　CA6DF3-24E3

项目		热量/(J/min)	百分比/%
输入	Q_1	$27.87×10^6$	93.21
	Q_2	$2.03×10^6$	6.79
	Q_1+Q_2	$29.90×10^6$	100
输出	Q_3	$9.96×10^6$	33.31
	Q_4	$8.77×10^6$	29.33
	Q_5	$5.75×10^6$	19.23
	Q_6	$1.70×10^6$	5.69
	Q_7	$0.66×10^6$	2.20
	Q_8	$3.06×10^6$	10.24

注：Q_1—喷入汽缸燃料的热量；Q_2—增压空气进入汽缸的热量；Q_3—做有效功相当的热量；Q_4—排气带走的热量；Q_5—散热器带走的热量；Q_6—中冷器带走的热量；Q_7—风扇做功相当的热量；Q_8—其余。

表 7-2-4　CA6DL1-32E3

项目		热量/(J/min)	百分比/%
输入	Q_1	$35.80×10^6$	91.89
	Q_2	$3.16×10^6$	8.11
	Q_1+Q_2	$38.96×10^6$	100
输出	Q_3	$13.26×10^6$	34.03
	Q_4	$10.77×10^6$	27.64
	Q_5	$7.11×10^6$	18.25
	Q_6	$2.68×10^6$	6.88
	Q_7	$0.84×10^6$	2.16
	Q_8	$4.30×10^6$	11.04

注：Q_1—喷入汽缸燃料的热量；Q_2—增压空气进入汽缸的热量；Q_3—做有效功相当的热量；Q_4—排气带走的热量；Q_5—散热器带走的热量；Q_6—中冷器带走的热量；Q_7—风扇做功相当的热量；Q_8—其余。

(2) 冷却系统要求

① 加注冷却液应充足。

② 保证最高的环境温度、全负荷工况、最大转矩工况柴油机仍能正常工作。
③ 冷却系统中的空气应尽快排出。
④ 系统应考虑留下膨胀空间。

(3) 冷却系统参数

加注冷却液时一次应加到系统容积的94%，确保6%的膨胀空间，加注速度不低于19L/min。

① 水腔容积

CA6DL：11L。

CA4DL：8L。

CA6DF3：11L。

CA4DF3：8L。

② 温度与压力

CA4/6DL：$T_{max}=105℃$（冷却液）。

CA4/6DF：$T_{max}=98℃$（冷却液）。

打开水箱盖（或膨胀水箱盖），高怠速运转至水温86℃，排除冷却系统中的空气。

冷却系统水泵进水口压力：打开水箱盖，节温器全开，柴油机额定转速时，水泵进水口最大真空度小于6.8kPa；带膨胀水箱时，打开上盖，节温器全开，柴油机额定转速时，水泵进水口应为正压。

发动机进（水泵出口）、出（节温器出口）水压差小于40kPa。

③ 水泵流量Q与扬程H

CA6DL：柴油机$n=2300r/min$；$Q=300L/min$；$H=14m$。

CA4DL：柴油机$n=2300r/min$；$Q=245L/min$；$H=14m$。

CA6DF：柴油机$n=2300r/min$；$Q=240L/min$；$H=13.2m$。

CA4DF：柴油机$n=2300r/min$；$Q=250L/min$；$H=14m$。

④ 节温器开启温度

CA4/6DL：初开76℃；全开86℃。

CA4/6DF：初开76℃；全开86℃。

(4) 冷却系统部件

① 冷却水箱　柴油机冷却系统的热量通过冷却水箱排至大气，所以正确选择冷却水箱基本参数，涉及柴油机的热负荷和可靠性。

冷却水箱基本参数要求：散热面积$0.20\sim0.28m^2/kW$；迎风面积$0.26\sim0.37m^2/100kW$。

为了减小风阻，一般散热片为3~4片/10mm。水箱压力盖必须具备两个密封面：一个带弹簧，以保证系统的压力；另一个在注水盖与压力盖之间。

后置发动机客车的冷却条件差；南方、山区等环境影响；工程机械行走速度慢，没有迎风冷却，均宜选用参数上限为宜。

冷却水箱参数推荐见表7-2-5。推荐采用全密封、能除气、加压型上水室。开式上水室不能接受。

表7-2-5　冷却水箱参数推荐

柴油机型号	散热面积	迎风面积	宽×高×厚
CA4DF3-13E3	$25.8m^2$	$0.38m^2$	638mm×600mm×58mm
CA4DF3-15E3			
CA4DF3-17E3			

续表

柴油机型号	散热面积	迎风面积	宽×高×厚
CA6DF3-20E3	38.49m²	0.46m²	710mm×648mm×78mm
CA6DF3-22E3			
CA6DF3-24E3			
CA6DL1-26E3	40.8m²	0.58m²	752.8mm×772mm×52mm
CA6DL1-29E3			
CA6DL1-32E3			
CA6DL2-35E3	41m²	0.59m²	728mm×810mm×46mm

注：尽可能加大迎风面积。

车用冷却水箱一般设置在汽车前端，后置发动机客车设置在后端，多为吸风式冷却。为防止风扇与水箱碰撞，同时提高冷却效率，风扇与水箱之间的距离应尽可能大些。

吸风式结构风扇与水箱之间最小距离为50～100mm；吹风式结构风扇与水箱之间最小距离大于或等于100mm。

水箱下部应设置减振垫块。

② 膨胀水箱 排量大于或等于6L的柴油机，冷却系统应设置膨胀水箱（图7-2-6）。

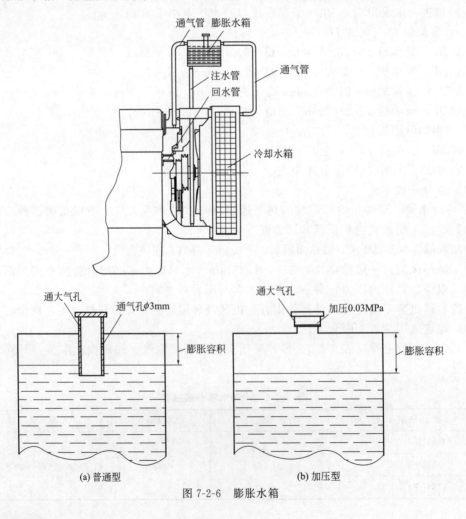

图7-2-6 膨胀水箱

膨胀水箱应放置在散热水箱上方不低于50mm且便于加注冷却液的位置。注水管应连接进水管最低位置,注水管径应不小于φ20mm。膨胀水箱容积为16%～20%冷却系统容积,上部应留有不低于6%冷却系统容积的膨胀容积。柴油机出水管节温器前,应有通气管连接膨胀水箱的膨胀容积。水箱上水室应有通气管连接膨胀水箱的膨胀容积。

③ 空-空中冷器 用空气作为热交换介质,通过空-空中冷器把增压后的进气空气冷却到足够低的温度,以降低柴油机热负荷,提高经济性,满足国Ⅲ排放要求。

空-空中冷器基本参数要求:环境温度为25℃,通过空-空中冷器进气温度应不高于45℃;空-空中冷器应满足空气流量要求,其压力降不高于10kPa;散热面积0.12～0.20m²/kW;迎风面积0.20～0.29m²/100kW。

空-空中冷器参数推荐见表7-2-6。

表7-2-6 空-空中冷器参数推荐

柴油机型号	散热面积	迎风面积	长×宽×高
CA4DF3-13E3	—	—	530mm×612mm×66mm
CA4DF3-15E3	16.8m²/kW	0.37m²/kW	610mm×600mm×65mm
CA4DF3-17E3			
CA6DF3-20E3	21m²/kW	0.458m²/kW	610mm×750mm×65mm
CA6DF3-22E3			
CA6DF3-24E3			
CA4DL1-20E3	44m²/kW	0.55m²/kW	7.8mm×780mm×65mm
CA6DL1-26E3			
CA6DL1-32E3			
CA6DL2-35E3	42m²/kW	0.52m²/kW	650mm×792mm×66mm

空-空中冷器应布置在水箱前端,即风先冷却中冷器后再冷却水箱。空-空中冷器与水箱不能互相遮挡其芯部(图7-2-7)。空-空中冷器管路与进气接管布置应简单,尽量减少方向改变,管径变化应平稳,采用尽可能大的弯曲半径以减少进气阻力。空-空中冷器可以固定在水箱上。

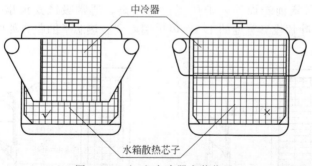

图7-2-7 空-空中冷器安装位置

④ 风扇 一般分为吸风式和吹风式两种,车用柴油机除后置发动机客车布置在排气侧外均布置在前端,由曲轴带轮传动。现代风扇均采用尼龙制造,由硅油离合器传动,风扇转速的变化由温度传感器控制,以保持发动机最佳冷却水温,同时节约能源。

风扇基本参数要求:风扇直径应在冷却水箱尺寸以内;风扇转速应在风扇高效率区域内($\eta \geqslant 27\%$);风扇线速度一般不高于5000m/min;风扇功耗不高于6%。

风扇参数推荐见表7-2-7。

表 7-2-7 风扇参数推荐

风扇直径/mm	风叶数量/片	风叶投影宽度/mm	转速/(r/min)	静压/Pa	风量/(m³/s)	功率/kW	效率/%	适用
450	10	55	2300	400	1.55	2.5	27	CA4DF3-13E3
			3800	400	3.9	12.1	27	
490	10	55	2300	440	2.2	3.85	27	
			3500	440	4.3	12.9	27	
520	10	55	2300	440	2.7	4.9	27.5	CA6DF3-18E3 CA6DF3-20E3 CA6DF3-22E3
			3300	440	4.8	13.8	27.5	
520	10	55	2300	440	3.5	6.8	27.5	
			3100	440	5.4	21.1	27.5	
580	10	67	2300	500	4	8.2	29	CA6DF3-24E3
			3000	500	6.3	18.1	29	
600	10	70	2300	500	4.3	8.5	29.5	
			2800	500	6.1	16.3	29.5	
620	10	70	2300	500	4.5	9.6	29.5	
			2600	500	5.6	14.1	29.5	
620	9	90	2300	520	4.8	11.6	33	CA6DL1-32E3
			2500	500	6.5	18.1	33	
670	8	113	2300	550	6.2	13.2	35	
			2500	550	6.8	16.8	35	
704	9	124	2300	600	6.5	19.5	33	CA6DL2-35E3
			2400	600	6.9	21.4	33	

风扇可以安装在水泵同轴上，也可以根据水箱位置中心另设支架。风扇与护风罩的相对位置要合理，风扇叶尖与护风罩内壁的间隙应小于或等于风扇直径的 3.0%，风扇在护风罩内的轴向位置，即风扇前端面伸入护风罩内的距离，通常吸风式风扇为叶片投影宽度的 2/3，吹风式风扇为叶片投影宽度的 1/3。风扇端面到散热芯子的距离如图 7-2-8 所示。

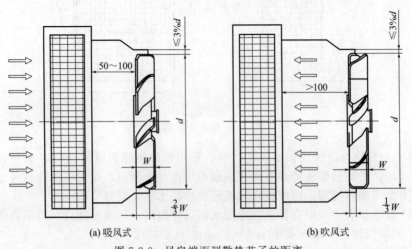

(a) 吸风式　　　　　　(b) 吹风式

图 7-2-8　风扇端面到散热芯子的距离

后置发动机客车的散热窗口不要正对柴油机,更不要直接对准风扇,为充分利用冷却气流,散热窗口位置宜设置在柴油机缸盖以上高度位置。

风扇安装建议使用锁紧螺母,并按说明书规定力矩拧紧。风扇安装位置见表7-2-8。

表7-2-8 风扇安装位置

机型	安装位置	Z(曲轴中心线向上)
CA6DL	风扇支架	210mm
CA6DL	风扇支架	280mm
CA6DL	曲轴带轮上	0
CA4DL	风扇支架	210mm
CA4DL	风扇支架	280mm
CA4DL	曲轴带轮上	0
CA6DF	水泵中心	190mm
CA6DF	水泵中心	210mm
CA6DF	曲轴带轮上	0
CA4DF	水泵中心	190mm
CA4DF	曲轴带轮上	0

⑤ 冷却系统管道 冷却系统管径见表7-2-9。

表7-2-9 冷却系统管径

机型	水泵进水管内/外管径	水泵出水管内/外管径
CA4DF	37mm/45mm	35mm/43mm
CA6DF	41mm/50mm	42mm/50mm
CA4DL	55mm/65mm	42mm/50mm
CA6DL	55mm/65mm	42mm/50mm

采用不锈钢卡箍保证360°密封。

⑥ 空调 CA6DL与CA6DF系列柴油机所带空调压缩机型号有SE5H14、DKS-17S、V-50、V-58。

7.2.2.2 进气系统

进气系统框图如图7-2-9所示。进气系统流程:进气口(进风口)→空滤器→压气机进气管→增压器→压气机出气管→中冷器→发动机进气接管→空气加热器(或启动液装置)→发动机进气歧管。

(1) 进气系统要求

① 进气系统的作用是向发动机提供清洁、干燥、温度适当的空气,供给燃料燃烧所需要的氧气,并最大限度地降低发动机磨损以保持最佳的发动机性能。

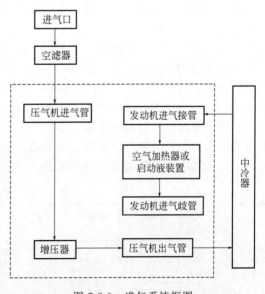

图7-2-9 进气系统框图

② 控制进气阻力,以保证足够的空气量。
③ 选择合适的空滤器,保证足够的空气量和清洁度。
④ 选择合适的管路材料、管卡,保证进气系统的密封性。
⑤ 合理布置进气口、进气管道,以保证吸入干净空气和减少压力损失。
⑥ 保证进气温度和干燥度。

(2) 进气系统常见问题及后果

粉尘过滤能力不足;管路材料及卡箍不合适,进气系统不密封;滤芯短路;使用了低质量的滤芯。这将导致发动机功率下降、油耗高、冒烟,严重的还将引起各摩擦副严重磨损甚至咬瓦。

灰尘是发动机部件磨损的基本原因,而大多数灰尘是通过进气系统进入发动机的。水或水蒸气会损坏或阻塞空气滤清器,并且可能使进气系统和发动机发生腐蚀。

进气温度高意味着进入发动机的空气密度下降,这将导致燃料燃烧不完全、排烟增加、功率下降,同时向冷却系统散热量增加,发动机温度升高。

进气温度过低会导致柴油无法被压燃,着火滞后,燃烧不正常,进而引起冒黑烟、爆震、运转不稳(特别是急速时)和柴油稀释机油。

(3) 进气系统参数

4/6DL 与 4/6DF3 系列柴油机标定工况进气流量见表 7-2-10。

表 7-2-10 标定工况进气流量

柴油机型号	进气流量/(m^3/h)①
CA6DL2-35E3	1196
CA6DL1-32E3	1064
CA4DL1-20E3	600
CA6DF3-24E3	794
CA4DF3-13E3	484

① 标准大气状况,常温时乘以 1.5。

进气阻力[发动机最大进气流量条件下,从进气口(进风口)到增压器压气机的进气口]≤5kPa。

进气温度<环境温度+20℃,中冷后理想进气温度≤45℃。

(4) 进气系统部件

① 空滤器 对空滤器的要求:滤芯为纸质滤芯;保证滤清初始效率≥99.7%;流量不小于发动机进气流量的 1.3~1.5 倍,对于后置式、工程与农机配套以及高原、风沙地区使用时,应选择流量较大一些的空滤器;过滤面积与流量比应大于 $2000cm^2/(m^3/min)$;流速<10cm/s;空滤器初始阻力≤2.5kPa,最大阻力≤4kPa。

推荐安装高质量的阻力指示装置,它在空滤器阻塞到进气阻力达到发动机规定的最大限值时能发出警告,提醒用户及时更换滤芯;为了避免吸入雨水、喷洒水和路面飞溅水、盐溶液等,空滤器前应安装适当的挡水装置。空滤器参数推荐见表 7-2-11。

表 7-2-11 空滤器参数推荐

型号	流量/(m^3/h)	初始阻力/kPa	初始效率/%	寿命/km	容灰量/(g/m^2)	$D_外 \times D_进 \times D_出 \times H$/mm	型式	规格
NLG12	720	1.7	99.7	8000~12000	3.0	290×130×110×305	筒式	
NLG15	900	1.5	99.7	8000~12000	3.2	339×150×130×365	筒式	
NLG21	1260	1.7	99.7	8000~12000	3.4	339×150×130×415	筒式	带安全芯

续表

型号	流量 /(m³/h)	初始阻力 /kPa	初始效率 /%	寿命/km	容灰量 /(g/m²)	$D_外 \times D_进 \times D_出 \times H$/mm	型式	规格
NLG28	1680	1.5	99.7	8000~12000	3.65	407×210×180×480	筒式	带安全芯
NLG37	2220	1.7	99.7	8000~12000	5.0	407×210×180×565	筒式	带安全芯

空滤器：应安装在振动较小、远离尘土及排气口的位置；支撑应牢固；防止直接接触柴油机及支架，以防止因振动而损坏空滤器；便于取出滤芯进行保养；建议卡车安装在驾驶室后端，客车可安装在车架外侧，车轮前（后）；取气口应放在能吸入新鲜空气的位置，同时能防止吸入雨、雪、发动机排气和来自散热器、冷却器、机舱的热空气以及路面飞溅污物，卡车驾驶室后顶部、客车车厢顶侧面为理想取气口位置。

② 增压器 这是国Ⅲ柴油机的重要部件，利用废气能量，增加柴油机功率，降低燃油消耗，达到排放标准。国Ⅲ柴油机配套的增压器已经过台架优化，达到了最佳匹配。

增压器安装位置可分为顶置（中置）、后置、侧置，根据整车总布置要求选择。表7-2-12列出了各型柴油机配套的增压器位置尺寸（以曲轴中心线和机体后端面的交点建立坐标，沿曲轴中心线向风扇端方向为 X 轴正向，从飞轮端看，向右为 Y 轴正向，向上为 Z 轴正向，见图7-2-10）。

表 7-2-12 各型柴油机配套的增压器位置尺寸

柴油机型号	增压器型号	增压器压气机进口尺寸/mm				增压器压气机出口尺寸/mm			
		ϕd_1	X_1	Y_1	Z_1	ϕd_2	X_2	Y_2	Z_2
CA6DL2-35E3	HX40W	101.6	658	269.8	528	65.5	683	171.1	582.8
CA6DL1-32E3	GT37 HX40W	101.6	658	272.3	528	65.5	678	166.2	566.1
CA4DL1-20E3	GT30 HE221W	60	330.3	295.5	458.7	50	292.9	345.5	532.4
CA6DF3-24E3	GT35	100	636	183	590	80	582	54	644.8
CA4DF3-13E3	GT25	60	375.5	171.5	608.8	50	346.4	248.9	675.3

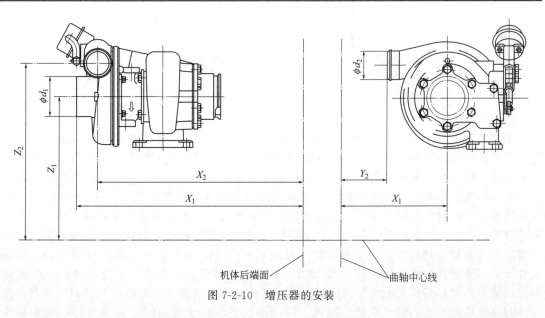

图 7-2-10 增压器的安装

③ 冷启动装置 环境温度为 −20~−10℃，启动时接通空气加热器加热进气空气；环

境温度为 $-40 \sim -20$℃，启动时采用启动液装置加热进气空气。

空气加热器安装在进气歧管进口。启动液装置安装在进气接管上，启动液的手泵安装在驾驶室内。启动液为易燃液体，管道不允许有渗漏，不允许接近排气管。

4/6DL 与 6DF3 系列柴油机空气加热器一般为 24V、1.9kW；4DF3 系列柴油机空气加热器一般为 22V、1.5～1.6kW（图 7-2-11）。

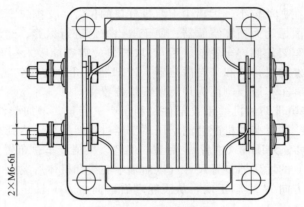

图 7-2-11　空气加热器

启动液装置如图 7-2-12 所示。

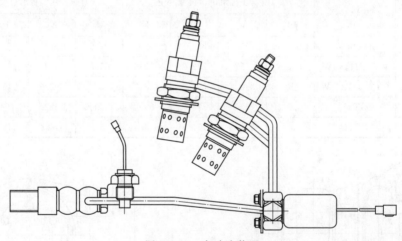

图 7-2-12　启动液装置

④ 进气管　管径不得小于增压器压气机进气口直径。进气管直管采用不锈钢材料。进气管弯管：焊接不锈钢弯管，不允许有焊接残留物；铝弯管；成型橡胶、工程塑料弯管，应不易吸瘪、耐高温、不易老化。采用不锈钢卡箍，保证 360°密封。

进气系统管道应尽可能减少弯头，不能采用直角弯头。进气管道阻力不大于 1kPa。进气系统接口应密封，不允许渗漏。管路布置应使在进行发动机日常维护保养时不必断开干净侧的管路。管路连接应能承受发动机和车辆构件间的相对运动而不损坏、泄漏或塌瘪。长的管路应适当支撑，增压器进口的静弯矩不超过 6.8N·m。所用材料应能适应系统的工作温度和压力，防腐蚀，在卡箍紧固力和 68kPa 真空下不得变形或损坏。不能与设备上的其他部件磕碰。必须具有长久和可靠的密封能力。选择位于空滤器至发动机进气口间的所有管路元件时必须格外小心。管子应能防腐蚀，应能承受进气完全受阻时的真空力而不变形和损坏。所有硬管间的连接必须是专用橡胶管，以便在很宽的温度范围内保证长久无泄漏。

7.2.2.3 排气系统

排气系统如图 7-2-13 所示。

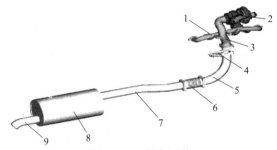

图 7-2-13 排气系统
1—排气歧管；2—增压器；3—排气过渡管；4—排气制动阀；5—排气总管1；6—波纹管；
7—排气总管2；8—消声器；9—排气尾管

(1) 排气系统作用

在不影响发动机动力性能的条件下，排气系统提供发动机废气排出的通道，降低发动机噪声，同时降低排气温度和压力，满足安全、舒适、环保方面的要求。

如果整车带排气制动，排气系统的另一作用是保证发动机承受最大背压的前提下，为发动机制动提供密封、安全、可靠的密封空间。

(2) 排气系统要求

① 发动机排气背压不能超过发动机性能参数给定的限值，因此排气管路应尽量避免小管径、急拐弯等现象。

② 在不增加排气背压的情况下，降低排气噪声，使整车噪声水平符合国家噪声法规、标准或工业上公认的要求水平。

③ 排气系统装置不能因重量、惯性、零件相对运动或热变形等因素对增压器造成过大的力矩，同时也不得限制弹性发动机悬置系统所要求的变形。

④ 在下雨或车辆清洗时，必须防止水经过排气系统进入发动机。

⑤ 电线束、尼龙管、塑料管等零件应避开排气管路，防止高温烤坏。如果必要，应增加隔热板。

⑥ 必须使发动机排出的废气远离发动机进气口和冷却系统，以降低发动机的工作温度，保证发动机性能。

⑦ 由于发动机排出的废气对人体有害，必须把它们排到远离驾驶室、空调进气口和通风口处。

⑧ 如果使用了排气制动阀，制动时排气背压不能超过发动机允许的最大背压。

⑨ 排气制动系统应具有正确的互锁控制系统。

(3) 排气系统参数

发动机排气系统背压不应超过10kPa，超过15kPa时柴油机性能将急剧恶化。排气背压与功率损失的对应关系见表 7-2-13。

表 7-2-13 排气背压与功率损失的对应关系

项目	车辆分类	总质量≤3.5t 载货车（轻型车）	3.5t<总质量≤12t 载货车（中型车）	总质量>12t 载货车（重型车）
功率损失/%		≤6	≤5	≤3
排气背压/kPa		≤20	≤16.7	≤13.3

排气制动阀关闭时，排气歧管中的背压限值一般为 240～450kPa（F 系列柴油≤300kPa；L 系列柴油≤450kPa）。

发动机增压器后温度小于或等于 600℃，因此排气管路中各材料耐温应不低于 600℃。

(4) 排气系统部件

① 排气制动装置

为了确保行车安全，建议设置排气制动装置，它是通过电磁气阀式操纵机构的联锁互控作用，在不加油的前提下，在发动机的排气系统中设置障碍，阻塞发动机的排气通道。一旦排气通道阻塞，排气背压迅速升高，亦即旋转阻力矩迅速加大，迫使发动机转速迅速下降，此时，发动机对整车来讲提供了阻力，因此制动作用一般可提高 1.5～2 倍。必须指出，装有排气制动装置的车辆下大坡时，必须随着冲坡速度的变化相应改变挡位，即冲坡速度大时应挂较高挡，以防车辆拖动发动机使发动机超速。

排气制动阀（阻力型）不得在其阀门打开时施加过大的排气阻力，当其工作时不得施加超过发动机排气歧管所能承受的背压，排气制动阀上应设有量孔，一旦超过，制动阀关闭时部分废气通过排气制动阀上的量孔排出，从而确保排气管路中的背压不超过背压限值。台架试验中，根据 6DL 柴油机排气制动阀的密封性，背压最大为 420kPa，所以可以不设量孔。F 系列柴油机在整车调试时，根据排气背压值，确定量孔尺寸。

排气制动功率：F 系列柴油机转速 2400r/min、背压 300kPa、制动功率 97.5kW，转速 3000r/min、制动功率 125kW；L 系列柴油机转速 2400r/min、背压 420kPa、制动功率 140kW，转速 3000r/min、制动功率 175kW。

排气制动阀应安装在增压器后 0.5～1m 处，弹性波纹管应安装在排气制动阀后。排气制动阀应通过 ECU 控制其打开或关闭。

② 消声器

消声器的横截面呈圆形或椭圆形，利用声波反射互相干扰抵消的现象，使声能逐渐削弱。同一外形的消声器消声效果和排气背压是一对矛盾共同体，因此在选用消声器时即要考虑各项法规和标准对消声器的要求，同时还要充分考虑整个排气系统的背压限值。

消声器固定在汽车大梁上，同时固定位置应有足够的拆装空间。消声器固定支架与大梁之间应有减振块。对于排气系统与水箱位于同一侧的底盘，则应在消声器上方装隔热板。

③ 排气管

增压器废气出口与排气尾管的连接方式有卡箍连接及法兰连接两种，排气管路的连接有法兰连接和密封环连接两种。

排气管设计时应尽量增大其内径，可使排气道中的摩擦损失减少，另外应尽可能将管道设计成光整规则的且具有大的转弯半径，保证气流流动顺畅，以降低流阻。

发动机与排气管之间，建议装弹性波纹管，避免因发动机的振动、摆动、前后窜动使排气管受到相当大的力，而使排气管和消声器损坏。

不要使排气管之间错位，也不要硬弯和硬拉，这样会使排气管产生安装应力，使之早期损坏。同时安装应力的存在，会对增压器产生一定影响，造成机械零件的损坏和性能下降。

因排气管和消声器周围的温度很高，因此排气管和消声器周围 200mm 内，尽可能少装总成件，如不能避免，应装隔热板。

7.2.2.4 燃油系统

共轨系统如图 7-2-14、图 7-2-15 所示。

(1) 燃油系统要求

① 提供清洁柴油、无水柴油。

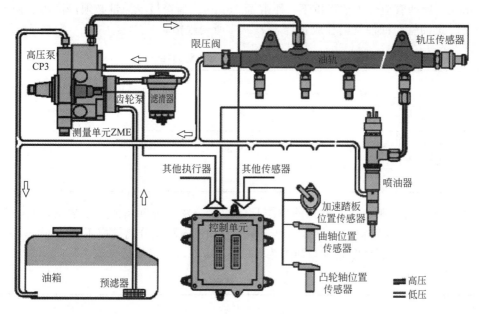

图 7-2-14 博世共轨系统

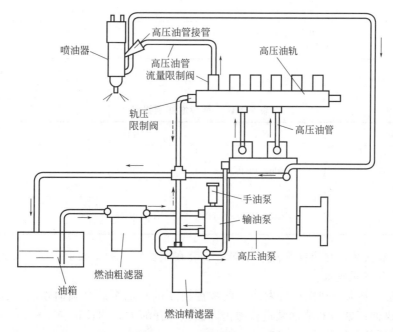

图 7-2-15 电装共轨系统

② 出油管阻力小于 15kPa, 回油管阻力小于 20kPa。

③ 柴油温度低于 70℃。过高的柴油温度会使柴油机功率下降, 温升 30℃, 功率下降 10%～15%; 过高的柴油温度会影响润滑能力, 使泵、嘴磨损加快。

(2) 燃油系统部件

① 燃油箱与进、出油管　必须使用无铅油箱。油箱出油管和回油管距离大于 300mm。油箱应有 5% 膨胀空间。φ1.5mm 通气管, 通气管应防止水和污物进入。出油管距油箱底面

距离 25mm。回油管应伸入油面以下，距底面 15mm。油箱最少油量必须保证出、回油管在油面以下。进油管与回油管内径应符合表 7-2-14 所列规格。

表 7-2-14　进油管、回油管内径

机型	进油管内径	回油管内径
CA6DL2-35E3 CA6DF3-24E3	≥12mm	≥12mm
CA4DL1-20E3 CA4DF3-13E3	≥8mm	≥8mm
CA6DL1-32E3	≥10mm	≥12mm

② 燃油预滤器　要求：燃油预滤器应具备油水分离能力并集成有手油泵，便于低压系统排除空气；$3\sim5\mu m$ 颗粒分离效率不小于 10%，$30\mu m$ 颗粒分离效率不小于 99%，水分离效率不小于 93%；确保油泵进油口压力为 $-30\sim20$ kPa；额定流量见表 7-2-15。

表 7-2-15　额定流量

机型	额定流量
CA6DL2-35E3 CA6DL1-32E3 CA6DF3-24E3	>9.5L/min
CA4DL1-20E3 CA4DF3-13E3	>5L/min

推荐燃油预滤器见表 7-2-16。

表 7-2-16　推荐燃油预滤器

机型	型号	流量	集水室
CA6DL2-35E3 CA6DL1-32E3 CA6DF3-24E3	Preline PL420	600L/h	0.5L
CA4DL1-20E3 CA4DF3-13E3	Preline PL270	320L/h	0.3L

燃油预滤器安装：尽可能靠近燃油箱；安装在刚性较好的支架上；便于接近泵油；燃油预滤器底部需有空间放水。

③ 喷油泵　要求：初次运行发动机前或更换新的喷油泵后必须向喷油泵的机油进油口加入 200mL 机油；禁止对喷油泵进行敲击、碰撞和任何方式的校正和调整。

喷油泵部件及功能见表 7-2-17。

表 7-2-17　喷油泵部件及功能

型号	输油泵	控制单元	泵体	凸轮轴相位传感器	备注
博世 CPN2.2	齿轮泵	油量计算单元	直列双缸柱塞式	带	CA6DL2-35E3
博世 CPN2.2	齿轮泵	油量计算单元	直列双缸柱塞式	带	CA6DF3-24E3
博世 CP3.3	转子泵	油量计算单元	对置双缸柱塞泵	不带	CA4DF3-13E3

续表

型号	输油泵	控制单元	泵体	凸轮轴相位传感器	备注
HP0	齿轮泵	压力控制阀 PCV	直列双缸柱塞式	带	CA6DL1-32E3
HP3	转子泵	油量控制阀 SCV	对置双缸柱塞式	不带	CA4DL1-20E3

④ 高压共轨　功能：保证燃油蓄压，控制轨压。

高压共轨部件：油轨体，包括油轨腔；轨压限制阀，当共轨压力超过共轨所能承受的最高压力时，轨压限制阀会自动开启，降低共轨压力，确保安全；流量限制阀，在共轨上部有六个流量限制阀，分别与六个缸的高压油管相连，其作用是在非常情况下阻止喷油器常开造成连续喷油，一旦轨道输出的油量超过规定的水平，流量限制阀会动作，切断该缸的燃油供应；高压油进油口，共轨下部有两个进油口（四缸柴油机只有一个），分别与喷油泵的高压油出油口相连；轨压传感器，位于共轨的右端，测量共轨中的瞬时油压并提供给ECU。

⑤ 喷油器　要求：喷油器是电控的，其顶部为电磁控制阀，喷油正时以及喷油量均由电磁阀的通电时刻决定，电磁阀的通电时刻由电子控制单元根据发动机的运行工况进行控制。

喷油器的规格见表7-2-18。

表7-2-18　喷油器的规格

型号	安装位置	适用机型
博世 CR1N2 Ⅰ 型	缸盖中央	CA6DL2-35E3
博世 CR1N2 Ⅲ 型	缸罩外侧	CA6DF3-24E3
		CA4DF3-13E3
电装 G2 型	缸盖中央	CA6DL1-32E3
		CA4DL1-20E3

⑥ 燃油细滤器　保证供给共轨系统的柴油清洁，满足共轨系统的燃油细滤器要求见表7-2-19。

表7-2-19　满足共轨系统的燃油细滤器要求

博世	滤清效率	$3\sim5\mu m$，$\geqslant95\%$
	水分离效率	$>93\%$
电装	滤清效率	$5\mu m$，$\geqslant95\%$
	水分离效率	$>93\%$

7.3
CA6DL1-E3 共轨柴油机电控系统

7.3.1　电控系统原理

电控系统原理图如图7-3-1所示。

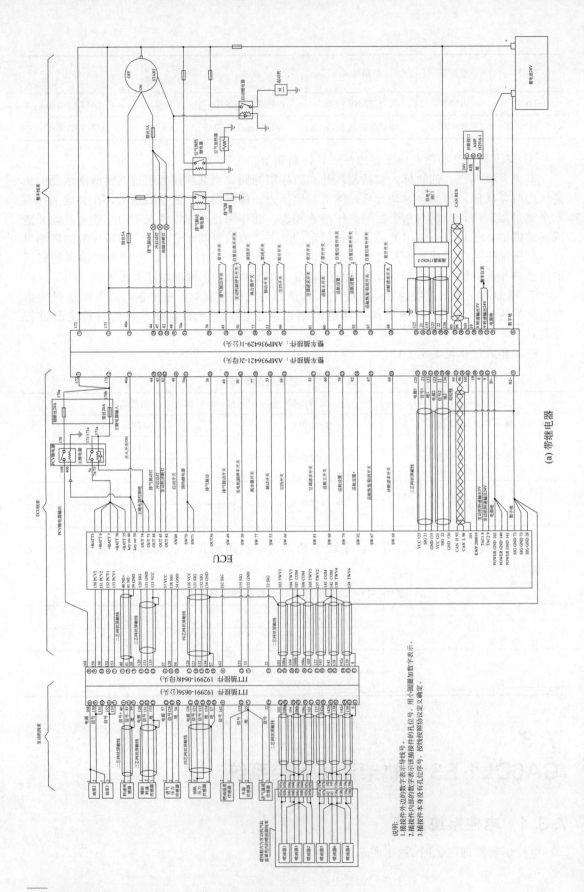

(a) 带继电器

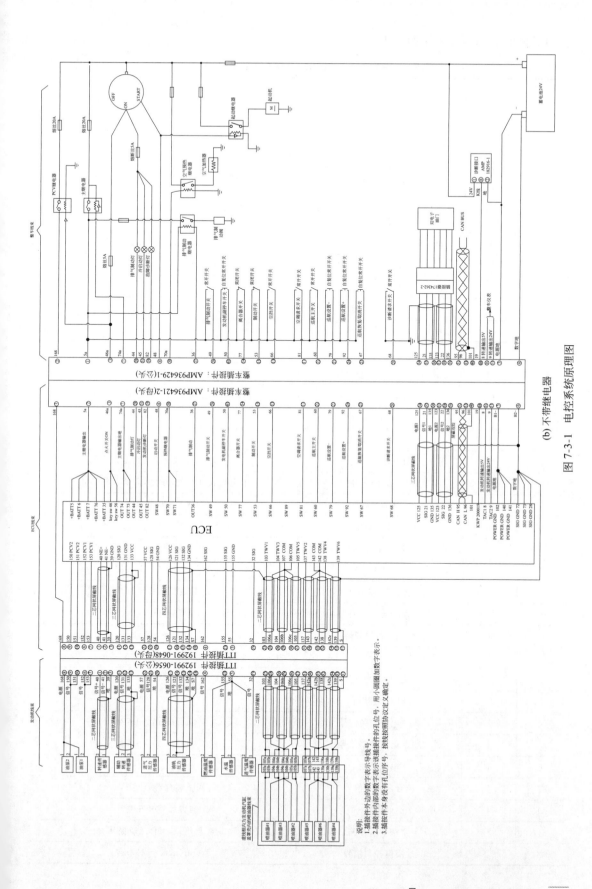

(b) 不带继电器

图 7-3-1 电控系统原理图

CA6DL1-32E3 针脚说明见表 7-3-1。

表 7-3-1　CA6DL1-32E3 针脚说明

针脚号	I/O	名称及功能	备注①
5	I	ECU 供电	24V
6	I	ECU 供电	24V
7	I	ECU 供电	24V
8	I	发动机转速输出	5V,默认 3 脉冲/转,占空比 50%,I_Out(max)=100mA
9	I	发动机转速输出	24V,默认 3 脉冲/转,占空比 50%,I_Out(max)=22mA
19	I/O	诊断接口信号(K-Line)	I_Out(max)=100mA
21	I	加速踏板位置传感器 1 信号	急速时 0.65~0.85V
22	I	加速踏板位置传感器 2 信号	急速时 0.33~0.42V
27	I	车速传感器信号	
28	I	ECU 外壳接地	
35	I	电源反馈	
36	I	排气制动信号驱动	I_Out(max)=0.4A
44	O	排气制动灯控制信号	I_Out(max)=125mA
45	O	冷启动灯控制信号	I_Out(max)=125mA
46	I	钥匙开关 ON 挡	
48	I	钥匙开关 START 挡	启动时 24V
49	I	排气制动开关	常开开关,开关闭合排气制动启用
50	I	发动机副停车开关	自复位常开开关,开关按下发动机停止
53	I	制动开关	常闭开关,踩下制动踏板时开关断开
56	I	钥匙开关 ON 挡	ON 挡时 24V
60	I	巡航主开关	常开开关
66	I	空挡开关信号	常开开关,空挡时开关闭合
67	I	巡航恢复/取消开关	自复位常开开关
68	I	诊断请求开关	常开开关
70	I	预热继电器控制信号	I_Out(max)=2A
71	I	预热继电器控制信号	I_Out(max)=2A
72	O	ECU 信号地	0V
73	O	ECU 信号地	0V
74	I	主继电器控制信号	I_Out(max)=0.7A
75	I	主继电器控制信号	I_Out(max)=0.7A
76	I	电源反馈	
77	I	离合器开关信号	踩下离合器踏板 0V
79	I	巡航设置-	自复位常开开关
81	I	空调请求开关	常开开关,闭合急速提升
82	O	故障灯控制信号	I_Out(max)=125mA

续表

针脚号	I/O	名称及功能	备注[①]
92	I	巡航设置+	自复位常开开关
95	I/O	CAN2-H	
96	I/O	CAN2-L	
101	I/O	CAN 屏蔽	
102	O	电源地	0V
123	O	加速踏板位置传感器 2 正	5V
125	O	加速踏板位置传感器 1 正	5V
135	O	加速踏板位置传感器 1 地	0V
136	O	加速踏板位置传感器 2 地	0V
140	O	电源地	0V
141	O	电源地	0V

① 电压值均为对地电压。

7.3.2 电控系统功能

7.3.2.1 钥匙开关

钥匙开关如图 7-3-2 所示。钥匙开关的四种状态见表 7-3-2。

图 7-3-2 钥匙开关

表 7-3-2 钥匙开关的四种状态

序号	状态
1	钥匙开关 ON,诊断请求开关 OFF,发动机没有启动或运行
2	钥匙开关 ON,诊断请求开关 ON,发动机没有启动或运行
3	钥匙开关 ON,发动机启动
4	钥匙开关 ON,发动机运行

在状态 1 的情况下,ECU 检测水温、进气温度与压力等模拟输入量,以及制动信号、离合器信号等的信号量,并对电控系统进行自检。

驾驶员在钥匙挂到 ON 挡时,需要停顿片刻,待检查发动机预热灯熄灭,故障灯无闪码,再启动发动机。预热灯工作状态:当 ECU 检测到水温、进气温度过低,需要使用进气预热功能,ECU 输出信号,驱动进气预热继电器对发动机进行进气预热,同时点亮冷启动灯,提示驾驶员发动机正处在预热状态,这时驾驶员需等待预热灯熄灭后再启动发动机。故障灯工作状态:系统正常的情况下,故障灯在钥匙打到 ON 挡时,系统开始自检同时故障灯亮,如果自检没有问题,故障灯常亮,发动机可以点火;如果系统检查出有当前或历史故障,故障灯会不停闪烁以提示驾驶员,驾驶员必须排除或确认这些故障不影响启动后再启动发动机。

另外在状态 1 下,系统的 K-Line(诊断接口通信)处于激活状态,可使用诊断仪对发动机进行离线诊断。

在状态 2 的情况下,如果发动机有当前或历史故障,诊断灯将会依次显示出相对应的故

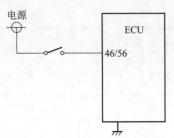

图 7-3-3 钥匙开关电气连接

障闪码。

状态 3 为发动机从停机到着火的中间过程，点火后发动机将一直在状态 4 运行。

状态 4 下，发动机运行正常，故障灯熄灭。

电气连接：针脚 46、56 为钥匙开关（图 7-3-3）。

7.3.2.2 诊断

CA6DL1-32E3 发动机提供两种诊断方法检测系统故障（表 7-3-3）。

表 7-3-3　两种诊断方法检测系统故障

在线诊断（闪码）	需要整车加装诊断开关和故障指示灯
离线诊断（故障代码）	需要整车加装故障诊断接口（K-Line）

（1）闪码检测

故障指示灯如图 7-3-4 所示。

① 将点火开关由 OFF 位置旋转到 ON 位置，不要启动发动机。这时仪表盘上的故障指示灯应点亮。

② 电控系统进行自检，如果电控系统无当前故障和历史故障，发动机故障指示灯常亮不闪烁。这时可以正常启动发动机。

③ 如果发现电控系统存在当前故障或历史故障，发动机故障指示灯不断闪烁。这时打开故障诊断开关，故障指示灯就以闪码的形式显示。驾驶员必须排

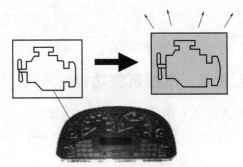

图 7-3-4　故障指示灯

除系统的当前故障，如果是历史故障，驾驶员必须确认故障已排除，才可以正常启动发动机。

④ 发动机无故障正常点火后，故障指示灯熄灭。

历史故障：当发动机控制系统检测到发生较严重故障时，系统会自动保存这些故障在 ECU 的内存中，排除故障后，必须用故障诊断仪清除内存中的故障代码，否则，即使故障排除，故障灯依然会常亮，这些已经被排除的，但是故障代码未清的故障就是历史故障。

当前故障：当前还没有被排除的故障。

闪码含义见表 7-3-4～表 7-3-26。

表 7-3-4　系统电压的故障

闪码	显示内容
0	系统供电电压过高
0	系统供电电压过低

表 7-3-5　ECU 的故障

闪码	显示内容
59	ECU 电容充电电路故障（充电不足）
59	ECU 电容充电电路故障（充电过量）
3	ECU 内辅助 CPU 故障
3	ECU 内主 CPU 故障
3	ECU 内只读存储器故障

表 7-3-6 冷却液温度传感器的故障

闪码	显示内容
11	冷却液温度传感器信号太高
11	冷却液温度传感器信号太低

表 7-3-7 进气温度传感器的故障

闪码	显示内容
16	进气温度传感器信号太高
16	进气温度传感器信号太低

表 7-3-8 燃油温度传感器的故障

闪码	显示内容
14	燃油温度传感器信号太高
14	燃油温度传感器信号太低

表 7-3-9 进气压力传感器的故障

闪码	显示内容
37	进气压力传感器信号太高
37	进气压力传感器信号太低

表 7-3-10 油轨压力传感器的故障

闪码	显示内容
67	油轨压力传感器信号太高
67	油轨压力传感器信号太低
69	油轨压力超过上限值
68	油轨压力超过最高限值

表 7-3-11 大气压力传感器的故障

闪码	显示内容
15	大气压力传感器信号太高
15	大气压力传感器信号太低

表 7-3-12 曲轴位置传感器的故障

闪码	显示内容
13	曲轴位置传感器无脉冲信号

表 7-3-13 凸轮轴位置传感器的故障

闪码	显示内容
12	凸轮轴位置传感器无脉冲信号

表 7-3-14 曲轴位置传感器和凸轮轴位置传感器同时无信号的故障

闪码	显示内容
13	曲轴位置传感器和凸轮轴位置传感器同时无脉冲信号

表 7-3-15　加速踏板位置传感器 1 的故障

闪码	显示内容
22	加速踏板位置传感器 1 信号太低
22	加速踏板位置传感器 1 信号太高

表 7-3-16　加速踏板位置传感器 2 的故障

闪码	显示内容
22	加速踏板位置传感器 2 信号太低
22	加速踏板位置传感器 2 信号太高

表 7-3-17　加速踏板位置传感器 1 和 2 的故障

闪码	显示内容
22	两个加速踏板位置传感器信号同时无效

表 7-3-18　主继电器的故障

闪码	显示内容
5	主继电器卡死在闭合位置

表 7-3-19　PCV1 的故障

闪码	显示内容
71	PCV1 输出对蓄电池短路
71	PCV1 输出开路/对地短接

表 7-3-20　PCV2 的故障

闪码	显示内容
72	PCV2 输出对蓄电池短路
72	PCV2 输出开路/对地短接

表 7-3-21　PCV1 和 PCV2 的故障

闪码	显示内容
73	PCV1 和 PCV2 输出同时对蓄电池短路
73	PCV1 和 PCV2 输出同时开路/对地短接

表 7-3-22　喷油器故障

闪码	显示内容
57	喷油器公共控制端 1 与＋24V 短路
57	喷油器公共控制端 1 与搭铁短路
57	喷油器公共控制端 1 断路
58	喷油器公共控制端 2 与＋24V 电短路
58	喷油器公共控制端 2 与搭铁短路
58	喷油器公共控制端 2 断路
51	TWV1 输出端断路

续表

闪码	显示内容
54	TWV2 输出端断路
52	TWV3 输出端断路
56	TWV4 输出端断路
53	TWV5 输出端断路
55	TWV6 输出端断路

表 7-3-23 高压油泵的故障

闪码	显示内容
76	高压油泵负荷过大
76	高压油泵压力过大
77	高压油泵无负荷
78	高压油泵漏油

表 7-3-24 发动机超速运转的故障

闪码	显示内容
7	发动机转速大大高于安全限制值

表 7-3-25 冷却温度超过上限值的故障

闪码	显示内容
6	发动机冷却液温度过高

表 7-3-26 QR 码的故障

闪码	显示内容
2	喷油器油量修正 QR 码没有写入 ECU
2	喷油器油量修正 QR 码写入错误

(2) 故障代码检测（使用 FQ-050715 型汽车故障诊断仪）
故障诊断仪的主要功能如下。
① 快速、方便地读取或清除故障代码。
② 对发动机控制系统进行动态测试，显示瞬时信息，为故障诊断提供依据。
③ 能在静态或动态下，向电控系统各执行元件发出检修作业需要的动作指令，以便检查执行元件的工作状况，如发动机某一缸停止喷油。
④ 在车辆运行或路试时监测并记录数据流。
⑤ 具有示波器功能、万用表功能和打印功能。
⑥ 有些诊断仪能显示系统控制电路图和维修指导，以供故障诊断和检修时参考。
⑦ 有些功能强大的专用诊断仪能对发动机控制 ECU 进行某些数据的重新输入和更改。
故障诊断仪的使用方法如下。
① 点火开关保持在 OFF 位置，诊断仪的接口线束同发动机的诊断插座连接。
② 将点火开关由 OFF 位置旋转到 ON 位置，不要启动发动机。此时故障诊断接口处于激活状态。
③ 在诊断仪显示"系统选择"中选择"BOSCH"，按"确认"。

④ 在诊断仪显示"功能选择"界面中,选择"常规选择"。
⑤ 在"常规选择"界面中,选择"读取故障代码"。
⑥ 诊断仪显示所读的故障代码,示例见表 7-3-27。

表 7-3-27 故障代码

故障代码	显示内容
P0118	冷却液温度传感器信号太高

⑦ 根据故障代码对发动机故障进行排除。故障排除后,清除原故障代码后,用故障诊断仪再进行一次故障诊断,确认无故障后,再交付使用。

故障诊断仪检测显示的代码和故障类别见表 7-3-28~表 7-3-50。

表 7-3-28 系统电压的故障

故障代码	显示内容
P0563	系统供电电压过高
P0562	系统供电电压过低

表 7-3-29 ECU 的故障

故障代码	显示内容
P0611	ECU 电容充电电路故障(充电不足)
P0200	ECU 电容充电电路故障(充电过量)
P0607	ECU 内辅助 CPU 故障
P0606	ECU 内主 CPU 故障
P0601	ECU 内只读存储器故障

表 7-3-30 冷却液温度传感器的故障

故障代码	显示内容
P0118	冷却液温度传感器信号太高
P0117	冷却液温度传感器信号太低

表 7-3-31 进气温度传感器的故障

故障代码	显示内容
P0113	进气温度传感器信号太高
P0112	进气温度传感器信号太低

表 7-3-32 燃油温度传感器的故障

故障代码	显示内容
P0183	燃油温度传感器信号太高
P0182	燃油温度传感器信号太低

表 7-3-33 进气压力传感器的故障

故障代码	显示内容
P0238	进气压力传感器信号太高
P0237	进气压力传感器信号太低

表 7-3-34 油轨压力传感器的故障

故障代码	显示内容
P0193	油轨压力传感器信号太高
P0192	油轨压力传感器信号太低
P1089	油轨压力超过上限值
P0088	油轨压力超过最高限值

表 7-3-35 大气压力传感器的故障

故障代码	显示内容
P2229	大气压力传感器信号太高
P2228	大气压力传感器信号太低

表 7-3-36 曲轴位置传感器的故障

故障代码	显示内容
P0337	曲轴位置传感器无脉冲信号

表 7-3-37 凸轮轴位置传感器的故障

故障代码	显示内容
P0342	凸轮轴位置传感器无脉冲信号

表 7-3-38 曲轴位置传感器和凸轮轴位置传感器同时无信号的故障

故障代码	显示内容
P0385	曲轴位置传感器和凸轮轴位置传感器同时无脉冲信号

表 7-3-39 加速踏板位置传感器 1 的故障

故障代码	显示内容
P0122	加速踏板位置传感器 1 信号太低
P0123	加速踏板位置传感器 1 信号太高

表 7-3-40 加速踏板位置传感器 2 的故障

故障代码	显示内容
P0222	加速踏板位置传感器 2 信号太低
P0223	加速踏板位置传感器 2 信号太高

表 7-3-41 加速踏板位置传感器 1 和 2 的故障

故障代码	显示内容
P2120	两个加速踏板位置传感器信号同时无效

表 7-3-42 主继电器的故障

故障代码	显示内容
P0686	主继电器卡死在闭合位置

表 7-3-43 PCV1 的故障

故障代码	显示内容
P0629	PCV1 输出对蓄电池短路
P0628	PCV1 输出开路/对地短接

表 7-3-44 PCV2 的故障

故障代码	显示内容
P2634	PCV2 输出对蓄电池短路
P2633	PCV2 输出开路/对地短接

表 7-3-45 PCV1 和 PCV2 的故障

故障代码	显示内容
P0629	PCV1 和 PCV2 输出同时对蓄电池短路
P2633	PCV1 和 PCV2 输出同时开路/对地短接

表 7-3-46 喷油器的故障

故障代码	显示内容
P2148	喷油器公共控制端 1 与+24V 短路
P2147	喷油器公共控制端 1 与搭铁短路
P2146	喷油器公共控制端 1 断路
P2151	喷油器公共控制端 2 与+24V 电短路
P2150	喷油器公共控制端 2 与搭铁短路
P2149	喷油器公共控制端 2 断路
P0201	TWV1 输出端断路
P0205	TWV2 输出端断路
P0203	TWV3 输出端断路
P0206	TWV4 输出端断路
P0202	TWV5 输出端断路
P0204	TWV6 输出端断路

表 7-3-47 高压油泵的故障

故障代码	显示内容
P2635	高压油泵负荷过大
P1088	高压油泵压力过大
P1266	高压油泵无负荷
P0093	高压油泵漏油

表 7-3-48 发动机超速运转的故障

故障代码	显示内容
P0219	发动机转速大大高于安全限制值

表 7-3-49　冷却液温度超过上限值的故障

故障代码	显示内容
P0217	发动机冷却液温度过高

表 7-3-50　QR 码的故障

故障代码	显示内容
P1602	喷油器油量修正 QR 码没有写入 ECU
P0602	喷油器油量修正 QR 码写入错误

电气连接：诊断请求开关为针脚 68（图 7-3-5）；诊断灯驱动为针脚 82（图 7-3-6）。

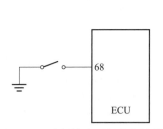
图 7-3-5　诊断请求开关电气连接

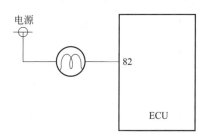
图 7-3-6　诊断灯电气连接

7.3.2.3　巡航

CA6DL1-32E3 提供巡航功能供用户选用，该功能可实现整车在道路上，无需踩加速踏板，保持稳定车速，提高驾驶舒适性。巡航功能的三种状态见表 7-3-51。

表 7-3-51　巡航功能的三种状态

序号	状态
1	OFF 模式，发动机巡航不可用
2	Standby 模式，等待巡航
3	Active 模式，巡航激活

巡航使用方法如下。

① 确认巡航 ON/OFF 开关在 ON 位置，处于 Standby 模式，等待巡航。

② 确保车速在 50km/h（最低巡航车速）以上。

③ 按下 SET＋/－开关，整车即保持车速，进入巡航状态，此时脚可以从加速踏板上松开。

④ 此时如果想超车，可以踩下加速踏板，汽车进入加速状态，以大于刚才设置车速的速度超车。松开加速踏板，车速慢慢回到设置车速。

⑤ 如果想调整巡航车速，可以按 SET＋或 SET－开关，进行巡航速度的点加或点减，每按一下调整 1km/h。

⑥ 当踩下制动踏板或离合器踏板，或者使用排气制动，或者按下 RESUME 开关，系统自动退出巡航，回到 Standby 等待巡航模式。如果想重新进入巡航状态，只需按下 RESUME 开关恢复开关，整车又将回到刚才退出的巡航速度。

⑦ 各巡航开关功能见表 7-3-52。只要将 ON/OFF 开关调回到 OFF 位置，系统即结束巡航。

表 7-3-52　各巡航开关功能

开关	功能
ON/OFF(60)	巡航主开关
SET＋(92)	①巡航开始 ②巡航速度加
SET－(79)	①巡航开始 ②巡航速度减
RESUME(67)	巡航恢复/取消

电气连接如图 7-3-7 所示。ON/OFF 开关为普通不回位翘板开关，SET＋和 SET－置于一个双向自回位翘板开关上，RESUME 开关为自回位翘板开关。另外，用户要使用该功能，还需确保制动开关、空挡开关、离合器开关、车速传感器正确连接。

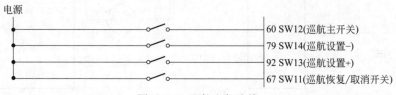

图 7-3-7　巡航电气连接

7.3.2.4　发动机转速输出

CA6DL1-32E3 提供发动机转速输出功能（针脚 8、9），以脉冲的形式将发动机转速输出给整车仪表（图 7-3-8）。

图 7-3-8　转速输出电气连接

电气连接：8 号针脚额定电压 5V，峰值电流 100mA；9 号针脚额定电压 24V，峰值电流 22mA。

7.3.2.5　CAN 通信

CAN 接口按照 SAE-J1939 标准，与整车进行双向通信，通信速率为 250kbps。通过开发，可实现整车、发动机的互动，达到优化整车性能的目的。

电气连接：CAN 通信线必须使用屏蔽双绞线，终端电阻为 120Ω。

7.3.2.6　预热控制

如果整车需要到气温 －15℃ 以下地区行驶，必须使用预热功能。ECU 自动根据环境温度进行预热控制，ECU 判断环境温度过低，启动必须采用预热时，通过针脚 70、71 驱动预热继电器开始预热，同时通过针脚 45 点亮冷启动灯，提示驾驶员正在进行预热，等预热灯熄灭后再启动发动机（图 7-3-9）。

电气连接：预热继电器控制信号额定电压为 24V，最大驱动电流为 2A（图 7-3-10）。

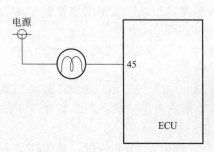

图 7-3-9　预热指示灯电气连接

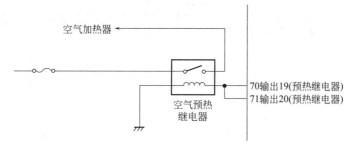

图 7-3-10　预热继电器电气连接

7.3.2.7　空调怠速控制

部分大型客车怠速时，可能会觉得空调功率不够，这时可通过空调请求开关 81，将发动机怠速提高，从而改善整车空调效果（图 7-3-11）。电气连接如图 7-3-12 所示。

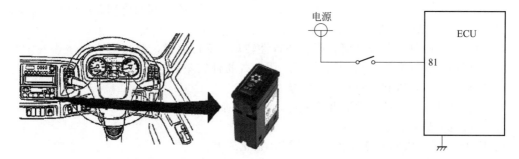

图 7-3-11　空调请求开关安装示意　　　　图 7-3-12　空调请求开关电气连接

7.3.2.8　发动机舱紧急停车

用户通过此功能，可在发动机舱直接停止发动机。电气连接如图 7-3-13 所示。

7.3.2.9　排气制动

用户可通过 ECU 实现对排气制动阀的控制。当 ECU 的排气制动开关针脚 49 给电后，ECU 通过针脚 36 输出排气制动阀驱动信号（接口在发动机线束上），实现排气制动功能。用户需要选择正确的排气制动阀与系统匹配。电气连接如图 7-3-14、图 7-3-15 所示。

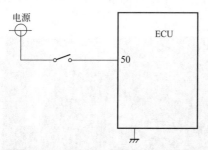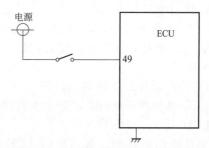

图 7-3-13　发动机舱紧急停车电气连接　　　图 7-3-14　排气制动开关电气连接

7.3.2.10　坡行回家

故障诊断系统诊断出系统故障时，除了以闪码和故障代码提示故障外，系统会对发动机或整车的部分功能进行限制，同时保证整车能够继续行驶到服务站进行维修。部分限制功能如下。

① 加速踏板故障,禁止巡航。
② 进气压力传感器故障,禁止巡航。
③ 轨压传感器故障,限制外特性转矩,轨压降低到设定值,禁止巡航。
④ 水温传感器温度低于下限值,禁止巡航。
⑤ 曲轴位置传感器、凸轮轴位置传感器、车速传感器故障,禁止巡航。
⑥ 某一缸喷油器线束故障,限制外特性转矩,禁止巡航。
⑦ 某一缸喷油器电磁阀故障,限制外特性转矩,禁止巡航。
⑧ ECU 充放电回路故障,限制轨压,限制外特性转矩,禁止巡航。

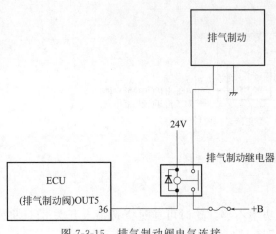

图 7-3-15 排气制动阀电气连接

⑨ 喷油泵电磁阀短路或开路,限制外特性转矩,立即停机,禁止巡航。
⑩ 轨压不正常(高或低),限制轨压、限制外特性转矩,禁止巡航。
⑪ 发动机过热,限制外特性转矩,禁止巡航。
⑫ 离合器开关、空挡开关断开或故障,禁止巡航。
⑬ 主继电器故障,禁止巡航。
⑭ ECU 故障,限制外特性转矩,停机,禁止巡航。

当发动机出现故障时,应立即到就近的服务站进行维修,尽早排除故障。

7.3.3 电控系统部件

7.3.3.1 电子控制单元

电子控制单元(ECU)是电控共轨系统的核心。ECU 通过各种传感器和开关,采集到发动机当前的工作状态信息,进行分析计算并按此状态下事先标定好的最佳工作参数表,控制发动机的喷油量、喷油时刻及喷油压力,从而调整发动机的工作状态,达到省油、高效、低排放的目的。CA6DL1-E3 柴油机的电子控制单元采用电装公司的产品。

ECU 使用条件:额定电压 24V;使用温度 -30~80℃;保存温度 -40~85℃。

ECU 使用注意事项如下。

① ECU 为车厢安装,不防尘,不防水,客户应为 ECU 选择环境较好的安装位置。如图 7-3-16 所示。

② ECU 必须有 20A 的熔丝保护。

③ ECU 插接件必须向下,防止水顺着线束流到 ECU 内部,损伤 ECU。

④ 如果发动机检修,必须要给 ECU 断电后再操作,同时必须先断 ECU 的负极。

⑤ 必须要在 ECU 彻底断电后,才能在整车上进行焊接工作。

⑥ 在拆卸时应小心操作,避免 ECU 受到任何机械冲击。

图 7-3-16 ECU 安装位置

⑦ 不要用手触摸 ECU 插接件端子，防止有静电放出，防止其内部元件的损坏。
⑧ ECU 插接件线束必须留有裕度，不能太紧。
⑨ ECU 插接件是一一对应的，应小心插拔，防止损坏其针脚。

7.3.3.2 传感器

发动机部分传感器如图 7-3-17 所示。

图 7-3-17　发动机部分传感器

（1）曲轴位置传感器

曲轴位置传感器安装飞轮壳上，以测量发动机转速。该电信号传送给 ECU，ECU 根据该信号计算出发动机的转速，参考凸轮轴位置传感器信号，知道各缸活塞在汽缸内的行程位置，从而控制喷油时刻、喷油压力、喷油量等。当飞轮盘上信号孔经过传感器时，绕过线圈的磁力线发生改变，产生了交变电压。在飞轮盘上，每隔 6°有一个信号孔，但是由于 4 处没有孔，因而飞轮盘上共有 56 个信号孔，因此发动机转 2 转就输出 112 个脉冲（图 7-3-18）。

曲轴位置传感器工作温度为 $-30\sim135℃$。使用注意事项：传感器与飞轮顶面间的间隙为 (1.2 ± 0.5) mm，更换传感器后必须用塞尺进行检查确认，如果超出范围，则需进行适当调整；在传感器附近，不能放置磁电设备或大电流电线。

（2）凸轮轴位置传感器

安装在供油泵凸轮中心的盘形齿轮每隔 60°就有一个齿，再加上辅助位置上的一个齿，因此发动机转 2 转就输出 7 个脉冲（图 7-3-19）。

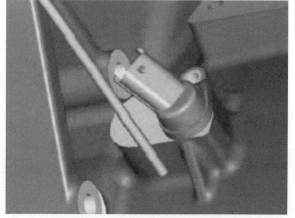

图 7-3-18　曲轴位置传感器

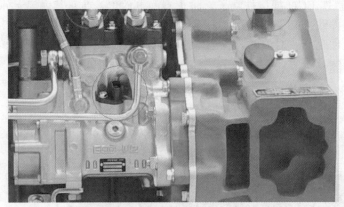

图 7-3-19　凸轮轴位置传感器

(3) 进气压力传感器

进气压力传感器（图 7-3-20）安装在进气管上，用于测量进气管中进气的绝对压力。为了控制全负荷的喷油量，该传感器把进气压力转换为电压信号，输给 ECU。

进气压力传感器工作温度为 -30~120℃，工作压力为 66~266kPa。使用注意事项如下。

① 传感器在搬运过程中应小心轻放，严禁从高处摔落，以防止内部元件的损坏。

② 螺栓安装的最大拧紧力矩为 4~6N·m。

③ 在运输过程中应做好防水保护。

④ 更换传感器时不允许酸、碱、燃料、润滑剂、水等任何流体进入周围的连接部位；如果在更换传感器或定期保养时发现传感器或者底座漏气，应重新进行密封和紧固；在装配时应避免损坏O形圈，不要使用硅脂作为润滑剂。

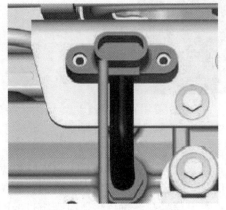

图 7-3-20　进气压力传感器

⑤ 安装传感器时不要使用敲击工具（如锤子）。

(4) 水温传感器

水温传感器检测发动机冷却水的温度，并把此信号输出给ECU。该传感器采用热敏电阻，电阻随冷却水温度发生变化（图 7-3-21）。ECU通过接收到的热敏电阻的电压，来检测冷却水温度。

水温传感器使用注意事项如下。

① 螺纹部分的拧紧力矩必须在 (29.4±2.45)N·m 内。

② 与水温传感器相匹配部件表面应没有切屑和润滑剂等物质。

③ 水温传感器应与节温器体密封。

(5) 轨压传感器

轨压传感器位于油轨的左端，用以测量油轨中的瞬时油压，并提供给ECU。禁止自行拆卸轨压传感器，否则有泄漏的危险。

(6) 燃油温度传感器

燃油温度传感器安装在发动机供油系统的回油管中，检测发动机供油系统的回油温度。

(7) 进气温度传感器

进气温度传感器安装在进气管上，用于测量进气管中的进气温度（图 7-3-22）。

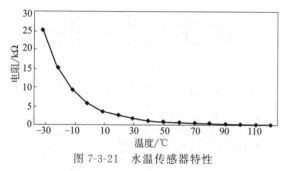

图 7-3-21 水温传感器特性

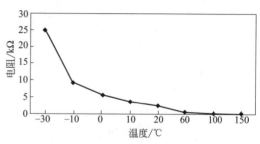

图 7-3-22 进气温度传感器特性

(8) 加速踏板位置传感器

电控发动机采用电子油门,加速踏板位置传感器安装在驾驶员仪表板下方的加速踏板中。加速踏板有专门型号,不可与其他厂家或不同型号的加速踏板互换。

CA6DL1-32E3 采用双路油门。加速踏板位置传感器将作用于加速踏板的作用力角度转换为电信号,输出给 ECU。加速踏板位置传感器利用霍尔效应原理,磁铁安装在加速踏板转动轴上,随着轴的旋转,磁场方向改变,产生电压。电气连接如图 7-3-23 所示。

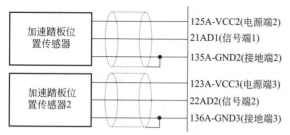

图 7-3-23 加速踏板位置传感器电气连接

(9) 车速传感器

车速传感器由整车制造商安装在传动轴上,以脉冲(一般为每转 8 个脉冲)的形式向 ECU 输出信号。ECU 则通过这些脉冲得出一定时间传动轴的转数,从而计算出整车当前车速。电气连接如图 7-3-24 所示。

图 7-3-24 车速传感器电气连接

7.3.3.3 线束及相关插接件

(1) 线束

电控系统的线束分发动机线束、喷油器线束、ECU 线束、整车线束。发动机线束布置在发动机上,随发动机一起提供给客户。发动机线束连接各传感器、执行器以及喷油器线束和整车线束。喷油器线束安装在汽缸盖罩内,它连接发动机线束和各缸喷油器。ECU 线束连接整车插接件、发动机线束和 ECU。主继电器和 PCV 继电器集成在 ECU 线束上。整车线束连接发动机线束和整车上各传感器、继电器及开关等电气部件。线束布置关系如图 7-3-25 所示。

线束设计要求如下。

① 严格按照原理图,线径、熔丝等都必须按照图纸要求进行选择。
② 线束长度设计需有裕度,不能太紧,防止线束拉断。
③ 线束布置时,转弯过渡需柔和,不应有急弯,防止损伤线束。
④ 避免线束油污、潮湿,避免振动。
⑤ 严格按照 QC/T 29106 汽车低压电线束技术条件执行。

(2) 插接件

整车插接件如图 7-3-26 所示,与 ECU 插接件的对应关系见表 7-3-53。

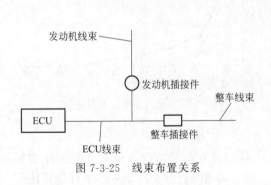

图 7-3-25 线束布置关系

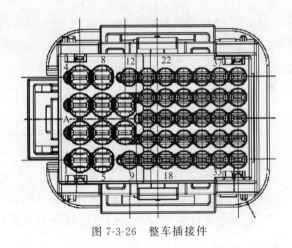

图 7-3-26 整车插接件

表 7-3-53 整车插接件与 ECU 插接件的对应关系

针脚对应关系			说明
1	24V 正电	ECU 线束上连主继电器	接蓄电池正
2	24V 正电	ECU 线束上连主继电器	接蓄电池正
3	46	内部接 56	钥匙开关
4	48		点火开关
5	P-GND	内部接 102,140,141,S	电源地
6	S-GND	内部接 72,73,28	信号地
10	8	5V	发动机转速输出
11	9	24V	发动机转速输出
13	66		空挡开关
14	77		离合器开关
15	53		制动信号
16	61		制动灯开关
17	81		空调请求开关
18	19		K 通信线
19	82		诊断灯
20	68		诊断请求开关
21	27		车速信号
22	60		巡航主开关
23	79		巡航设置开关
24	92		巡航恢复开关
25	67		巡航取消开关
26	49		排气制动开关
27	35	内部接 76,5,6,7	辅助制动电源输出
28	36		辅助制动信号输出
29	44		排气制动灯
30	98		冷启动开关

续表

针脚对应关系		说明	
31	70	内部接71	冷启动信号输出
32	45		冷启动灯
33	95		CAN-H
34	96		CAN-L
35	125		加速踏板位置传感器1电源
36	21		加速踏板位置传感器1信号
37	135		加速踏板位置传感器1地
38	123		加速踏板位置传感器2电源
39	22		加速踏板位置传感器2信号
40	136		加速踏板位置传感器2地
41	101		CAN屏蔽线
42	50		发动机舱停车开关

加速踏板位置传感器插接件如图7-3-27所示，与ECU插接件的对应关系见表7-3-54。

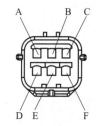

图7-3-27 加速踏板位置传感器插接件

表7-3-54 加速踏板位置传感器插接件与ECU插接件的对应关系

对应关系		说明
A	125	加速踏板位置传感器1电源
B	21	加速踏板位置传感器1信号
C	135	加速踏板位置传感器1地
D	123	加速踏板位置传感器2电源
E	22	加速踏板位置传感器2信号
F	136	加速踏板位置传感器2地

诊断接口插接件如图7-3-28所示，针脚说明见表7-3-55。

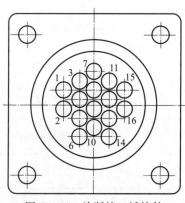

图7-3-28 诊断接口插接件

表7-3-55 诊断接口插接件针脚说明

针脚号	说明
1	24V正电
2	地线
8	K通信线

ECU插接件如图7-3-29所示。

第7章 锡柴国Ⅲ共轨柴油机 159

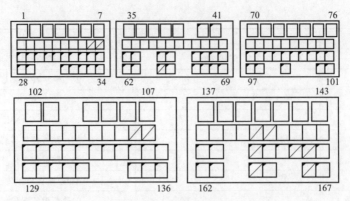

图 7-3-29 ECU 插接件

注：图中 ECU 针脚左上角做黑色标记的，端子必须采用镀金端子。

7.3.3.4 继电器

继电器主要有主继电器、PCV 继电器、预热继电器、排气制动继电器，由整车客户选择使用，但必须符合锡柴要求。锡柴电控系统仅对继电器线圈端（图 7-3-30）提出要求，负载端客户可自由选择。主继电器和 PCV 继电器一般集成在 ECU 线束上。

主继电器电气要求：额定电压 24V，ECU 最大驱动电流 0.7A。

预热继电器电气要求：额定电压 24V，ECU 最大驱动电流 2A。

排气制动继电器电气要求：额定电压 24V，ECU 最大驱动电流 0.4A。

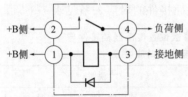

图 7-3-30 继电器线圈端

7.3.3.5 开关

开关量有效方式描述见表 7-3-56，各开关电流见表 7-3-57。

表 7-3-56 开关量有效方式描述

名称	有效方式	ON 有效方式定义
钥匙开关 ON(46、56)	+B ON / OPEN OFF	钥匙开关到 ON 挡
钥匙开关 START(48)	+B ON / OPEN OFF	钥匙开关到 START 挡
制动开关(53)	+B OFF / OPEN ON	制动踏板踩下
制动灯开关(61)	OPEN OFF / GND ON	制动踏板踩下
离合器开关(77)	+B OFF / OPEN ON	离合器踏板踩下
空挡开关(66)	+B ON / OPEN OFF	空挡状态
诊断请求开关(68)	OPEN OFF / GND ON	诊断请求开关按下
空调请求开关(81)	+B ON / OPEN OFF	空调请求开关按下

续表

名称	有效方式	ON 有效方式定义
副停车开关(50)	+B OPEN / ON OFF	副停车开关按下
排气制动开关(49)	+B OPEN / ON OFF	排气制动开关按下

表 7-3-57　各开关电流

名称	电流
点火开关	4.8mA(+B=28V)
启动开关	4.8mA(+B=28V)
离合器开关	10.2mA(+B=28V)
空挡开关	6.1mA(+B=28V)
制动开关	10.2mA(+B=28V)
诊断请求开关	3mA
排气制动开关	6.1mA(+B=28V)
急速开关	6.1mA(+B=28V)
空调请求开关	6.1mA(+B=28V)
制动灯开关	3mA
加热开关	6.1mA(+B=28V)
巡航主开关	6.1mA(+B=28V)
巡航开关 SET−	6.1mA(+B=28V)
巡航开关 SET+	4.8mA(+B=28V)
巡航恢复/取消开关	6.1mA(+B=28V)
倒车开关	6.1mA(+B=28V)
发动机停止开关	10.2mA(+B=28V)

7.3.3.6　指示灯

指示灯（图 7-3-31）为整车客户自行选择，一般应选择额定功率大于 1W 的 LED 灯。

指示灯电气要求：额定电压 24V，最大驱动电流 0.6A。

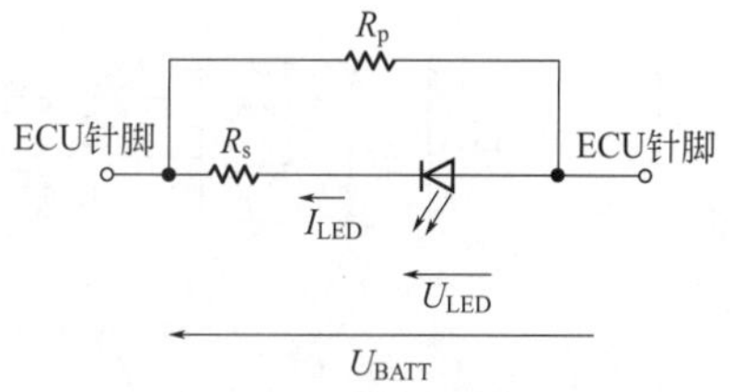

图 7-3-31　指示灯原理

7.3.4　发动机点火前电气检查

电控发动机装车后，在点火前客户必须对发动机进行简单的检查，具体内容如下。
① 各插接件是否连接正确可靠。
② 蓄电池是否连接正确，正、负极是否接反。
③ 蓄电池电压是否足够（要求 23V 以上）。
④ 系统接地是否可靠。
⑤ 加速踏板是否连接正确。
⑥ ECU 是否直接连到蓄电池。
⑦ 故障指示灯是否工作正常。

7.4 CA6DF-E3 共轨柴油机电控系统

7.4.1 电控系统原理

电控系统原理如图 7-4-1 所示。

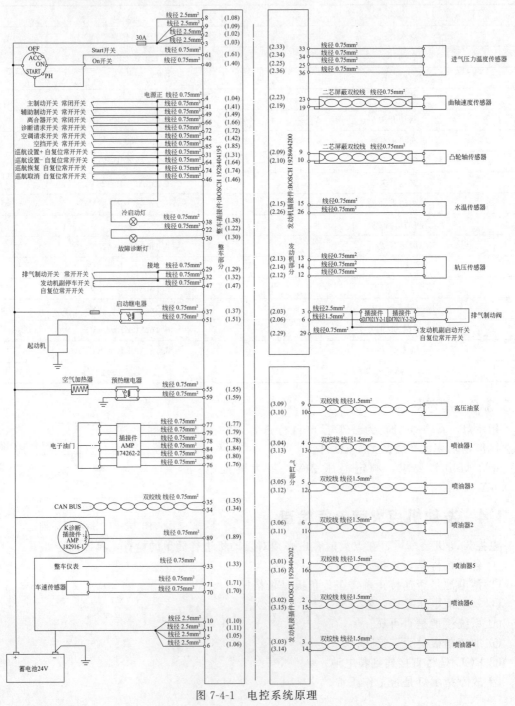

图 7-4-1 电控系统原理

针脚说明见表 7-4-1。

表 7-4-1 针脚说明

针脚号	I/O	名称及功能	备注[①]
1.02	I	电源+	24V
1.03	I	电源+	24V
1.04	O	ECU 输出电源+	I_Out(max)=10A
1.05	I	电源-	
1.06	I	电源-	
1.08	I	电源+	24V
1.09	I	电源+	24V
1.10	I	电源-	
1.11	I	电源-	
1.22	O	诊断灯高端	I_Out(max)=125mA
1.29	O	数字地	
1.30	O	诊断灯低端	
1.31	I	巡航设置+	自复位常开开关
1.32	I	发动机排气制动开关	常开开关,开关闭合排气制动启用
1.33	O	发动机转速输出信号	24V,默认 8 脉冲/转,占空比 50%,I_Out(max)=50mA
1.34	I/O	CAN-L	
1.35	I/O	CAN-H	
1.37	O	启动继电器信号输出高端	I_Out(max)=1.8A
1.38	O	冷启动灯低端	I_Out(max)=125mA
1.40	I	钥匙开关 ON 挡(T15)	24V
1.41	I	主制动开关	常闭开关,制动时开关断开
1.42	I	空调请求开关	常开开关,开关闭合空调工作
1.46	I	巡航恢复开关	自复位常开开关
1.47	I	发动机副停车开关	常开开关,开关闭合发动机停车
1.49	I	辅助制动开关	常开开关,辅助制动时开关闭合
1.51	O	启动继电器信号输出低端	I_Out(max)=1.8A
1.55	O	预热继电器信号输出高端	I_Out(max)=2A
1.59	O	预热继电器信号输出低端	I_Out(max)=2A
1.61	I	钥匙开关 START 挡(T50)	启动时 24V
1.64	I	巡航设置-	自复位常开开关
1.66	I	离合器开关	常闭开关,离合器踩下开关断开
1.70	I	整车车速传感器地	F(max)=1.5kHz
1.71	I	整车车速传感器信号	F(max)=1.5kHz,占空比 50%,0~5V
1.72	I	诊断请求开关	常开开关或自复位常开开关
1.74	I	巡航取消	自复位常开开关
1.76	O	加速踏板位置传感器地	
1.77	O	加速踏板位置传感器电源	Vs=5V

① 电压值均为对地电压。

7.4.2 电控系统功能

7.4.2.1 钥匙开关

钥匙开关的四种状态见表 7-4-2。

表 7-4-2 钥匙开关的四种状态

序号	状态
1	钥匙开关 ON，诊断请求开关 OFF，发动机没有启动或运行
2	钥匙开关 ON，诊断请求开关 ON，发动机没有启动或运行
3	钥匙开关 ON，发动机启动
4	钥匙开关 ON，发动机运行

在状态 1 的情况下，ECU 检测水温、进气温度与压力等模拟输入量，以及制动信号、离合器信号等的信号量，并对电控系统进行自检。

驾驶员在钥匙转到 ON 挡时，需要停顿片刻，待检查发动机预热灯和故障灯熄灭后再启动发动机。预热灯工作状态：当 ECU 检测到水温、进气温度过低，需要使用进气预热功能，ECU 输出信号，驱动进气预热继电器对发动机进行进气预热，同时点亮冷启动灯，提示驾驶员发动机正处在预热状态，这时驾驶员需等待预热灯熄灭后再启动发动机。故障灯工作状态：系统正常的情况下，故障灯在钥匙打到 ON 挡时，系统开始自检同时故障灯亮，如果自检没有问题，3s 后故障灯熄灭，发动机可以点火；如果系统检查出有当前或历史故障，故障灯常亮，驾驶员必须排除或确认这些故障不影响启动后再启动发动机。

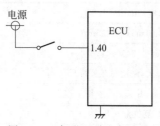

图 7-4-2 钥匙开关电气连接

另外在状态 1 下，系统的 K-Line（诊断接口通信）处于激活状态，可使用诊断仪对发动机进行离线诊断。

在状态 2 的情况下，如果发动机有当前或历史故障，诊断灯将会依次显示出相对应的故障闪码。

状态 3 为发动机从停机到着火的中间过程，点火后发动机将一直在状态 4 运行。

电气连接：针脚 1.40 为钥匙开关（图 7-4-2）。

7.4.2.2 诊断

CA6DF-E3 发动机提供两种诊断方法检测系统故障（见表 7-4-3）。

表 7-4-3 两种诊断方法检测系统故障

在线诊断(闪码)	需要整车加装诊断开关和故障指示灯
离线诊断(故障代码)	需要整车加装故障诊断接口(K-Line)

（1）闪码检测

① 将点火开关由 OFF 位置旋转到 ON 位置，不要启动发动机。这时仪表盘上的故障指示灯应点亮。

② 电控系统进行自检，如果电控系统无当前故障和历史故障，发动机故障指示灯点亮 3s 后熄灭。这时可以正常启动发动机。

③ 如果发现电控系统存在当前故障或历史故障，发动机故障指示灯常亮。这时打开故障诊断开关，故障指示灯就以闪码的形式显示。驾驶员必须排除系统的当前故障，如果是历

史故障，驾驶员必须确认故障已排除，才可以正常启动发动机。

检测显示的闪码见表7-4-4。

表7-4-4 检测显示的闪码

闪码	显示内容
111	模数转换监控器故障
221	加速踏板位置传感器故障
232	大气压力传感器故障
225	同时踩下加速踏板和制动踏板的故障
322	空气加热器自检故障
323	空气加热器自检故障
321	空气加热器故障
231	增压传感器故障
124	蓄电池故障
223	制动器信号故障
332	冷启动灯故障
241	水温传感器故障
228	牵引力调配故障（过快）
222	离合器信号故障
342	发动机制动信号选择故障
343	副启动开关故障
113	凸轮轴位置传感器故障
112	曲轴位置传感器故障
114	曲轴位置传感器故障（备用模式）
311	排气制动阀故障
214	滤清器水位传感器故障
212	燃油滤清器堵塞故障
433	EGR空气流量故障
432	CAN检测EGR空气温度信息超时故障
434	CAN报文DashDsp1(仪表盘)故障
441	CAN报文EBC1故障
442	CAN报文ERC1DR故障
443	CAN报文ETC1故障
415	CAN报文EngGsFlowRt故障
416	CAN报文HRVD故障
444	CAN报文RxAMCON故障
445	CAN报文RxCCVS故障
451	CAN报文RxEngTemp2故障
446	CAN报文TC01故障
452	CAN报文TF故障

续表

闪码	显示内容
422	CAN 报文 TSC1-DE/TSC1-DR 故障
423	CAN 报文 TSC1-PE/TSC1-TE 故障
424	CAN 报文 TSC1-TE/TSC1-TR 故障
425	CAN 报文 TSC1-VE/TSC1-VR 故障
417	CAN 报文 TimeDate 故障
435	CAN 报文故障
431	CAN 报文发送故障
334	信号灯故障
263	单个程序启动(SPI)故障
233	增压传感器故障
151	Bank1(喷油器电源)特殊故障
152	Bank2(喷油器电源)特殊故障
153	Chip(芯片)特殊故障
141	汽缸 1 特殊故障
142	汽缸 2 特殊故障
143	汽缸 3 特殊故障
144	汽缸 4 特殊故障
145	汽缸 5 特殊故障
146	汽缸 6 特殊故障
154	非正常工作喷油器数量超标
132	主继电器 1/2 故障
411	CAN A 故障
412	CAN B 故障
413	CAN C 故障
262	发动机转速超高
131	内部电源(供传感器、执行器等)1/2/3 故障
331	故障显示灯故障
122	钥匙启动挡电路故障
135	燃油计量单元故障
134	油压压力限制阀故障
133	油轨压力偏移超标
251	系统油压控制异常
252	系统油压控制异常
253	系统油压控制异常
254	系统油压控制异常
255	系统油压控制异常
256	系统油压控制异常

续表

闪码	显示内容
121	启动电机故障
242	水温超高

（2）故障代码检测（使用 FQ-050715 型汽车故障诊断仪）

故障诊断仪检测显示的代码和故障类别见表 7-4-5～表 7-4-25。

表 7-4-5　系统电压的故障

故障代码	显示内容
U3003	系统供电电压过高
U3003	系统供电电压过低

表 7-4-6　ECU 的故障

故障代码	显示内容
P0643	ECU 传感器电压 1 过高
P0642	ECU 传感器电压 1 过低
P0653	ECU 传感器电压 2 过高
P0652	ECU 传感器电压 2 过低
P0699	ECU 传感器电压 3 过高
P0698	ECU 传感器电压 3 过低

表 7-4-7　对蓄电池短路的故障

故障代码	显示内容
P0478	对蓄电池短路

表 7-4-8　排气制动控制阀的故障

故障代码	显示内容
P0477	排气制动控制阀对地短路
P0477	排气制动控制阀开路,无负载

表 7-4-9　冷却液温度传感器的故障

故障代码	显示内容
P0018	冷却液温度传感器信号太高
P0017	冷却液温度传感器信号太低
P0015	CAN 通信时冷却液温度传感器信号错误

表 7-4-10　进气温度传感器的故障

故障代码	显示内容
P0098	进气温度传感器信号太高
P0097	进气温度传感器信号太低
P0095	CAN 通信时进气温度传感器信号错误

表 7-4-11 燃油计量单元的故障

故障代码	显示内容
P0251	燃油计量单元开路
P0252	燃油计量单元过热
P0253	燃油计量单元对地短路
P0254	燃油计量单元对蓄电池短路

表 7-4-12 进气压力传感器的故障

故障代码	显示内容
P0238	进气压力传感器信号太高
P0237	进气压力传感器信号太低
P0235	CAN 通信时进气压力传感器信号错误
P0236	进气压力传感器信号错误

表 7-4-13 制动信号的故障

故障代码	显示内容
P0571	制动信号错误
P0504	制动信号无效

表 7-4-14 离合器信号的故障

故障代码	显示内容
P0704	CAN 通信时离合器信号无定义
P0704	离合器信号无效

表 7-4-15 T15 的故障

故障代码	显示内容
P2533	T15 信号错误
P2530	T15 信号处于常通状态

表 7-4-16 大气压力传感器的故障

故障代码	显示内容
P2229	大气压力传感器信号太高
P2228	大气压力传感器信号太低
P2227	大气压力传感器信号无效

表 7-4-17 空气加热器的故障

故障代码	显示内容
P0542	空气加热器输出对蓄电池短路
P0541	空气加热器输出开路/对地短接

表 7-4-18 曲轴转速传感器的故障

故障代码	显示内容
P0335	曲轴转速传感器无脉冲信号
P0336	曲轴转速传感器脉冲信号错误

表 7-4-19 凸轮轴相位传感器的故障

故障代码	显示内容
P0340	凸轮轴相位传感器无脉冲信号
P0341	凸轮轴相位传感器脉冲信号错误

表 7-4-20 曲轴位置传感器和凸轮轴位置传感器信号偏差

故障代码	显示内容
P0016	曲轴位置传感器和凸轮轴位置传感器信号偏差

表 7-4-21 加速踏板位置传感器 1 的故障

故障代码	显示内容
P0122	加速踏板位置传感器 1 信号太低
P0123	加速踏板位置传感器 1 信号太高
P0121	加速踏板位置传感器 1 信号无效

表 7-4-22 加速踏板位置传感器 2 的故障

故障代码	显示内容
P0222	加速踏板位置传感器 2 信号太低
P0223	加速踏板位置传感器 2 信号太高
P0221	加速踏板位置传感器 2 信号无效

表 7-4-23 冷却温度超过上限值

故障代码	显示内容
P0217	发动机冷却液温度过高

表 7-4-24 喷油器的故障

故障代码	显示内容
P0262	1 缸喷油器接头与蓄电池短路
P0261	1 缸喷油器两接头短路
P0265	2 缸喷油器接头与蓄电池短路
P0264	2 缸喷油器两接头短路
P0268	3 缸喷油器接头与蓄电池短路
P0267	3 缸喷油器两接头短路
P0271	4 缸喷油器接头与蓄电池短路
P0270	4 缸喷油器两接头短路
P0274	5 缸喷油器接头与蓄电池短路

续表

故障代码	显示内容
P0273	5缸喷油器两接头短路
P0277	6缸喷油器接头与蓄电池短路
P0276	6缸喷油器两接头短路

表 7-4-25　高压油轨的故障

故障代码	显示内容
P0193	电压超过上限
P0192	电压低于下限
P0191	轨压传感器故障

电气连接：诊断请求开关为针脚 1.72，请求开关由针脚 1.04 供电（图 7-4-3）；诊断灯驱动为针脚 1.22，诊断灯地为针脚 1.30（图 7-4-4）。

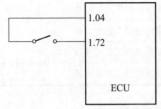

图 7-4-3　诊断请求开关电气连接

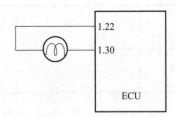

图 7-4-4　诊断灯电气连接

7.4.2.3　巡航

CA6DF-E3 提供巡航功能供用户选用，该功能可实现整车在道路上，无需踩加速踏板，保持稳定车速，提高驾驶舒适性。巡航功能的三种状态见表 7-4-26。

表 7-4-26　巡航功能的三种状态

序号	状态
1	OFF 模式，发动机巡航不可用
2	Standby 模式，等待巡航
3	Active 模式，巡航激活

巡航使用方法如下。

① 确认巡航 ON/OFF 开关在 ON 位置，处于 Standby 模式，等待巡航。

② 确保车速在 50km/h（最低巡航车速）以上。

③ 按下 SET+/- 开关，整车即保持车速，进入巡航状态，此时脚可以从加速踏板上松开。

④ 此时如果想超车，可以踩下加速踏板，汽车进入加速状态，以大于刚才设置车速的速度超车。松开加速踏板，车速慢慢回到设置车速。

⑤ 如果想调整巡航车速，可以按 SET+ 或 SET- 开关，进行巡航速度的点加或点减，每按一下调整 1km/h。

⑥ 当踩下加速踏板或离合器踏板，或者使用排气制动，系统自动退出巡航，回到 Standby 等待巡航模式。如果想重新进入巡航状态，只需按下 RESUME 恢复开关，整车又

将回到刚才退出的巡航速度。

⑦ 只要将 ON/OFF 开关调回到 OFF 位置，系统即结束巡航。

各巡航开关功能见表 7-4-27。

表 7-4-27　各巡航开关功能

开关	功能
ON/OFF	巡航主开关
SET+	①巡航开始 ②巡航速度加
SET-	①巡航开始 ②巡航速度减
RESUME	巡航恢复

电气连接如图 7-4-5 所示。开关供电为针脚 1.04。ON/OFF 主开关为普通不回位翘板开关，SET+ 和 SET- 置于一个双向自回位翘板开关上，RESUME 开关为自回位翘板开关。另外，用户要使用要该功能，还需确保制动开关、辅助制动开关、空挡开关、离合器开关、车速传感器正确连接。

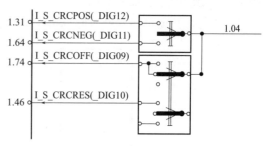

图 7-4-5　巡航电气连接

7.4.2.4　发动机转速输出

CA6DF-E3 提供发动机转速输出功能（针脚 1.33），以脉冲的形式将发动机转速输出给整车仪表。

电气连接：额定电压 24V，峰值电流 50mA。

7.4.2.5　CAN 通信

CAN 接口按照 SAE-J1939 标准，与整车进行双向通信，通信速率为 250kbps。通过开发，可实现整车、发动机的互动，达到优化整车性能的目的。

电气连接：CAN 通信线必须使用屏蔽双绞线，终端电阻为 120Ω。

7.4.2.6　发动机启动控制

用户可通过 ECU，实现发动机启动控制。当 ECU 的启动开关（START）给电后，ECU 监测整车空挡开关的状态，如果此刻整车处于空挡状态，ECU 通过针脚 1.37、1.51 输出启动继电器驱动信号，从而启动发动机。如果发动机在挡位上，ECU 不输出启动继电器驱动信号，从而实现空挡保护。

要使用此功能，空挡开关一定要正确可靠连接，同时，用户需要选择正确的启动继电器与系统匹配。

电气连接：启动开关为针脚 1.61，启动继电器输出为针脚 1.37、1.51，启动继电器输出最大电流为 1.8A，额定电压为 24V（图 7-4-6）。

7.4.2.7　预热控制

如果整车需要到气温 -15℃ 以下地区行驶，必须使用预热功能。ECU 自动根据环境温度进行预热控制，ECU 判断环境温度过低，启动必须采用预热，通过针脚 1.55、1.59 驱动预热继电器开始预热，同时通过针脚 1.38 点亮冷启动灯，提示驾驶员正在进行预热，等预热灯熄灭后再启动发动机。

电气连接：预热继电器控制信号额定电压24V，最大驱动电流125mA（图7-4-7）。

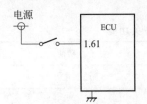
图7-4-6 启动控制电气连接

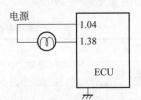
图7-4-7 预热控制电气连接

7.4.2.8 空调怠速控制

部分大型客车怠速时，可能会觉得空调功率不够，这时可通过空调怠速提升开关1.42，将发动机怠速提高，从而改善整车空调效果。电气连接如图7-4-8所示。

7.4.2.9 发动机舱紧急停车

用户通过此功能可在发动机舱直接停止发动机。电气连接如图7-4-9所示。

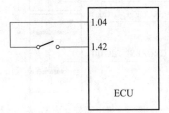
图7-4-8 空调怠速控制电气连接

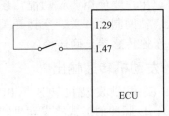
图7-4-9 发动机舱紧急停车电气连接

7.4.2.10 发动机舱副启动

用户可在发动机舱直接启动发动机。电气连接如图7-4-10所示。

7.4.2.11 排气制动

用户可通过ECU实现对排气制动阀的控制。当ECU的排气制动开关针脚1.32给电后，ECU通过针脚2.03、2.06输出排气制动阀驱动信号（接口在发动机线束上），实现排气制动功能。用户需要选择正确的排气制动阀与系统匹配。电气连接如图7-4-11所示。

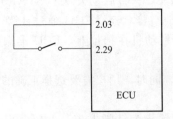
图7-4-10 副启动电气连接

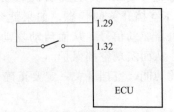
图7-4-11 排气制动电气连接

7.4.2.12 跛行回家

故障诊断系统诊断出系统故障时，除了以闪码和故障代码提示故障外，系统会对发动机或整车的部分功能进行限制，同时保证整车能够继续行驶到服务站进行维修。部分限制功能如下：

① 加速踏板故障，禁止巡航。

② 进气压力传感器故障，禁止巡航。
③ 轨压传感器故障，限制外特性转矩，轨压降低到设定值，禁止巡航。
④ 水温传感器温度低于下限值，禁止巡航。
⑤ 曲轴位置传感器、凸轮轴位置传感器、车速传感器故障，禁止巡航。
⑥ 某一缸喷油器线束故障，限制外特性转矩，禁止巡航。
⑦ 某一缸喷油器电磁阀故障，限制外特性转矩，禁止巡航。
⑧ ECU充放电回路故障，限制轨压，限制外特性转矩，禁止巡航。
⑨ 喷油泵电磁阀短路或开路，限制外特性转矩，立即停机，禁止巡航。
⑩ 轨压不正常（高或低），限制轨压，限制外特性转矩，禁止巡航。
⑪ 发动机过热，限制外特性转矩，禁止巡航。
⑫ 离合器开关，空挡开关断开或故障，禁止巡航。
⑬ 主继电器故障，禁止巡航。
⑭ ECU故障，限制外特性转矩，停机，禁止巡航。

当发动机出现故障时，应立即到就近的服务站进行维修，尽早排除故障。

7.4.3 电控系统部件

7.4.3.1 电子控制单元

电子控制单元（ECU）是电控共轨系统的核心。ECU通过各种传感器和开关，采集到发动机当前的工作状态信息，进行分析计算并按此状态下事先标定好的最佳工作参数表，控制发动机的喷油量、喷油时刻及喷油压力，从而调整发动机的工作状态，达到省油、高效、低排放的目的。博世公司的产品如图7-4-12所示。

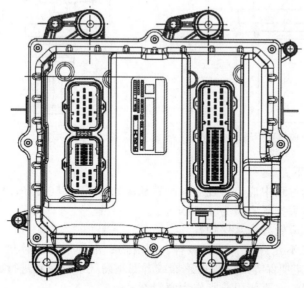

图7-4-12 ECU

ECU使用条件：使用温度-40～105℃；防水防尘等级IP66；ECU平均工作电流1.5A；ECU平均消耗功率40W。ECU使用注意事项如下。

① ECU供电回路必须直接与整车蓄电池相连，不能由钥匙开关控制，即停车不断电，否则将影响ECU的功能。

② ECU必须有30A的熔丝保护。

③ 如果发动机检修，必须要给 ECU 断电后再操作，同时必须先断 ECU 的负极。
④ 必须要将 ECU 彻底断电后，才能在整车上进行焊接工作。
⑤ 在拆卸时应小心操作，避免 ECU 受到任何冲击。
⑥ 不要用手触摸 ECU 插接件端子，防止有静电放出，防止其内部元件的损坏。
⑦ ECU 的插接件是一一对应的，应小心插拔，防止损坏其针脚。

7.4.3.2 传感器

(1) 曲轴位置传感器

曲轴位置传感器（图 7-4-13）安装飞轮壳上，以测量发动机转速。该电信号传送给 ECU，ECU 根据该信号计算出发动机的转速，参考凸轮轴位置传感器信号，知道各缸活塞在汽缸内的行程位置，从而控制喷油时刻、喷油压力、喷油量等。

曲轴位置传感器工作温度为 $-40 \sim 130℃$。

使用注意事项：传感器与飞轮顶面间的间隙为 (1.0 ± 0.5) mm，更换传感器后必须用塞尺进行检查确认，如果超出范围，则需进行适当调整；在传感器附近，不能放置磁电设备或大电流电线。

(2) 进气温度压力传感器

进气温度压力传感器安装在进气管上，用于测量进气管中进气的绝对压力和进气温度（图 7-4-14）。

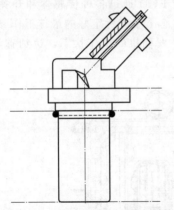 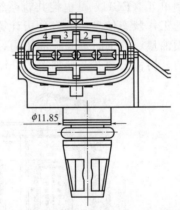

图 7-4-13 曲轴位置传感器示意图　　图 7-4-14 进气温度压力传感器示意图

使用注意事项如下。
① 传感器在搬运过程中应小心轻放，严禁从高处摔落，以防止内部元件的损坏。
② 螺栓安装的最大拧紧力矩为 $4 \sim 6$ N·m。
③ 在运输过程中应做好防水保护。
④ 更换传感器时不允许酸、碱、燃料、润滑剂、水等任何流体进入周围的连接部位；如果在更换传感器或定期保养时发现传感器或者底座漏气，应重新进行密封和紧固；在装配时应避免损坏 O 形圈，不要使用硅脂作为润滑剂。
⑤ 安装传感器时不要使用敲击工具（如锤子）。

(3) 冷却液温度传感器

冷却液温度传感器为电阻式传感器，安装在节温器体上，用于测量发动机冷却液的温度。

使用注意事项：螺纹部分的最大拧紧力矩为 (25 ± 2) N·m；与冷却液温度传感器相匹配部件表面应没有切屑和润滑剂等类似物质；冷却液温度传感器应与节温器体密封。

（4）凸轮轴位置传感器

凸轮轴位置传感器安装在油泵上（图7-4-15），用于辅助测量发动机转速并确定发动机相位。凸轮轴位置传感器的插接件端有黄色标记。

（5）轨压传感器

轨压传感器位于油轨的左端（图7-4-16），用以测量油轨中的瞬时油压，并提供给ECU。禁止自行拆卸轨压传感器，有泄漏的危险。

（6）加速踏板位置传感器

电控发动机采用电子油门，加速踏板位置传感器安装在驾驶员仪表板下方的加速踏板中。加速踏板有专门型号，不可与其他厂家或不同型号的加速踏板互换。

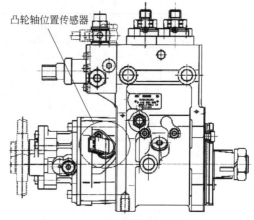

图7-4-15　凸轮轴位置传感器在油泵上的位置

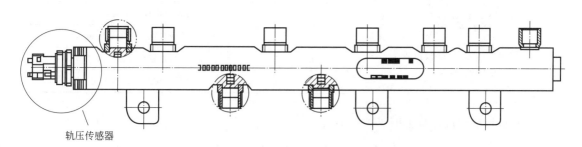

图7-4-16　轨压传感器在油轨上的位置

（7）车速传感器

车速传感器由整车制造商安装在传动轴上，以脉冲（一般为每转8个脉冲）的形式向ECU输出信号。ECU则通过这些脉冲得出一定时间传动轴转动的转数，从而计算出整车当前车速。车速传感器脉冲电压大于4.7V。

7.4.3.3　线束及相关插接件

（1）线束

电控系统的线束分发动机线束、整车线束。发动机线束布置在发动机上，随发动机一起提供给客户。整车线束连接ECU与整车电源、加速踏板、钥匙开关及其他传感器与开关。

整车线束设计要求如下。

① 严格按照原理图，线径、熔丝等都必须按照图纸要求进行选择。

② ECU供电直接连接蓄电池。

③ 线束长度设计需有裕度，不能太紧，防止线束拉断。

④ 线束布置时，转弯过渡需柔和，不应有急弯，防止损伤线束。

⑤ 避免线束油污、潮湿，避免振动。

⑥ 严格按照QC/T 29106汽车低压电线束技术条件执行。

（2）插接件

整车插接件如图7-4-17所示。

加速踏板位置传感器接插件见图7-4-18、表7-4-28。

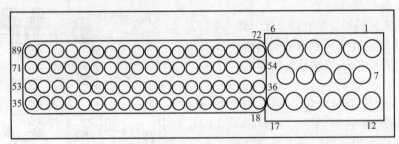

图 7-4-17 整车插接件

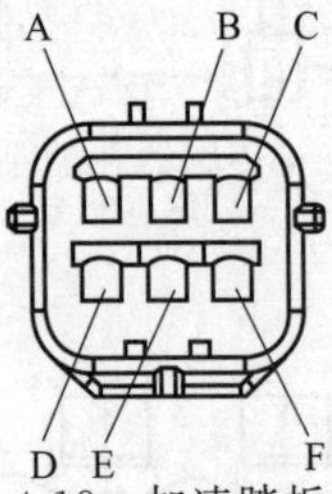

表 7-4-28 加速踏板位置传感器插接件针脚说明

针脚号	说明
A	加速踏板位置传感器 1 电源
B	加速踏板位置传感器 1 信号
C	加速踏板位置传感器 1 地
D	加速踏板位置传感器 2 电源
E	加速踏板位置传感器 2 信号
F	加速踏板位置传感器 2 地

图 7-4-18 加速踏板位置传感器插接件

诊断接口插接件针脚说明见表 7-4-29。

表 7-4-29 诊断接口插接件针脚说明

针脚号	说明
1	24V 正电
2	地线
8	K 通信线

7.4.3.4 继电器

继电器主要有启动继电器、预热继电器、排气制动继电器,由整车客户选择使用,但必须符合锡柴要求。锡柴电控系统仅对继电器线圈端提出要求,负载端客户可自由选择。

使用温度:-40~85℃。

启动继电器电气要求:额定电压 24V,最大驱动电流 1.8A。

预热继电器电气要求:额定电压 24V,最大驱动电流 2A。

排气制动继电器电气要求:额定电压 24V,最大驱动电流 1A。

7.4.3.5 开关

开关量有效方式描述见表 7-4-30。

表 7-4-30 开关量有效方式描述

名称	有效方式	ON 有效方式定义
钥匙开关(1.40)	+B ON OPEN OFF	钥匙开关到 ON 挡
钥匙开关(1.61)	+B ON OPEN OFF	钥匙开关到 START 挡

续表

名称	有效方式	ON 有效方式定义
主制动开关(1.41)	+B ON / OPEN OFF	制动踏板踩下
辅助制动开关(1.49)	+B OFF / OPEN ON	制动踏板踩下
离合器开关(1.66)	+B OFF / OPEN ON	离合器踏板踩下
空挡开关(1.85)	+B ON / OPEN OFF	空挡状态
诊断请求开关(1.72)	+B ON / OPEN OFF	诊断请求开关按下
空调请求开关(1.42)	+B ON / OPEN OFF	空调请求开关按下
副启动开关(2.29)	+B ON / OPEN OFF	副启动开关按下
副停车开关(1.47)	+B ON / OPEN OFF	副停车开关按下
排气制动开关(1.32)	+B ON / OPEN OFF	排气制动开关按下

7.4.3.6 指示灯

指示灯为整车客户自行选择，一般应选择额定功率大于1W的LED灯。

使用温度：-40~85℃。

指示灯电气要求：额定电压24V，最大驱动电流0.125A。

7.4.4 发动机点火前电气检查

电控发动机装车后，在点火前客户必须对发动机进行简单的检查，具体内容如下。

① 各插接件是否连接正确可靠。
② 蓄电池是否连接正确，正、负极是否接反。
③ 蓄电池电压是否足够（要求23V以上）。
④ 系统接地是否可靠。
⑤ 加速踏板是否连接正确。
⑥ ECU 是否直接连到蓄电池。
⑦ 故障指示灯是否工作正常。

7.5 国Ⅲ共轨柴油机电控系统安装及维护

7.5.1 国Ⅲ共轨柴油机电控系统的安装

（1）油泵的安装

转动油泵传动齿轮，使传动齿轮上的定位孔与油泵上的定位孔对齐；将油泵安装专用工具定位销（图7-5-1）穿过传动齿轮插入油泵上的定位孔中；盘动飞轮，使曲轴处于1缸上止点位置；将专用工具定位销尾部对准飞轮壳上的螺纹通孔，轻轻将油泵推入（如齿轮不能顺利啮合，可左右细微转动调整）；先完成油泵部装，装好连接法兰、O形密封圈和传动齿轮；从飞轮壳另一边的螺纹孔中取出专用工具，并用堵头堵住该螺纹通孔。

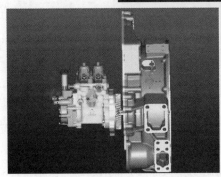
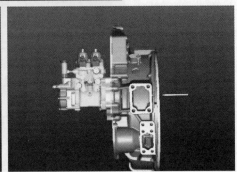

图7-5-1 油泵的安装

初次运行加机油：更换新的高压油泵必须向油泵的机油进油口加入140mL机油。

禁止对油泵进行敲击、碰撞及任何方式的校正和调整；高压油泵是高精度的部件，对清洁度有严格要求，所有的高、低压油管接头保护套在运输、搬运、储存过程中必须完好无损，只能在装配前及时拆封；禁止以任何液体或气体清洗或冲刷高压油泵部件。

（2）高压油轨的安装

高压油轨是敏感的液压元件，禁止敲击、碰撞，对油轨上的传感器、限压阀、流量限制阀等严禁拆卸。高压油轨是高精度的部件，对清洁度有严格要求，所有油管接头的保护套在运输、搬运、储存过程必须完好无损，只能在装配前及时拆封。禁止以任何液体或气体清洗或冲刷高压油轨任何部件，禁止自行拆卸轨压传感器，否则有泄漏的危险。高压油管与高压油管接管拆卸和安装时，必须同时夹持高压油管接管和高压油管锁紧螺母，并保证高压油管接管不发生转动。高压油管与高压油轨的流量限制阀拆卸与安装必须同时夹持流量限制阀和高压油管锁紧螺母，并保持流量限制阀不发生转动。高压油管安装后必须安装并固定高压油管夹。禁止以任何液体或气体清洗或冲刷高压油管。

（3）高压油管接管的安装

高压油管接管的拆卸和安装过程中需对接管进行夹持，防止高压油管接管随锁紧螺母的转动而转动，损坏与喷油器体之间的密封面。高压油管接管对清洁度有严格要求，所有高压油管接管的包装在运输、搬运、储存过程必须完好无损，只能在装配前及时拆封。禁止以任何液体或气体清洗或冲刷高压油管接管。

（4）喷油器的安装

如图7-5-2所示，喷油器体及高压油管接管部装O形橡胶圈，将喷油器垫片套在喷油器头部，在喷油器的橡胶密封圈处均匀涂抹凡士林；将喷油器放入汽缸盖，安装喷油器压板及其螺栓；从高压油管接管孔处观察，确认喷油器进油孔在接管孔的中心位置；高压油管接管的橡胶密封圈处均匀涂抹凡士林后装入汽缸盖，用力将接管沿轴线方向推到和喷油器进油孔接触面接触；以 5N·m 的力矩拧紧喷油器压板螺钉；用开口扳手将高压油管接管固定，防止其在拧紧高压油管接管锁紧螺母的过程中转动，再以 10N·m 的力矩预紧高压油管接管锁紧螺母；将喷油器压板螺栓扭转 80°；使用专用的开口扭矩扳手，以 50～55N·m 的力矩拧紧高压油管接管锁紧螺母；将 QR 喷油器的 QR 码输入 ECU；以 1.8～2.2N·m 的力矩拧紧喷油器接线柱螺栓。

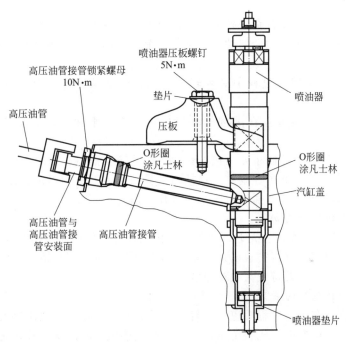

图 7-5-2　喷油器的安装

装完喷油器后，检查每个喷油器电磁阀体与进气门摇臂之间的间隙，要求电磁阀外圆和进气门摇臂之间的间隙大于 2mm，如果间隙小于限值，调整摇臂总成的轴向位置。

禁止手持、拆卸、碰撞喷油器顶部的电磁阀，拿喷油器只能持喷油器体。只有在安装前才能将喷油器和高压油管接管从包装中取出。禁止以压缩空气或不清洁的燃油或其他液体清洁喷油器体及喷油器的各进、回油口。安装喷油器和高压油管接管时，喷油器 O 形圈和高压油管接管 O 形圈需适当涂抹凡士林，要特别小心，不要损坏 O 形圈。喷油器的 QR 码包含着喷油器的重要信息，喷油器或 ECU 更换后必须将 QR 码输入 ECU。禁止拆卸、更换、丢弃、损坏喷油器电磁阀顶部的 QR 码塑料板。禁止将喷油器线束的两接线头碰到一起。

(5) 低压油管的安装

所有低压油管均有清洁度要求，禁止使用不清洁的油管代替，禁止使用高压空气吹净或不洁燃油和液体清洗。应使管路布置通畅。所有低压油管均有内径要求。

(6) 燃油滤清器的安装

电控共轨系统必须使用指定的燃油初级滤清器和燃油精滤清器，禁止使用不符合要求的燃油滤清器。

更换燃油滤清器或低压部件后，需按以下步骤排除燃油系统中的空气。

① 松开燃油滤清器上的放气螺栓。

② 松开输油泵手柄锁紧螺母。
③ 反复按动输油泵手柄,直到从放气螺栓处流出的柴油中没有气泡。
④ 拧紧放气螺栓。
⑤ 压下输油泵手柄,拧紧输油泵手柄锁紧螺母。

(7) 电子控制单元的安装

电子控制单元为非发动机安装的方式,应安装在工作环境较好的整车车架上,用支架固定牢靠,并用铁箱密封,做到防水和防尘,电子控制单元与发动机的距离一般为 1.5m 左右,并应避开蓄电池,以防干扰。

注意事项如下。

① 电子控制单元不能储存在户外或温度急剧变化的场所,防止黏附其他物质或生锈。
② 避免电子控制单元受到任何冲击,电子控制单元的盖和壳体有凹陷时将会产生短路,将不能使用。
③ 电子控制单元在搬运过程中必须轻拿轻放,严禁从高处摔落,以防止其内部元件损坏。
④ 电子控制单元不能放置在潮湿的环境中,不能用水冲洗,不能带电焊接,要做好防水。
⑤ 不要用手触摸电子控制单元插接器针脚,防止产生静电,防止其内部元件的损坏。
⑥ 防止外界物质进入电子控制单元接插口而导致插接器针脚损坏。
⑦ 电子控制单元的插接件插拔时应小心操作,防止损坏针脚。

(8) 曲轴位置传感器的安装

曲轴位置传感器安装在飞轮壳上,曲轴位置传感器与飞轮顶面的间隙为 (1.2 ± 0.5)mm,更换传感器后必须用塞尺进行检查确认,如果超出范围,则需进行适当调整。在曲轴位置传感器附近,不能放置磁电设备或大电流电线。

(9) 进气压力传感器的安装

进气压力传感器在搬运过程中应小心轻放,严禁从高处摔落,以防进气压力传感器内部元件损坏。在安装或更换进气压力传感器或者橡胶连接软管时应确认连接管路通畅、密封可靠,不得漏气。

(10) 进气温度传感器的安装

进气温度传感器安装时的拧紧力矩为 (34.3 ± 4.9)N·m,螺纹表面应没有油脂;安装时使用力矩扳手,不要使用套筒扳手;在运输过程中应做好防水;跌落或振动过的传感器禁止使用;更换进气温度传感器时应确保不漏气,如果在更换传感器或定期保养时发现传感器或者底座漏气,应重新进行密封和紧固。

(11) 冷却液温度传感器的安装

冷却液温度传感器的拧紧力矩为 (29.4 ± 2.45)N·m;与冷却液温度传感器相匹配的部件表面应没有切屑和油脂;冷却液温度传感器应与节温器体密封。

(12) 燃油温度传感器的安装

燃油温度传感器的拧紧力矩为 (20 ± 2)N·m;燃油温度传感器在连接到匹配的插接器前不能有水或油。

(13) 喷油器线束的安装

喷油器螺栓的拧紧力矩小于 9.8N·m,拧紧和松开时必须非常小心,防止喷油器线束的螺栓折断;谨防喷油器线束正、负极相互短接或与机体短接;当需要移开汽缸盖罩时,必须先将汽缸盖罩内线束插接件与汽缸盖罩上喷油器线束插接件脱开,否则会造成喷油器线束损坏;在插拔汽缸盖上喷油器线束时,注意一一对应,靠近发动机前端的为喷油器线束1,

对应 1、2、3 缸喷油器；靠近发动机后端的为喷油器线束 2，对应 4、5、6 缸喷油器。

(14) 发动机线束的安装

发动机线束的插接件与发动机上各类传感器和执行器是一一对应的，油泵上靠近飞轮壳的电磁阀为 PCV1，发动机线束上标有 PCV1 标记的插接件与其对插。发动机线束的插接件不能有水或油；应小心插拔发动机线束上的各类插接件，防止其损坏；与各类传感器及执行器插接时，不可用力拽拉发动机线束，防止线束断裂。

7.5.2 国Ⅲ共轨柴油机的维护

以 6DL 国Ⅲ共轨柴油机为例。

7.5.2.1 燃油的使用

为保证柴油机排放满足环保要求和确保用户安全使用，建议使用满足 EN590-1999 欧-3 标准的柴油。考虑到现阶段我国部分地区柴油供应现状，允许使用满足 GB/T 19147—2003 标准的柴油，但使用该标准的柴油时，整车燃油系统必须经过设计确认。未经确认的燃油系统，或者用户使用低于该标准的柴油，会对整车零部件使用寿命产生不良影响。

柴油的选用应根据环境温度来确定牌号，在冬季气温低的环境下，应使用低凝点的柴油，夏季则反之。不能使用任何形式的乳化柴油或者其他非推荐柴油。柴油必须保持高度的清洁，不被灰尘杂质所污染，柴油注入燃油箱前应静置 72h 以上并取用上层柴油。

7.5.2.2 油箱的使用

必须使用无铅油箱。进油管和回油管必须一直浸没在油中。油箱出油管内径应保证在 $\phi 8 \sim 10$mm，回油管内径应保证在 $\phi 7 \sim 12$mm。油箱内至少需要有 50L 燃油，当油箱油量少于此值时（或油量达到警戒线的位置时）必须加油。

7.5.2.3 润滑油的使用

为确保柴油机的正常运行和长寿命，改善柴油机的排放，推荐使用"锡柴牌"CH-4 级或 CH-4 级以上的润滑油。注意若所使用柴油含硫量超过 1%，则要缩短机油更换周期。

7.5.2.4 冷却液的使用

冷却液与燃油和机油一样，对柴油机同样重要。冷却液一般由三种成分组成：水（蒸馏水或去离子水）、添加剂和乙二醇。乙二醇可以选用乙烯乙二醇或丙烯乙二醇，乙二醇应用于大多数常规繁重工作冷却液。其与水的混合比不同，防沸腾和冻结的性能也不同。当乙二醇与水的混合比为 1:1 时：乙烯乙二醇适用范围为 $-36 \sim 106$℃；丙烯乙二醇适用范围为 $-29 \sim 106$℃。冷却液的添加剂在冷却系统中能有效保护冷却系统的金属表面。冷却液的添加剂可由水滤器提供。

推荐使用"锡柴牌"专用冷却液。使用"锡柴牌"专用冷却液时，不必定期更换水滤器。该冷却液可全年保护柴油机工作在 $-45 \sim 108$℃。冷却液每两年更换一次。特别注意 6DL 柴油机只能用冷却液，不允许用水冷却。

7.5.2.5 柴油机的使用

(1) 新柴油机的使用

新机在最初的 2000km（约 40h）内应限制柴油机转速不得超过标定转速的 80%；新机使用后要检查油压表、温度表、报警指示灯和其他仪表，确认柴油机是否正常。

新机油底壳未加注润滑油的应按规定加注润滑油。6DL 柴油机必须使用冷却液，若新机已加满冷却液，应检查冷却液的性能，如发现不符合要求，则应放掉冷却液，重新加注符合要求的冷却液。

新机初次点火时（特别是拆装或更换喷油泵、油轨、高压油管、喷油器总成等之后首次点火），启动可能会比较困难，需使起动机拖动柴油机的时间尽可能长些，并需多次启动（注意每次拖动的时间不得超过30s，连续启动时间的间隔至少为2min）。

在点火前，手油泵的泵油对初次点火成功有非常大的帮助，手油泵泵油时间越长，空气排得越彻底，越易于使柴油机启动成功。

(2) 柴油机低温启动

柴油机低温启动时，进气加热器是由电子控制单元自动控制的，按如下步骤启动柴油机。

① 将钥匙开关旋至ON位置。

② 如果冷却液温度低于－15℃，则仪表盘上预热指示灯亮起，并在预热结束后熄灭。

③ 在预热指示灯熄灭后，将钥匙开关旋至START位置，启动发动机。

④ 启动成功后，将钥匙开关旋至ON位置。

注意以下两点。

① 由于预热消耗大量的电能，因此要尽量避免重复操作，否则会给蓄电池带来极大的负担。

② 在预热指示灯熄灭后5s内启动发动机，将促使柴油机顺利启动，在柴油机刚刚启动后，不要进行高速运转或反复无负荷空转或保持较高转速等操作。

(3) 燃油滤清器保养

共轨燃油喷射系统对燃油初级滤清器（粗滤器）和精滤器滤清效率、流量及水分离能力等有较高的要求。燃油精滤器的滤清能力要满足$5\mu m$的颗粒滤清效率达到95%，燃油粗滤器的滤水能力要达到93%。

必须使用指定的燃油初级滤清器和精滤器，并按时对其进行保养和更换。燃油初级滤清器的日常保养：检查其下方油水分离器，按要求进行放水。燃油精滤器的更换里程：每6个月或600h或30000公里。

7.5.2.6 维护保养周期

国Ⅲ柴油机维护保养周期见表7-5-1。

表7-5-1 国Ⅲ柴油机维护保养周期

时间间隔	保养内容
磨合期结束(2000公里或40h)	①放净油底壳内机油,仔细清洗油底壳,更换新的润滑油
	②清洗机油收集器滤网
	③检查排气管紧固螺栓拧紧力矩
	④检查、调整气门间隙
	⑤更换柴油滤清器与机油滤清器,清除空气滤清器滤芯上的尘土
	⑥检查燃油粗滤器
	⑦检查风扇皮带、发电机皮带张紧度
	⑧检查悬置软垫是否有裂纹,螺母是否松动
日常保养	①检查机油液面高度
	②检查冷却液液面高度
	③检查柴油粗滤器下方油水分离器,按要求进行放水
	④检查柴油、机油、水及气各管路连接处的密封性,排除不正常现象

续表

时间间隔	保养内容
每 3 个月或 300h 或 15000 公里	①同日常保养内容
	②检查进气系统
	③检查空气滤清器
	④更换机油
	⑤更换机油滤清器及增压机油滤清器
每 6 个月或 600h 或 30000 公里	①同 3 个月保养内容
	②更换柴油滤清器,更换离心式机油滤清器转子总成
	③检查并调整气门间隙
	④检查排气管螺栓
每 2 年或 2400h 或 120000 公里	①同 6 个月保养内容
	②更换冷却液

7.6 国Ⅲ共轨柴油机电控系统检修的一般步骤与故障检测方式

7.6.1 电控系统检修注意事项和一般步骤

（1）电控系统检修注意事项

① 在拆卸电控系统部件前，必须先将点火开关关断（OFF），必要时应拆下蓄电池负极搭铁线，以免损坏电子控制单元或造成电路短路。严禁在发动机运行时，拆卸电控系统部件。

② 连接蓄电池时，应仔细区分蓄电池"＋""－"，千万不要将"＋""－"接错。否则，将烧坏电子控制单元、电路部件和线束。

③ 电路检修时，应使用数字式万用表。严禁用"试灯"和"划火"等方法测试任何与电子控制单元相连的电气装置。拆检油路时，应严禁烟火，泄漏的燃油应及时收集和清除。进行点火系统的"跳火试验"时，应确保跳火处无油污。在现场应预先备好干粉灭火器。

④ 防止高压对电子控制单元的损坏：快速充电时应从汽车上拆开蓄电池的正、负极接线后，单独对蓄电池进行充电；车身上使用电弧焊时，必须把电子控制单元从汽车上拆下或拆开电子控制单元的电路。

⑤ 高温烤漆时应拆下电子控制单元和有关电控系统部件。拆装过程中应避免剧烈振动与冲击。

⑥ 避免电磁干扰和静电危害。车上不宜安装功率超过 8W 的无线电台，如必须安装时，天线应尽量远离电子控制单元，保持天线和电子控制单元电线之间距离至少在 20cm 以上。安装或取下 PROM 时，操作人员应先使自身接铁（接触车身），否则身体上的静电会损坏电子控制单元电路，必要时要使用金属链，将其一头缠在手腕上，另一头夹到车

身上。

⑦ 在拆下蓄电池负极搭铁线之前,应先读取电控系统的故障代码。否则,电控系统存储的故障码会自动清除,给检修带来不便。

⑧ 当清洁发动机部件时,要防止电气系统进水或线束松脱。

⑨ 此外,检修发动机电控系统时应注意对其他电控系统的影响。

(2) 电控系统检修一般步骤与基本检查内容

发动机电控系统故障检修一般应遵循"由表及里、由简到繁"的顺序进行。故障检修的一般步骤如下。

① 客户意见调查、目测检查和验证。

② 为了迅速地查找到故障部位,首先必须了解故障特征、条件、原因等有关故障信息。必须认真倾听客户对故障现象的描述,并进行必要的验证。在进入更为细致的测试和着手诊断之前,应先进行目测检查以消除一般性的故障,如漏油、漏气、漏水、漏电及电路插接器松动、断路、熔断器烧断、蓄电池电压过低和有关机械部件损坏等。

基本检查内容如下。

① 读取故障代码:当发动机故障指示灯点亮或电控系统出现故障时,应读取故障代码,根据故障代码的内容可迅速查明故障部位。

② 喷油正时检查:通过喷油正时的检查,可判断喷油器是否工作正常。若喷油器工作不正常,应进一步检查故障的部位。

③ 供油系统油压检测:通过检测供油系统油压,可判定供油系统是否工作正常。当燃油压力不足时,会发生启动困难、怠速不稳、发动机熄火等故障。

④ 汽缸压力检测:通过汽缸压力检测,可在不解体发动机的情况下分析汽缸、活塞环的磨损情况,气门与气门座的密封以及汽缸垫是否冲坏。

⑤ 配气相位检查:必要时还应检查配气相位是否失准。正常的混合气空燃比是发动机正常工作的必要条件。

7.6.2 电控系统故障检测方式

(1) 利用闪码检测

① 将钥匙开关由"OFF"旋至"ON"位置,不要启动发动机,这时汽车仪表盘上的各种指示灯(包括发动故障指示|灯)应点亮。

② 启动发动机。

③ 如果发动机运行正常,电控系统无故障,发动机故障指示灯点亮 3s 后应熄灭。

④ 如果发动机故障指示灯没有熄灭,说明发动机电控系统有故障。

⑤ 打开故障诊断开关,故障指示灯就以闪码的形式显示故障信息。

(2) 利用故障代码检测

① 将钥匙开关由 ON 旋至 OFF 位置(发动机关闭)。

② 将故障诊断仪的接口线束同发动机的诊断接口连接。

③ 将点火开关由 OFF 旋至 ON 位置,不要启动发动机。

④ 在故障诊断仪显示的"系统选择"中选择"发动机"和"共轨系统厂商",按"确认"键。

⑤ 在故障诊断仪显示的"功能选择"中选择"常规选择"。

⑥ 在"常规选择"界面中选择"读取故障代码"。

⑦ 故障诊断仪显示所读的"故障代码"。

⑧ 根据故障代码对故障进行排除。

⑨ 故障排除后，清除原故障代码，用故障诊断仪对电控系统再进行一次故障诊断，确认无故障后可交付使用。

7.7 国Ⅲ共轨柴油机常见故障原因与跛行回家模式

7.7.1 常见故障原因

（1）启动困难或不能启动
① 燃油系统有空气。
② 某一缸喷油器故障，或高压油管断了。
③ ECU 未通电：钥匙开关故障；主继电器故障；线束故障。
④ 曲轴位置传感器或凸轮轴位置传感器故障。
⑤ 喷油器线束未接。
⑥ 油泵 PCV 阀的位置装错。
⑦ 油泵安装正时不对。
⑧ 电子控制单元不匹配或故障。
（2）发动机功率不足
① 增压压力低：传感器故障；进气管路漏气；高原。
② 燃油滤清器堵塞，进油管路阻力太大。
③ 燃油品质差，燃油系统进空气。
④ 燃油温度过高，油箱存油太少。
⑤ 发动机过热。
⑥ 中冷后温度过高。
⑦ 加速踏板损坏。
⑧ 更换喷油器后，QR 码没有输入电子控制单元。
（3）发动机突然停机
① 没有燃油。
② 燃油中有水。
③ 电子控制单元断电。
④ 电路接触不良。
⑤ 燃油滤清器堵塞，进油管路阻力过大。
⑥ 燃油系统中进入空气过多。
⑦ 输油泵失效。
（4）发动机运转声音异常
① 某一缸或几缸喷油器不工作。
② 燃油滤清器堵塞，进油管路阻力过大。
③ 轨压传感器故障。
（5）发动机运转不稳
① 某一缸或几缸喷油器不工作。
② 燃油滤清器堵塞，进油管路阻力过大。

③ 轨压传感器故障。
④ 曲轴位置传感器或凸轮轴位置传感器故障。
⑤ 电子控制单元插接件进水。
（6）发动机排气烟度不正常
① 发动机冒黑烟的原因：传感器故障；喷油器故障；轨压传感器故障。
② 发动机冒白烟的原因：燃油中水分多；喷油器安装故障。

7.7.2 跛行回家模式

当系统检测到故障时，可以根据故障的等级，进行如下跛行功能设置，以保证系统和整车的安全。
① 立即停机。
② 延迟停机。
③ 限制加速踏板（三种级别）。
④ 限制轨压（三种级别）。
⑤ 限制油量（两种级别）。
⑥ 限制多次喷射。
⑦ 限制 FCCB 功能。
⑧ 限制巡航功能等。

故障诊断系统诊断出系统故障时，除了以故障灯和故障代码提示故障发生以外，系统会对发动机或整车的部分功能进行限制，简要说明如下。
① 加速踏板故障，禁止巡航。
② 进气压力传感器故障，禁止巡航。
③ 轨压传感器故障，限制外特性转矩，轨压降低到设定值，禁止巡航。
④ 水温传感器温度低于下限值，禁止巡航。
⑤ 曲轴位置传感器、凸轮轴位置传感器、车速传感器故障，禁止巡航。
⑥ 某一缸喷油器线束故障，限制外特性转矩，禁止巡航。
⑦ 某一缸喷油器电磁阀故障，限制外特性转矩，禁止巡航。
⑧ ECU 充放电回路故障，限制轨压，限制外特性转矩，禁止巡航。
⑨ 喷油泵电磁阀短路或开路，限制外特性转矩，立即停机，禁止巡航。
⑩ 轨压不正常（高或低），限制轨压，限制外特性转矩，禁止巡航。
⑪ 发动机过热，限制外特性转矩，禁止巡航。
⑫ 离合器开关、空挡开关断开或故障，禁止巡航。
⑬ 主继电器故障，禁止巡航。
⑭ ECU 故障，限制外特性转矩，停机，禁止巡航。

当发动机故障灯闪烁时，可根据闪码判断故障，并到就近的服务站进行维修，尽早排除故障。

7.8 CA6DF3-26 柴油机常见故障分析与处理方法

CA6DF3-26 柴油机常见故障分析与处理方法（表 7-8-1）。

表 7-8-1　CA6DF3-26 柴油机常见故障分析及处理方法

故障现象	原因分析	处理方法
发动机不能启动	①熔丝烧断 ②燃油箱内无燃油 ③燃油箱出油管堵塞 ④燃油系统里有空气 ⑤启动继电器损坏 ⑥燃油管或燃油滤清器堵塞 ⑦喷油不良或喷油压力过低 ⑧喷油提前角不正确 ⑨电气设备接头松脱 ⑩控制单元(ECU)供电异常 ⑪蓄电池电量不足 ⑫启动电机损坏 ⑬柴油机温度过低 ⑭凸轮轴位置传感器安装气隙问题或传感器损坏 ⑮凸轮轴位置传感器、曲轴位置传感器或温度压力传感器供电电源对地短路 ⑯故障诊断开关启动前打开 ⑰控制单元(ECU)损坏	①更换熔丝 ②添加燃油 ③清洗,使其畅通 ④燃油系统排气 ⑤更换启动继电器 ⑥清洗燃油管,更换滤清器 ⑦清洗、检修喷油器 ⑧调整喷油提前角 ⑨紧固 ⑩检查控制单元(ECU)供电电路 ⑪蓄电池充电或更换蓄电池 ⑫更换启动电机 ⑬采用冬季润滑油,接通电加热器 ⑭调整凸轮轴位置传感器安装气隙或更换凸轮轴位置传感器 ⑮更换凸轮轴位置传感器、曲轴位置传感器或温度压力传感器 ⑯关闭故障诊断开关,重新上电复位 ⑰换控制单元(ECU)
柴油机功率不足	①空气滤清器纸芯阻塞,进气不足 ②排气通道和消声器阻塞 ③燃油管路与燃油滤清器阻塞,供油不足 ④燃油中含有水分 ⑤喷油泵或喷油器发生故障 ⑥中冷后压力传感器安装插接件接触不良或传感器损坏 ⑦曲轴位置传感器吸附铁屑 ⑧增压器损坏 ⑨加速踏板位置传感器接触不良或损坏	①用压缩空气反向吹或更换纸芯 ②清洗排气通道和消声器 ③清洗燃油管路和滤清器,或更换滤芯 ④排净积水,更换燃油 ⑤检修或更换 ⑥检查中冷后压力传感器插接件或更换压力传感器 ⑦清除曲轴位置传感器吸附的铁屑 ⑧更换增压器 ⑨重新插拔插接件或更换加速踏板位置传感器
柴油机突然停止运转	①燃油箱中燃油用尽 ②燃油系统中进入空气 ③燃油中有水 ④燃油滤清器堵塞 ⑤空气滤清器堵塞 ⑥曲轴位置传感器损坏 ⑦控制单元(ECU)损坏	①向燃油箱添加燃油 ②排除燃油系统空气 ③清洗燃油箱和滤清器,更换燃油 ④清洗或更换滤芯 ⑤去除异物或更换滤芯 ⑥更换曲轴位置传感器 ⑦换控制单元(ECU)
柴油机转速激增(飞车)	①控制单元(ECU)工作失常 ②喷油泵工作失常	①检修控制单元(ECU)或更换控制单元(ECU) ②检修喷油泵或更换喷油泵
柴油机有异常敲击声	①气门与摇臂间隙过大(气门机构中有金属敲击声) ②活塞与汽缸间隙过大(汽缸全长内发出轰隆的敲击声) ③活塞销与连杆小头轴承间隙过大(有响亮的金属敲击声) ④连杆轴承间隙大(有钝哑的敲击声) ⑤主轴承间隙过大(与连杆轴承敲击声相似) ⑥气门与活塞顶碰击 ⑦燃烧室有异物(如油嘴碎块)	①检查和调整气门间隙 ②检查并更换 ③检查、修理或更换 ④更换轴承 ⑤更换轴承 ⑥检查配气正时(齿轮标记) ⑦检查油嘴是否碎裂
柴油机排气冒烟	①柴油机过负荷(排气冒黑烟) ②喷雾太粗或滴油(排气冒黑烟) ③喷油提前角不对(排气冒黑烟或白烟) ④进气量不够(排气冒黑烟) ⑤活塞环磨损卡住(排气冒青烟) ⑥燃油中有水(排气冒白烟) ⑦相位错误(冒蓝烟)	①减轻负荷 ②检修或更换喷油泵及喷油器 ③调整喷油提前角 ④清洗或更换空气滤清器 ⑤清洗或更换活塞环 ⑥清洗燃油箱和滤清器,更换燃油 ⑦调整正时,到不冒烟为止

续表

故障现象	原因分析	处理方法
润滑油稀释	①机油温度太高 ②燃油进入润滑油内 ③冷却水进入润滑油内	①检查冷却系统,特别是机油冷却器 ②检查燃油输送泵和喷油泵绿色O形圈 ③检查汽缸盖、汽缸套封水圈
润滑油压力不足	①油底壳内润滑太少 ②润滑系统泄漏 ③轴承间隙过大 ④机油泵磨损间隙过大或泵体漏气 ⑤机油冷却器或机油滤清器阻塞 ⑥调压阀弹簧损坏 ⑦机油压力表指示不准 ⑧机油泵吸油滤网阻塞	①添加润滑油 ②检查润滑系统 ③检查和更换主轴承或连杆轴承 ④调整间隙、检查更换 ⑤清洗机油冷却器或机油滤清器 ⑥更换调压阀弹簧 ⑦更换压力表 ⑧清洗机油泵吸油滤网
油底壳润滑油面升高	①汽缸套封水圈损坏 ②汽缸盖有裂缝 ③喷油泵绿色O形圈破损	①更换封水圈 ②更换汽缸盖 ③更换喷油泵绿色O形圈
冷却液中有润滑油	①机油冷却器漏油 ②机油冷却器橡胶密封圈损坏	①更换机油冷却器 ②更换橡胶密封圈
冷却液温度过高	①冷却液液面过低 ②散热器的散热片被污物阻塞或损坏 ③散热器连接胶管失效 ④机油油面高度不符合要求 ⑤风扇导风罩损坏 ⑥风扇皮带太松,致使风扇转速过低 ⑦喷油泵油量过大 ⑧车辆超载	①加注冷却液 ②检查散热片,必要时清洗和修复 ③检查胶管,必要时更换 ④添加或放出机油 ⑤检查导风罩,修理更换 ⑥重新张紧风扇皮带 ⑦检查调整更换喷油泵 ⑧降低负荷
电磁阀渗油	①电磁铁方形橡胶圈损坏 ②电磁铁本身渗油	①检查更换电磁铁方形橡胶圈 ②更换电磁铁
整车气压不够	①加气泵连接管破裂 ②加气泵故障	①焊接加气泵连接管或更换加气泵连接管 ②检修或更换加气泵
高压油管进空气	①油箱内燃油液面太低 ②燃油滤清器、手摇泵故障	①添加燃油 ②检修或更换燃油滤清器
高压油管和回油管漏油	①油管破裂或有砂眼 ②整机安装过程中折叠油管造成破裂	①更换油管 ②更换油管

7.9 国Ⅲ共轨柴油机（电装系统）故障诊断

7.9.1 故障的认识、确认与判别

（1）认识故障

发动机的故障有时简单有时复杂，要正确认识故障，关键在于对发动机本身的结构和工作原理要非常熟悉，只有在真正掌握发动机的结构和工作原理的基础上才能进行发动机的故障维修。

启动困难、运转无力、冒黑烟等这些异常状况，都是发动机出现故障时的表现。但需要注意的是，并非所有的发动机异常状况都是发动机故障：发动机冒黑烟，可能是不正确的操

作引起的，如汽车超载或在不正确的挡位上坡；功率不足，可能是因为汽车处在高原地区或者是空气稀薄的地区等。

（2）确认故障

确认故障就是再现故障。一般维修人员总是先接到维修要求，在这个过程中要求人一般都会进行描述，发生了什么故障，什么情况下发生的，什么时候发生的，如何发生的，故障是一直存在还是时有时无等。即使要求人没有如此描述，也应该按照这样的思路详细询问，越详细越有助于对故障进行判别。

到现场后，要进行故障再现，这主要是由于要求人和维修人员的感觉和认识不一定完全一致，只有在确认故障之后才好考虑如何诊断故障。

（3）判别故障

电控发动机的故障按照故障部件的性质来分，一般可分为机械故障和电气故障，当然有时两种故障也会同时存在。电控系统发生故障，一般系统故障灯会点亮。在进行故障判别时，可以首先检查故障灯是否点亮，大部分情况下，如果故障灯点亮，可以暂时先按电气故障定性，如果故障灯不亮可以暂时先按机械故障定性，这不是绝对的，有时故障灯亮也不一定是电气故障，可能是机械故障导致的，有时故障灯不亮也不一定就是机械故障，可能是电气故障但不报警。

了解了故障的大概情况之后，便可根据故障的情况分析产生故障的原因，检查可能发生故障的部件。检查时应根据分析，先从最有可能导致故障发生的因素入手。例如启动困难，与启动相关的因素有很多（电源、起动机、燃油压力、喷油信号等），但如果发动机有正常启动转速但不着火，这时电源和起动机就完全可以不用去考虑，而着重从可能性最大的燃油管路或喷油信号方面入手。当然这只是非常简单的例子，很多复杂的情况还需要勤于思考、善于发现，这样才能更好地解决问题。

7.9.2 常见症状

发动机常见的故障症状有启动困难、突然熄火、加速无力、加速失效、排烟异常、水温异常、油压异常、油耗异常、声音异常、故障灯亮。

7.9.3 检测方法、诊断思路

（1）故障代码检测方法

① 将钥匙开关旋至 OFF 位置（关闭发动机）。

② 将诊断仪的接口线束同发动机的诊断接口连接。

③ 将钥匙开关由 OFF 位置旋至 ON 位置，不要启动发动机。

④ 打开诊断软件，点选发动机电控系统（ECU）生产商，点击"确认"。

⑤ 在诊断仪显示的功能选择界面中，选择"故障诊断"。

⑥ 选择"读取故障代码"，诊断仪会显示所读的故障代码。

⑦ 根据故障代码提示的内容进行相关检查并排除故障。

⑧ 故障排除后，清除原故障代码后，用故障诊断仪对电控系统再进行一次故障诊断，确认无故障后，再交付使用。

（2）诊断思路

① 先外后内，先简后繁。在发动机出现故障时，先对电子控制系统以外的可能故障部位予以检查，先从容易发现问题的地方入手。例如，检查电控系统线束的连接状况；检查传感器或执行器的插接件是否良好；检查线束间的插接件是否松动或断开；检查导线是否有磨破或线间短路现象；检查插接件的插头和插座有无腐蚀现象；检查每个传感器和执行器有无

明显损伤等。直观检查未找出故障，需借助于仪器仪表或其他专用工具来进行检查时，也应对较容易检查的先予以检查。

② 闪码优先，综合运用。电子控制系统出现某种故障时，故障自诊断系统就会立刻监测到故障并通过指示灯向驾驶员报警，与此同时以代码的方式存储该故障的信息。此时可按下发动机检查开关，发动机故障指示灯会按顺序闪出闪码，可根据对应的手册查出闪码指示的故障，从而解决问题。如果前面所做的都解决不了问题，就需要利用专门的诊断仪对电控系统进行全面的检测了，可利用诊断仪的各项功能以及万用表之类的工具对发动机进行诊断。

③ 新件替换排除法。发动机的电控系统中线路发生的故障很多是配线和插接件接触不良造成的，这时想要查出故障原因可能要耗费比较多的时间。在实际的维修过程中，为了能快速解决问题，排除故障，最便捷的方法是使用新件替换，这样能够以最快速的方法解决问题。找到具体故障部件后，查找问题原因要容易得多。

7.10 国Ⅲ共轨柴油机故障维修案例

7.10.1 有故障码

7.10.1.1 P0117/P0118 冷却液温度传感器故障

冷却液温度传感器相关电路如图 7-10-1 所示。

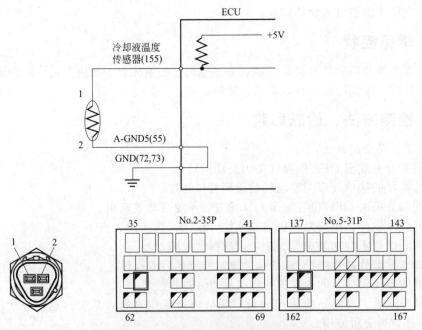

图 7-10-1 冷却液温度传感器相关电路

① 钥匙开关旋至 OFF 位置，拔下 ECU 插接件，测量插接件一侧 155 号针脚和 55 号针脚之间的电阻。根据实际温度的不同，其阻值范围大致如下：20℃时 2.45kΩ；40℃时 1.15kΩ；60℃时 584Ω；80℃时 318Ω。

② 如果第①步检查没有问题，重新连接 ECU 插接件，拔下冷却液温度传感器插接件，

测量 ECU 一侧 155 号针脚和 55 号针脚之间的电压，标准值为 5V 左右。如果电压正常，说明是 ECU 插接件故障或线束短路，如果电压异常，在确认其他传感器没有接地短路的故障后，就是 ECU 本身故障，更换 ECU。

③ 如果第①步的检查中传感器电阻不正常，拔下冷却液温度传感器的插接件，测量传感器 1 号针脚和 2 号针脚之间的电阻。根据不同的温度情况阻值范围大致如下：20℃时 2.45kΩ；40℃时 1.15kΩ；60℃时 584Ω；80℃时 318Ω。

如果测出的阻值不正常，就是传感器的问题，更换传感器；如果测出的阻值是正常的，那么就是线束或插接件的问题，进行相应的检查和修理。

7.10.1.2　P0112/P0113 进气温度传感器故障

进气温度传感器相关电路图如图 7-10-2 所示。

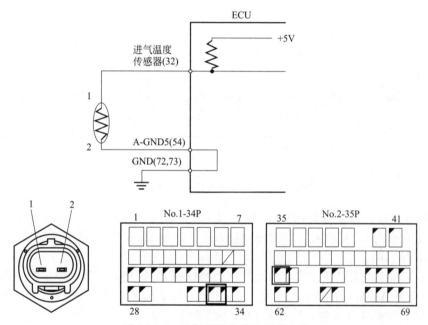

图 7-10-2　进气温度传感器相关电路

① 钥匙开关旋至 OFF 位置，拔下 ECU 插接件，测量插接件一侧 32 号针脚和 54 号针脚之间的电阻。根据实际温度的不同，其阻值范围大致如下：-10℃时 9.11kΩ；20℃时 2.43kΩ±9%；60℃时 0.58kΩ±8%。

② 如果第①步检查没有问题，接上 ECU 插接件，拔出进气温度传感器插接件，测量 ECU 一侧 32 号针脚和 54 号针脚之间的电压，标准值为 5V 左右。如果电压正常，说明是 ECU 插接件故障或线束故障，如果电压异常，在确认其他传感器没有接地短路的故障后，就是 ECU 本身故障，更换 ECU。

③ 如果第①步的检查传感器电阻不正常，拔下进气温度传感器的插接件，测量传感器 1 号针脚和 2 号针脚之间的电阻。根据不同的温度情况阻值范围大致如下：-10℃时 9.11kΩ；20℃时 2.43kΩ±9%；60℃时 0.58kΩ±8%。

如果测出的阻值不正常，就是传感器的问题，更换传感器；如果测出的阻值是正常的，那么就是线束或插接件的问题，进行相应的检查和修理。

7.10.1.3　P0237/P0238 进气压力传感器故障

进气压力传感器相关电路如图 7-10-3 所示。

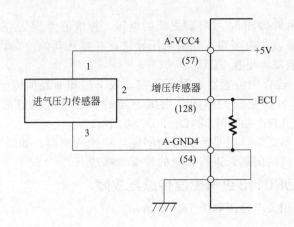

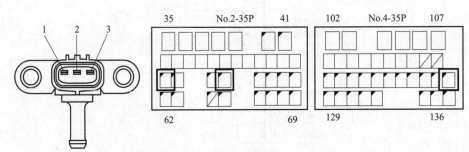

图 7-10-3　进气压力传感器相关电路

① 钥匙开关旋至 ON 位置，测量 ECU 128 号针脚和 54 号针脚之间的电压（传感器输出电压），正常值在 1.4V 左右。启动发动机，踩下加速踏板，电压值应随速度增加而增大，在 1.4～4.5V 之间。

② 如果第①步检查电压正常，检查线束插接件和 ECU 相关针脚。如果是线束或插接件问题，修理或更换线束插接件；如果是 ECU 针脚问题，修理针脚或更换 ECU；如果线束插接件及 ECU 针脚都没有问题，那就是 ECU 内部问题，更换 ECU。

③ 如果第①步检查电压异常，在钥匙开关 ON 状态下测量线束一侧进气压力传感器 2 号针脚和 3 号针脚之间的电压，正常值在 0.9～1.1V 之间。踩下加速踏板，电压值应随速度增加而增大，在 1.4～4.5V 之间。

④ 如果第③步检查电压正常，说明是线束故障（ECU 128 号针脚与传感器 2 号针脚之间），检查修理。

⑤ 如果第③步检查电压异常，钥匙开关旋至 OFF 位置，拔下进气压力传感器，再将钥匙开关旋至 ON 位置，测量进气压力传感器插接件线束侧 1 号针脚和 3 号针脚之间的电压，标准值应在 5V 左右。

⑥ 如果第⑤步检查电压正常，检查线束侧传感器插接件以及传感器针脚，线束问题就修理或更换线束，否则更换进气压力传感器。

⑦ 如果第⑤步检查电压异常，打开钥匙开关，测量 ECU 57 号针脚和 54 号针脚之间的电压，标准值为 5V 左右。如果电压正常，检查修理 ECU 插接件；如果电压异常，更换 ECU。

7.10.1.4　P0122/P0123 1 号加速踏板位置传感器故障、P0222/P0223 2 号加速传感器故障

加速踏板位置传感器相关电路如图 7-10-4 所示。

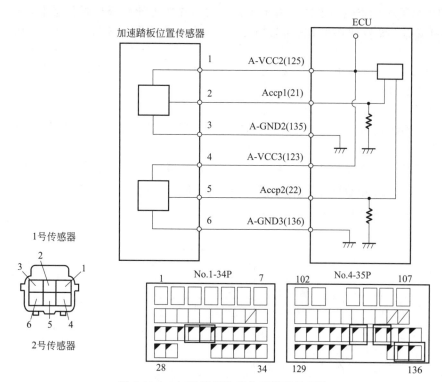

图 7-10-4　加速踏板位置传感器相关电路

(1) 1 号加速踏板位置传感器的检查

① 钥匙开关旋至 OFF 位置，拆下加速踏板位置传感器插接件，再将钥匙开关旋至 ON 位置，测量加速踏板位置传感器插接件（整车线束侧）1 号针脚和 2 号针脚之间的电压，标准值为 5V 左右。

② 如果第①步检查电压异常，测量 ECU 125 号针脚和 135 号针脚之间的电压，标准值为 5V 左右。如果电压正常，说明是加速踏板位置传感器线束故障，修理或更换；如果电压异常，检查 ECU 插接件，是插接件问题，修理插接件，不是插接件问题，更换 ECU。

③ 如果第①步检查电压正常，关闭钥匙开关，连接加速踏板位置传感器，再打开钥匙开关，测量 ECU 21 号针脚和 135 号针脚之间的电压。正常值：不踩踏板 0.7~0.95V；踏板踩到底 4.1~4.25V。

④ 如果第③步检查电压正常，检查 ECU 插接件，是插接件问题修理插接件，不是插接件问题，更换 ECU。

⑤ 如果第③步检查电压异常，不拆加速踏板位置传感器插接件，测量加速踏板位置传感器插接件整车线束侧 2 号针脚和 3 号针脚之间的电压。正常值：不踩踏板 0.7~0.95V；踏板踩到底 4.1~4.25V。

⑥ 第⑤步检查如果电压正常，线束开路或短路，修理；如果电压异常，更换加速踏板。

(2) 2 号加速踏板位置传感器的检查

① 关闭钥匙开关，拆下加速踏板位置传感器连接器，再打开钥匙开关，测量加速踏板位置传感器插接件（整车线束侧）4 号针脚和 6 号针脚之间的电压，标准值为 5V 左右。

② 如果第①步检查电压异常，测量 ECU 123 号针脚和 136 号针脚之间的电压，标准值为 5V 左右。如果电压正常，说明是加速踏板位置传感器线束故障，修理或更换；如果电压异常，检查 ECU 插接件，是插接件问题，修理插接件，不是插接件问题，更换 ECU。

③ 如果第①步检查电压正常，关闭钥匙开关，连接加速踏板位置传感器，再打开钥匙开关，测量 ECU 22 号针脚和 136 号针脚之间的电压。正常值：不踩踏板 0.3～0.4V；踏板踩到底 2.0～2.2V。

④ 如果第③步检查电压正常，检查 ECU 插接件，是插接件问题修理插接件，不是插接件问题，更换 ECU。

⑤ 如果第③步检查电压异常，不拆加速踏板位置传感器插接件，测量加速踏板位置传感器插接件整车线束侧 5 号针脚和 6 号针脚之间的电压。正常值：不踩踏板 0.3～0.4V；踏板踩到底 2.0～2.2V。

⑥ 如果第⑤步检查电压正常，线束开路或短路，修理；如果电压异常，更换加速踏板。

7.10.1.5 P0182/P0183 燃油温度传感器故障

燃油温度传感器相关电路如图 7-10-5 所示。

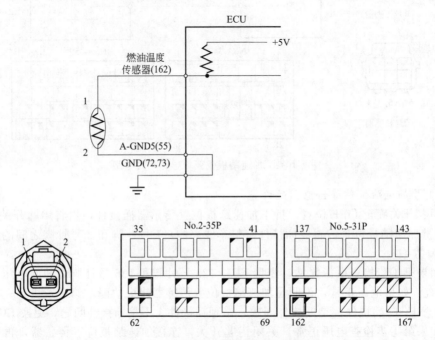

图 7-10-5 燃油温度传感器相关电路

① 关闭钥匙开关，拔下 ECU 插接件，测量插接件一侧 162 号针脚和 55 号针脚之间的电阻。根据燃油不同的温度情况，阻值大致如下：20℃时 2.45kΩ；40℃时 1.15kΩ；60℃时 0.58kΩ；80℃时 0.32kΩ。

② 如果第①步测量阻值是正常的，装上 ECU 插接件，拔下传感器插接件，测量 ECU 一侧 162 号针脚和 55 号针脚之间的电压，标准值应在 5V 左右。如果电压正常，说明是 ECU 插接件的故障或线束短路，修理；如果电压异常，确认其他传感器不存在接地短路后，更换 ECU。

③ 如果第①步的测量阻值异常，拔下燃油温度传感器，测量传感器 1 号针脚和 2 号针脚之间的电阻。阻值大致如下：20℃时 2.45kΩ；40℃时 1.15kΩ；60℃时 0.58kΩ；80℃时 0.32kΩ。

④ 如果第③步测量阻值正常，是线束开路或插接件故障；如果阻值异常，是燃油温度传感器故障。

7.10.1.6　P0192/P0193 油轨压力传感器故障

油轨压力传感器相关电路如图 7-10-6 所示。

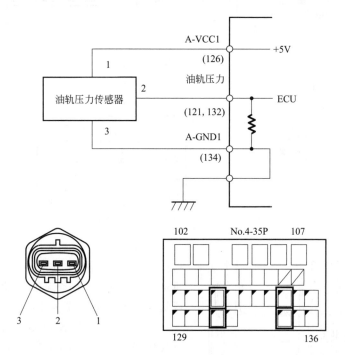

图 7-10-6　油轨压力传感器相关电路

① 将钥匙开关打开，测量 ECU 121 号针脚、132 号针脚和 134 号针脚之间的电压，正常范围应为 0.9~1.1V。启动发动机，踩下加速踏板，确认电压相应变化，正常范围应为 1.4~3.5V。

② 如果第①步测量电压正常，检查 ECU 插接件相关针脚，有问题进行修理，没有问题更换 ECU；如果第①步测量电压异常，打开钥匙开关，测量线束侧油轨压力传感器 2 号针脚和 3 号针脚之间的电压，正常范围应为 0.9~1.1V。启动发动机，踩下加速踏板，确认电压相应的变化，正常范围应为 1.4~3.5V。

③ 如果第②步测量电压正常，说明是 ECU 到传感器之间这一段的线束问题，进行修理；如果第②步测量电压异常，关闭钥匙开关，拔下轨压传感器插接件，打开钥匙开关，测量轨压传感器插接器线束侧 1 号针脚和 3 号针脚之间的电压，标准值为 5V 左右。

④ 如果第③步测量电压正常，检查传感器插接器线束，有问题进行修理，没有问题，就是传感器故障，更换；如果第③步测量电压异常，将钥匙开关从关闭到打开，测量 ECU 126 号针脚和 134 号针脚之间的电压，标准值为 5V 左右。若电压异常，更换 ECU；若电压正常，检查修理线束。

7.10.1.7　P0337 曲轴位置传感器故障

曲轴位置传感器相关电路如图 7-10-7 所示。

① 启动发动机，用示波器测量 ECU 40 号针脚和 72 号针脚、73 号针脚的曲轴位置传感器波形。急速正常波形如图 7-10-8 所示。

② 关闭钥匙开关，拔下 ECU 一侧插接件，测量 ECU 40 号针脚和 41 号针脚之间的电阻。正常阻值为 (125.5±17)Ω (20℃)。

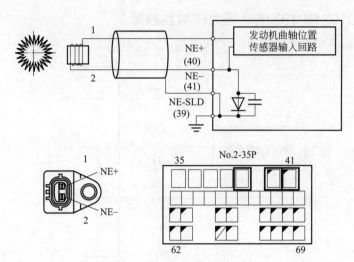

图 7-10-7 曲轴位置传感器相关电路

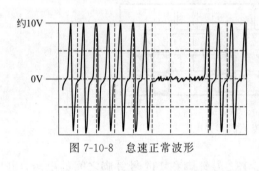

图 7-10-8 怠速正常波形

③ 如果第②步测量阻值正常，连接 ECU 插接件，清除故障代码后再次诊断是否故障代码重现，若重现，在确认不是插接件及线束开路或短路的问题后，更换 ECU。

④ 如果第②步测量阻值异常，拔下曲轴位置传感器插接件，测量传感器一侧两个针脚之间的电阻。正常阻值为 $(125.5＋17)\Omega$（20℃）。如阻值异常，更换传感器；如阻值正常，检查修理线束及插接件。

7.10.1.8　P0342 凸轮轴位置传感器故障

凸轮轴位置传感器相关电路如图 7-10-9 所示。

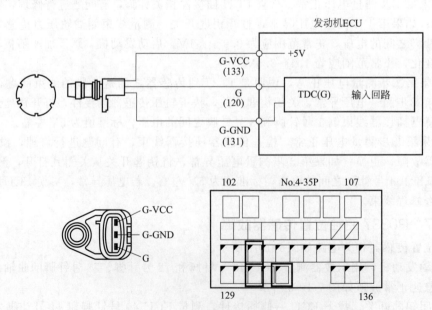

图 7-10-9 凸轮轴位置传感器相关电路

① 启动发动机，用示波器测量 ECU 120 号针脚和 131 号针脚的凸轮轴位置传感器波形。怠速正常波形如图 7-10-10 所示。

② 关闭钥匙开关，拔下凸轮轴位置传感器插接件，打开钥匙开关，测量传感器线束侧 VCC 和 GND 两针脚之间的电压，标准值为 5V 左右。

③ 如果第②步测量电压正常，检查传感器线束插接件是否接触不良，有则修理，没有则检查传感器 G 针脚与 ECU 之间是否存在开路或短路情况，有则修理，没有就是传感器故障，更换油泵。

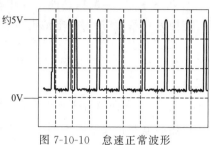

图 7-10-10　怠速正常波形

④ 如果第②步测量电压异常，关闭钥匙开关，拔下 ECU 相关插接件，打开钥匙开关，测量 ECU 131 号针脚和 133 号针脚之间的电压，标准值为 5V 左右。如果电压异常，更换 ECU。如果电压正常，检查 ECU 插接件是否存在接触不良的情况，有则修理，没有则检查 131 号针脚和 133 号针脚相关的线束是否存在开路或短路情况，并进行修理。如果上述检查依然正常，可能是外部环境干扰所致。

7.10.1.9　P0704 离合器开关异常

离合器开关相关电路如图 7-10-11 所示。

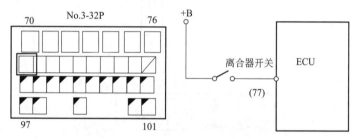

图 7-10-11　离合器开关相关电路

① 拆下 ECU 一侧插接件，打开点火开关，测量线束一侧 ECU 77 号针脚的电压。标准值：不踩离合器为 0V；踩离合器为蓄电池电压。

② 如果电压异常，检查离合器开关及相关线束并修理；如果电压正常，检查 ECU 插接件是否接触良好，如果是接触问题进行相关修理，如果接触没有问题，就是 ECU 故障，更换 ECU。

7.10.1.10　P0850 空挡开关异常

空挡开关相关电路如图 7-10-12 所示。

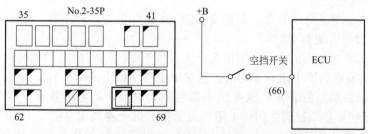

图 7-10-12　空挡开关相关电路

① 拆下 ECU 一侧插接件，打开点火开关，测量线束一侧 ECU 66 号针脚的电压，标准值：挂挡为 0V；空挡为蓄电池电压。

② 如果电压异常，检查空挡开关及相关线束并修理；如果电压正常，检查 ECU 插接件是否接触良好，如果是接触问题进行相关修理，如果接触没有问题，就是 ECU 故障，更换 ECU。

7.10.1.11　P0541/P0542 预热继电器故障

预热继电器相关电路如图 7-10-13 所示。

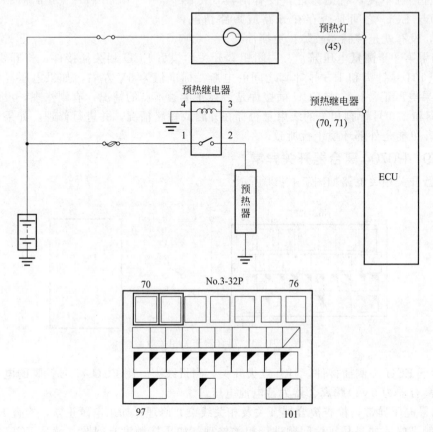

图 7-10-13　预热继电器相关电路

① 钥匙开关从关闭到打开，测量 ECU 70 号、71 号两针脚与接地之间的电压。标准值：OFF→ON 时为蓄电池电压；打开后一定时间内蓄电池电压为 0V。注意如果冷却液温度高，有可能测不出蓄电池电压。

② 如果第①步测量电压异常，先检查 ECU 插接件是否接触不良，若是修理，若不是，就是 ECU 本身故障，更换 ECU。

③ 若第①步测量电压正常，关闭钥匙开关，拔下 ECU 插接件，测量插接件一侧 70 号、71 号两针脚与接地之间的电阻。正常值：预热继电器线圈电阻+1.5Ω。

④ 若第③步测量阻值正常，说明预热器故障，更换；若阻值异常，拆下预热继电器，测量继电器 3 号和 4 号两针脚之间的电阻。正常值：继电器线圈电阻。

⑤ 若第④步测量电阻值正常，就是 ECU 与继电器之间的线束故障或继电器插接件故障，进行相关检查修理；若阻值异常，就是预热继电器故障，予以更换。

7.10.1.12 P1681/P1682 排气制动继电器故障

排气制动继电器相关电路如图 7-10-14 所示。

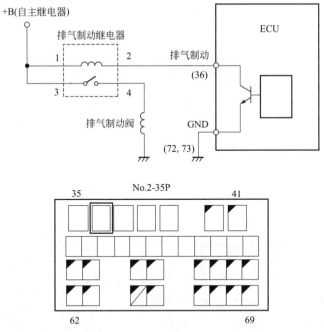

图 7-10-14 排气制动继电器相关电路

① 通过主动测试，使用排气制动开关，测量 ECU 36 号针脚与接地之间的电压。标准值：OFF 时为蓄电池电压；ON 时为 0V。

② 若第①步测量电压一直是蓄电池电压，检查 ECU 插接件接触是否良好或 36 号针脚到继电器 2 号针脚的导线是否常电短路，并修理，若两种情况都没有，说明是 ECU 故障，更换。

③ 如果第①步测量电压一直是 0V，拔下 ECU 插接件，测量插接件一侧 36 号针脚与接地之间的电压，正常值为蓄电池电压。

④ 如果第③步测量电压正常，说明是 ECU 故障，更换；如果电压异常，ECU 插接件不要装，再测量排气制动继电器 1 号针脚的电压，正常值为蓄电池电压。

⑤ 若第④步测量电压正常，说明是排气制动继电器的故障，更换；若电压异常，说明是排气制动继电器 1 号针脚与主继电器之间的线束或插接件故障，检查并修理。

⑥ 通过主动测试，使用排气制动开关，测量排气制动继电器 4 号针脚与接地之间的电压。正常值：OFF 时为 0V；ON 时为蓄电池电压。

⑦ 若第⑥步测量电压正常，检查排气制动阀和线束并修理；若电压异常，拆下排气制动继电器，测量继电器 1 号针脚与 2 号针脚以及 3 号针脚与 4 号针脚之间的电阻。正常值：1 号与 2 号间为线圈电阻值。3 号与 4 号间为无穷大。

⑧ 若第⑦步测量阻值正常，说明是排气制动继电器 3 号针脚与主继电器之间的线束故障，检查并修理；若阻值异常，说明是排气制动继电器故障，更换。

7.10.1.13 P0628/P0629 PCV1 电路故障、P2633/P2634 PCV2 电路故障

PCV1 相关电路如图 7-10-15 所示。

① 关闭钥匙开关，拔下 ECU 插接件，打开钥匙开关，测量 ECU 152 号针脚、153 号针

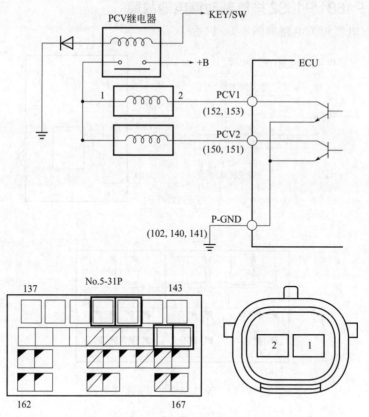

图 7-10-15 PCV1 相关电路

脚和 140 号针脚、141 号针脚之间的电压。正常值高于 19V。

② 若第①步测量电压正常,关闭钥匙开关,装上 ECU 插接件后打开钥匙开关,清除过去的故障代码,重新读取,若无故障代码,说明正常;若依然有故障代码,说明是 ECU 故障,更换。

③ 若第①步测量电压异常,关闭钥匙开关,拔下 PCV1 插接件,测量 PCV1 1 号针脚与 2 号针脚之间的电阻。正常值:3~3.5Ω。

④ 如果第③步测量电阻异常,说明是 PCV1 故障,更换油泵;如果电阻正常,打开钥匙开关,不要插上 PCV1 插接件,测量 PCV1 插接件 1 号针脚与接地之间的电压。正常值高于 19V。

⑤ 如果第④步测量电压正常,说明是 PCV1 的 2 号针脚与 ECU 152 号、153 号针脚之间的线束故障或者 ECU 插接件接触不良,进行检查并修理。

⑥ 如果第④步测量电压异常,关闭钥匙开关,拆下 PCV 继电器,打开钥匙开关,测量 PCV 继电器插接件蓄电池、点火开关一侧端子的电压。正常值应高于 19V。

⑦ 若第⑥步测量电压异常,说明是点火开关/主继电器与 PCV 继电器之间的线路故障,检查并维修;若电压正常,检查 PCV 继电器的接地是否正常,若接地异常修理,若接地正常,关闭钥匙开关,装上 PCV 继电器,打开钥匙开关,测量 PCV 继电器 PCV1 侧针脚的电压。正常值应高于 19V。

⑧ 若第⑦步测量电压正常,检查修理 PCV 继电器和 PCV1 之间的线路;若电压异常,说明是 PCV 继电器故障,更换。

PCV2 电路故障与 PCV1 电路故障检查方法相同。

7.10.1.14 P0201~P0206 喷油器线束开路

喷油器相关电路如图 7-10-16 所示。

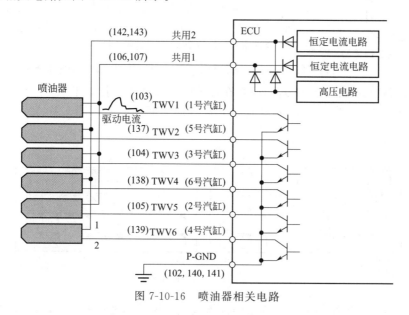

图 7-10-16 喷油器相关电路

① 关闭钥匙开关，拔下 ECU 一侧的插接件，测量线束侧各针脚之间的电阻（表 7-10-1）。正常值应低于 1.5Ω。

表 7-10-1 线束侧测量电阻的针脚

故障代码	故障部位（发动机汽缸/TWV）	测量电阻的针脚
P0201	1 号汽缸/TWV1	106,7↔103
P0202	2 号汽缸/TWV5	106,7↔105
P0203	3 号汽缸/TWV3	106,7↔104
P0204	4 号汽缸/TWV6	142,3↔139
P0205	5 号汽缸/TWV2	142,3↔137
P0206	6 号汽缸/TWV4	142,3↔138

② 若第①步测量电阻正常，装上 ECU 插接件，启动发动机，清除过去的故障代码，再次读取故障代码，若无故障代码，说明系统正常；若故障代码依然存在，关闭钥匙开关，检查喷油器线束（103~107、137~139、142、143）插接件、ECU 针脚是否存在变形、接触不良的情况，有则修理。如没有，检查喷油器接地（102、140、141）线束、连接器（图 7-10-17）。

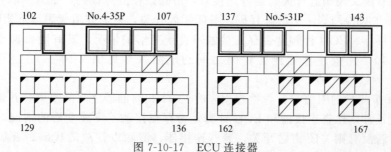

图 7-10-17 ECU 连接器

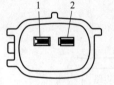

图 7-10-18　喷油器插接件

③ 拆下故障代码所表示的汽缸喷油器插接件，测量喷油器 1 号针脚和 2 号针脚之间的电阻（图 7-10-18）。正常值应在 0.35～0.5Ω 之间。如果阻值正常，说明是连接器接触不良或线束的问题，检查并修理；如果阻值异常，说明是喷油器的故障，更换喷油器。注意更换后需将新喷油器的 QR 码写入 ECU。

7.10.1.15　P2146/P2149 喷油器驱动回路开路

① 故障代码 P2146、P2149 若同时存在，关闭钥匙开关，拔下 ECU 4 号、5 号连接器，测量线束侧 ECU 102、140、141 各针脚与底盘接地之间的电阻（图 7-10-19）。正常值应低于 0.5Ω。

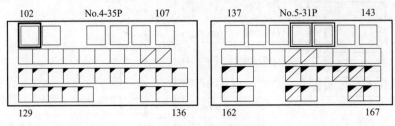

图 7-10-19　ECU 插接器

② 若第①步测量的阻值异常，检查喷油器接地线束并修理；若第①步测量的阻值正常，关闭钥匙开关，拆下 ECU 4 号、5 号连接器，检查连接器、ECU 针脚是否存在接触不良或变形的情况，若有则修理或更换，若没有，根据表 7-10-2 测量连接器侧各针脚之间的电阻（参见图 7-10-16）。正常值应在 3Ω 以下。

表 7-10-2　测量各针脚之间的电阻

故障代码		连接器	测量 ECU 针脚	
1 号共轨系统	P2146	No.4	106 107	1 号汽缸 103
				3 号汽缸 104
				2 号汽缸 105
2 号共轨系统	P2149	No.5	142 143	5 号汽缸 137
				6 号汽缸 138
				4 号汽缸 139

③ 若第②步测量的阻值异常，检查相应的 ECU 和喷油器之间的线束，并修理；若第②步测量的阻值正常，检查连接器和 ECU 针脚是否存在接触不良或变形的情况，若有则修理或更换，若没有则关闭钥匙开关，装好连接器，清除以往故障代码，重新读取并确认故障。

④ 若第①步只检测到一个故障代码，关闭钥匙开关，根据故障代码拆下相应的 ECU 连接器，检查连接器、ECU 针脚是否存在接触不良或变形的情况，若有则修理或更换，若没有，根据表 7-10-2 测量连接器侧各针脚之间的电阻（参见图 7-10-16）。正常值应在 3Ω 以下。

⑤ 若第④步测量的阻值异常，检查相应的 ECU 和喷油器之间的线束，并修理；若第④步测量的阻值正常，检查连接器和 ECU 针脚是否存在接触不良或变形的情况，若有则进行修理或更换，若没有则关闭钥匙开关，装好连接器，清除以往故障代码，重新读取并确认故障。

7.10.1.16 P2147/P2150 喷油器驱动回路接地短路、P2148/P2151 喷油器驱动回路电源短路

① 故障代码 P2147、P2150 或 P2148、P2151 若同时存在,关闭钥匙开关,拔下 ECU 4 号、5 号连接器,测量线束侧 ECU 102、140、141 各针脚与底盘接地之间的电阻。正常值应低于 1.5Ω。

② 若第①步测量的阻值异常,检查喷油器接地线束并修理;若第①步测量的阻值正常,关闭钥匙开关,拆下 ECU 4 号、5 号连接器,检查连接器、ECU 针脚是否存在接触不良或变形的情况,若有则修理或更换,若没有,根据表 7-10-3 测量 ECU 各公共端与喷油器接地端之间的电压。正常值为蓄电池电压的 1/2+3V。

表 7-10-3 测量各针脚之间的电压

故障代码	连接器	测量 ECU 针脚	
		+侧	-侧
1号共轨系统	P2147 P2150	No.4	106 107	102 140 141
2号共轨系统	P2148 P2151	No.5	142 143	

③ 若第②步测量的电压正常,关闭钥匙开关,装好连接器,清除以往故障代码,重新读取并确认故障,没有故障代码说明正常,若故障代码依然存在,说明是 ECU 故障,更换;若第②步测量的电压异常,关闭钥匙开关,拆下连接器,打开钥匙开关,根据表 7-10-4 测量 ECU 各公共端与喷油器接地端之间的电压。正常值为蓄电池电压的 1/2+3V。

表 7-10-4 测量各针脚之间的电压

故障代码		测量针脚	
		ECU 侧(+侧)	线束侧(-侧)
1号共轨系统	P2147 P2150	4号连接器 106、107	5号连接器 142、143
2号共轨系统	P2148 P2151	5号连接器 140、141	4号连接器 102

④ 若第③步测量的电压异常,说明是 ECU 故障,更换;若第③步测量的电压正常,根据表 7-10-5 确认电源线一侧至接地点短路的原因(故障部位),进行修理。

表 7-10-5 测量各针脚之间的电阻

故障代码	系统	相关的 ECU 针脚	短路一侧
P2147	1号共轨系统	106 或 107 (103、104、105 同时)	接地
P2148	2号共轨系统	142 或 143 (137、138、139 同时)	电源
P2150	1号共轨系统	106 或 107 (103、104、105 同时)	接地
P2151	2号共轨系统	142 或 143 (137、138、139 同时)	电源

注意，若故障代码为 P2147、P2150 时，需检查喷油器本体的绝缘状态，测量喷油器针脚与接地之间的电阻，正常值应在 10MΩ 以上。若阻值异常，更换喷油器；若阻值正常，再查明其他原因。若第①步检测到的故障代码只有一组中一个，则参照第②步起向下检查。

7.10.1.17　P0562/P0563 蓄电池电压异常

相关电路如图 7-10-20 所示。

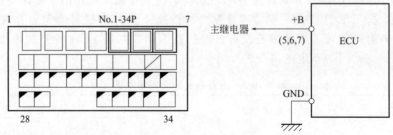

图 7-10-20　相关电路

① 测量蓄电池正、负极两端的电压，正常值应在 24V 左右，若低于 20V，给蓄电池充电；若蓄电池电压正常，启动发动机，测量 ECU 5 号、6 号、7 号针脚与 72 号、73 号针脚之间的电压。正常值高于 20V，启动后低于 32V。

② 若第①步启动后测量的电压正常，检查线束连接器、ECU 针脚是否存在接触不良或变形等情况，若有则修理或更换，若没有说明是 ECU 故障，更换。

③ 若第①步启动后测量的电压异常，测量 ECU 72 号、73 号针脚与底盘接地之间的电压，并改变工况，在不同工况下多次测量。正常值应经常低于 0.5V。若电压正常，检查充电系统、蓄电池和电线是否良好，并再次检测确认故障代码；若电压异常，检查 ECU 72 号、73 号针脚与底盘接地之间的线束并修理。

7.10.2　无故障码

7.10.2.1　启动困难

案例 1

故障症状

起动机和发动机均有正常启动转速但不着火，有时经过多次长时间启动方可着火，无故障代码。

故障分析排除

（1）检查油路

无故障代码一般首先考虑是机械故障，针对启动困难，首先想到的应该是油路，如果燃油管路进空气，会造成启动困难。共轨系统油路排空气相对困难一些，因为手油泵排空能力很小，需要很长的时间，而且费力，往往感觉到空气排干净了，实际还是没有彻底排干净。可以试着松开油泵回油螺栓来排空气，必要时可松开高压油管，利用起动机带动发动机空转来排空气，这样会快得多，但此时要注意燃油不要弄湿各线束插接件。如果确定没有空气，那么就要考虑是不是燃油管路有堵塞的情况，最好从油箱、进油管、油水分离器、输油泵、柴油滤清器、高压油泵、高压油管、喷油器、回油管一路细细检查，有堵塞情况排除堵塞。另外，如果进油软管或回油软管内径太细太长导致进、回油不畅，比较严重时也会使发动机启动困难或无法启动，此时需要更换符合要求的进、回油管，内径最好在 12mm 以上。如果确认没有堵塞，那么再检查整个油路是否有泄漏。例如 6DL1 国Ⅲ机横腔与喷油器之间比较容易产生泄漏。油路有泄漏会导致轨压难以建立，从而无法着车，可以检查泄漏情况，尤其是喷油器横腔，确认是安装问题还是磨损问题造成的，然后再进行相关处理。如果前面的情况都正常，在保证了燃油品质的前提下，油路的问题基本可以排除。

（2）检查电路

首先检查 ECU 是否有电，另外注意电装系统的油泵有两个 PCV 阀，这两个阀如果位置插反了，也启动不了，而且不报故障代码，首先辨认一下插线上的标记，有标记的靠飞轮壳面，如果标记已经脱落，就将两个插头换一下再试试看，能启动说明就是 PCV 阀插反造成的。

（3）检查油泵安装角度

如果依然无法排除故障，那么就考虑是否供油时间有问题，检查油泵的安装角度或检查飞轮是否为原装。

案例 2

故障症状

起动机和发动机均有正常启动转速，但不着火。

故障分析排除

从机械方面检查均正常，用诊断仪诊断发现有水温传感器、轨压传感器、加速踏板位置传感器等一些故障显示，清除故障代码后，发动机顺利启动。这种情况估计是维修或操作人员对电控系统的插接件进行了带电插拔的操作，这样系统会产生故障代码存储在 ECU 中，系统起保护作用会限制一些功能甚至无法启动。

案例 3

故障症状

起动机和发动机均有正常启动转速，但不着火，用诊断仪检测会有 NE（曲轴位置）传感器和 G（凸轮轴位置）传感器同时存在故障的显示。

故障分析排除

这种情况一般出现得不多。NE 传感器和 G 传感器只要有一个是好的，基本还能启动，同时故障肯定无法启动，应更换传感器。

7.10.2.2 功率不足

案例 1

故障症状

高速上不去，排气管冒黑烟或篮烟。

故障分析排除

车辆在低速状态下一般无明显症状，高速时加速踏板踩到底，发动机转速达不到最高转速，如果是堵塞且严重的情况，高速时排气管会产生大量蓝色或黑色浓烟。车载故障灯低速时不亮，高速时会开始闪，用诊断仪检测有"进气压力传感器电压过低"的故障显示，检查传感器和线束均正常。根据低速无码而高速有码，判断线束、传感器的故障可能性不大。经过仔细检查发现进气管内有一个橡胶塞，取出后再试，故障排除。

案例 2

故障症状

发动机抖动，声音异常，加速无力，排气管冒黑烟。

故障分析排除

一般声音异常或有抖动的情况，首先考虑是否个别缸喷油器不工作或工作不良。可以先通过断缸试验，判别出不好的缸，然后检查是喷油器还是线束或油管的问题，如果是喷油器线束接触不良或断路引起，用诊断仪检测会有"TWV 输出断路"的故障显示，待确定问题后再处理。

案例 3

故障症状

发动机转速达到 1100r/min 以上开始间歇发耸。

故障分析排除

此故障经诊断仪检测有"水温传感器电压过高和过低"的故障代码。检查冷却液温度传感器，发现塑料体断裂导致接触不良，传感器信号时有时无，这样就使燃油系统的供油不稳定，且发动机转速上不去，最多只能到 1700r/min。更换了冷却液温度传感器，故障排除。

7.10.2.3 加速失效

案例 1

故障症状

博世共轨系统发动机启动后，加油使发动机转速到 1000r/min，故障灯亮，再给油无反应。

故障分析排除

测量加速踏板位置传感器六根接线之间电压，发现 1 号电源线与 1 号信号线之间没有电压，其余均有正常电压，说明 1 号信号线的电没有供回到 ECU，检查 1 号信号线线束，没有断线，检查 ECU 79 号针脚，也没有损坏，更换加速踏板也无效。考虑问题可能出现在 ECU 插接件上，经检查果然发现 79 号针脚插孔里布满填充乳胶，清理并更换插接件后故障排除。

案例 2

故障症状

电装系统发动机启动后，转速一直处于怠速，故障灯亮，踩加速踏板无反应。

故障分析排除

测量加速踏板位置传感器六根接线之间电压，发现 1 号与 2 号电源线有电压，但 1 号与 2 号信号线均没有电压，说明 1 号与 2 号信号线的电都没有供回到 ECU，检查接插件也没有异常，于是考虑可能是加速踏板位置传感器本身的故障，更换加速踏板，故障排除。

第8章 锡柴国Ⅳ电控柴油机

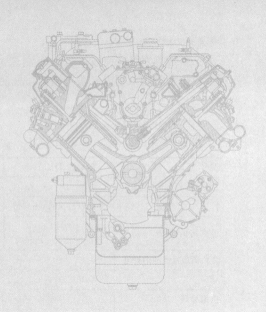

8.1 国Ⅳ电控柴油机简介

8.1.1 国Ⅳ电控柴油机的性能特点

（1）4DLD-E4R 发动机介绍

CA4DLD 系列柴油机是为适应中型客车领域的国Ⅳ、国Ⅴ排放标准而开发的新一代奥威系列平台产品，该平台产品还可适应高爆发压力、VGT 增压等深度开发的需要（图 8-1-1）。产品特点如下。

图 8-1-1　4DLD-E4R 发动机

① 成熟的四气门技术，进、排气效率高，经济性卓越。
② 柴油机强化程度高，B10 寿命可达 800000 公里。

③ 成熟的 EGR 技术，整车制造成本低。
④ 独特的双层汽缸盖罩结构，方便客车维修。

（2）主要性能参数

主要性能参数见表 8-1-1。

表 8-1-1　主要性能参数

型号	CA4DLD-13E4R	CA4DLD-14E4R	CA4DLD-15E4R	CA4DLD-17E4R
总排量/每缸气门数	4.4L/4			
标定功率/转速	96kW(2500r/min 时)	103kW(2500r/min 时)	110kW(2500r/min 时)	125kW(2500r/min 时)
最大转矩/转速	450N·m (1300～1700r/min 时)	450N·m (1300～1700r/min 时)	530N·m (1300～1700r/min 时)	600N·m (1300～1700r/min 时)
全负荷最低燃油消耗率	198g/(kW·h)			
噪声	≤94dB(A)			
技术路线	EGR			
长×宽×高	995mm×780mm×960mm			

（3）4DLD-E4R 发动机外形结构

4DLD-E4R 发动机外形结构如图 8-1-2 所示。

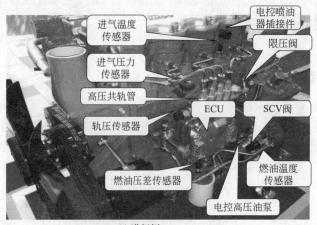

(a) 进气侧

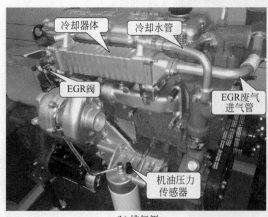

(b) 排气侧

(c) 前、后侧

图 8-1-2　4DLD-E4R 发动机外形结构

8.1.2 实现国Ⅳ的技术措施

(1) SCR

技术方面：欧Ⅲ标准的发动机设计；需要高压燃油喷射系统；需要尿素计量系统。

实用方面：需要添加尿素基础设施；不需要很高的燃油质量；相对于欧Ⅲ，燃油消耗有所改进；SCR耐久性通常较好；SCR集成在消声器中。

(2) EGR

技术方面：新发动机设计/EGR系统；需要增加冷却系统容量；需要高压燃油喷射系统（180MPa）；需要额外的进气量计量系统；需要适应高原性的开发。

实用方面：需要低含硫量的燃油（硫会腐蚀EGR冷却系统并使DPF催化器再生的活性降低）；要考虑发动机和DPF系统的可靠性；燃油消耗量增加；DPF集成在消声器中/阶段性的清除积尘。

8.2 SCR系统技术解析

8.2.1 SCR系统背景

目前所用SCR系统主要是博世系统的EDC17和DeNOx2.2。EDC17的燃油系统ECU和后处理DCU集成在一个ECU内，主要用于L30、640、68F、440、L50、591、M10、833等平台。DeNOx2.2是燃油系统用电装的ECU，主要用于682、730等平台。

SCR系统主要部件包括尿素箱（带尿素液位温度传感器）、尿素泵、尿素喷嘴、上游温度传感器、环境温度传感器、NOx传感器、ECU（或DCU）及相应的管路和线束等。

发动机启动后，若发动机无故障，在排气温度达到180℃后，SCR系统开始建压，若压力可以保持在0.9MPa，尿素系统开始喷射，具体喷射量由标定的工况点决定。NOx传感器在发动机启动后，若无故障，在排气温度达到150℃开始加热，加热10min后开始监测排气中的NOx含量。

8.2.2 SCR系统结构

(1) DCU

DCU控制整个后处理系统的工作，包括传感器信号的处理，尿素喷射量的计算和各种执行器的控制。DCU通过CAN总线与发动机ECU通信，获得发动机的运行参数，再加上催化器温度信号，计算出尿素喷射量，控制喷嘴喷射适量的尿素到排气管内。喷嘴安装在排气管上，喷嘴的作用是按照DCU的命令，计量并喷射尿素到发动机排气管内。

(2) 尿素箱

尿素箱用于盛装尿素（尿素水溶液），整车厂可根据整车使用要求选择合适的尿素箱，尿素箱材料为不锈钢或中密度聚乙烯。顶部装有尿素液位温度传感器。尿素箱应带通气阀以平衡内外气体压力。可根据整车使用环境温度要求选择不同的尿素液位温度传感器，建议安装在油箱同侧，以方便添加尿素（图8-2-1、图8-2-2）。

(3) 后处理器

后处理器上带排气温度传感器及NOx传感器安装孔，排气温度传感器及NOx传感器可直接安装。后处理器带消声器，因此整车厂不需要另外加装消声器。后处理器在整车上可像传统消声器那样用钢带固定，但必须可靠限位，防止窜动（图8-2-3、图8-2-4）。

图 8-2-1　尿素箱
1—尿素液位温度传感器；2—空气换气阀；3—罐体；4—放水螺塞；5—密封垫；6—加尿素口；7—密封垫；8—添加尿素口；9—尿素箱盖

图 8-2-2　尿素箱安装位置

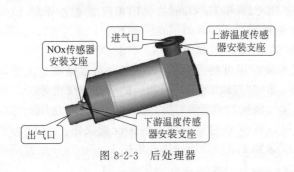

图 8-2-3　后处理器

图 8-2-4　后处理器与排气管的连接
1—后处理器；2—后处理器进气口法兰；3—尿素喷嘴安装法兰；4—柴油机排气管；5—排气管与增压器连接法兰

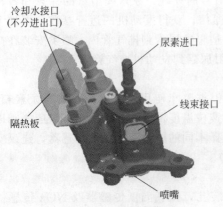

图 8-2-5　尿素喷嘴

（4）尿素喷嘴

尿素喷嘴安装在柴油机排气总管上，尿素喷嘴靠一路柴油机冷却水循环冷却（图8-2-5、图8-2-6）。

喷嘴在排气弯管处布置较好，并尽量靠近排气管，但必须保证喷嘴的使用温度限制。喷嘴的工作环境温度最大为120℃。

尿素以管路轴线方向喷入排气管，或与轴线有一个很小的倾角。推荐喷射方向与排气管轴线成3°～5°夹角，以补偿废气流向引起的喷射反弹作用。

喷嘴的位置必须保证较好的喷射均匀性，同时在催化器前段必须保证有长度大于400mm的排气管路，以便于尿素与废气混合。

在喷射区域内的排气管内壁应光滑规则。喷嘴支座的焊接必须保证排气管内部不可有尖角、焊缝等。

因为尿素对普通钢材有一定的腐蚀性，所以喷嘴安装位置上游 200mm 到消声器的管路要使用不锈钢材料，推荐使用 304 或 439。

(5) NOx 传感器

NOx 传感器总成包括 NOx 传感器及 NOx 传感器控制器两部分，如图 8-2-7 所示，线缆长度约 700mm。NOx 传感器使用螺柱直接安装在排气管支座上。NOx 传感器控制器需要使用 2 个 φ8mm 的螺栓将其固定在整车上。

图 8-2-6　尿素喷嘴安装位置

图 8-2-7　NOx 传感器总成

NOx 传感器控制器的安装要求：防水防尘，且应避开整车蓄电池，以防止干扰；不能带电焊接，不要用手触摸其插接件，防止有静电，防止其内部元件损坏。

(6) 排气温度传感器

排气温度传感器的测温部分是铠装的 PT200 的薄膜铂热电阻元件。排气温度传感器检测进入催化器的排气温度。

(7) 尿素泵

尿素泵是尿素喷射系统的动力元件。柴油机正常工作时，尿素泵把尿素从尿素箱中吸出，保持稳定的尿素压力（0.9MPa）。当柴油机停止，不需使用尿素时，尿素泵可把尿素管以及喷嘴中的尿素回抽至尿素箱中，清空尿素管，防止尿素在喷嘴和尿素管中冻结。在车辆上安装尿素泵一般不需要专门的保护。建议安装在雨水飞溅和污泥较少的位置，以防插接件的意外损坏。如果存在其他部件或意外碰撞的可能，需使用防护罩。尿素泵布置时，应考虑预留尿素泵主滤清器的更换空间。顶上预留 200mm 尿素管布置空间（图 8-2-8）。

图 8-2-8　尿素泵

由于尿素在-11℃会冻结，为保证SCR系统在寒冷天气中也能正常工作，需要对尿素管、尿素箱进行解冻和加热，目前有水加热和电加热两种加热方式。尿素泵由于内置电加热装置，尿素泵会自动处理内部的冻结和低温加热问题。

水加热管路如图8-2-9所示。加热尿素管的取水口在机油冷却器，水路走向一般是：机油冷却器→水加热电磁阀→尿素箱→尿素进流管→尿素回流管→尿素压力管→节温器座。对于尿素进流管、尿素回流管、尿素压力管的先后顺序没有特殊要求，一般整车厂怎么方便怎么布置。冷却尿素喷嘴的取水口在机油冷却器，回流口在节温器座。水加热电磁阀安装位置没有特殊要求，可布置在冷却液管路中易于安装的地方。阀体上标有流动方向，需注意安装方向。要求电磁阀朝上（图8-2-10、图8-2-11）。

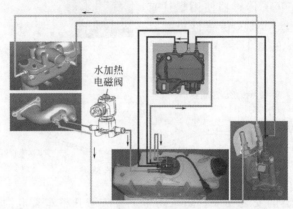

图 8-2-9　水加热管路

图 8-2-10　水加热电磁阀安装方向

电加热只是将尿素进流管、尿素回流管、尿素压力管采用电加热方式，其余的管路走向与水加热一样。加热继电器由一个主继电器和四个控制继电器组成。当环境温度低于0℃时，系统进行加热，继电器按一定周期开-合工作，加热周期最长为60s。

在卡车或客车上，每个部件的具体安装位置可在遵循其安装要求的前提下根据情况灵活布置。为了利于在柴油机停机后的尿素回流并防止因虹吸而造成尿素滞留于喷嘴处，尿素液力系统部件最佳布置方案是由高到低分别为尿素喷嘴、尿素泵、尿素箱。尿素管尿素管必须每隔200mm有一个固定绑扎点，并牢固绑扎在整车车架上进行支撑，否则管路的振动与自重会导致喷嘴或泵的接头断裂，后果会比较严重。

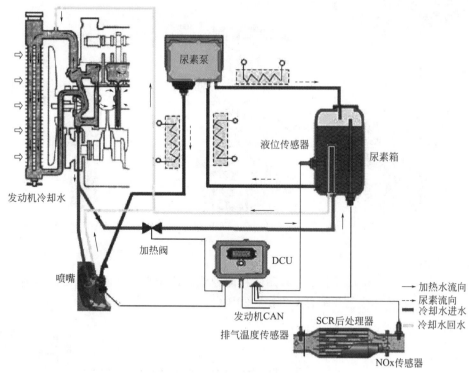

图 8-2-11 水加热系统

8.3 EGR 系统技术解析

8.3.1 EGR 系统背景

目前 EGR 系统采用电装系统的 C31，主要机型为 C10、L10、681 等。ECU 安装在发动机上。

EGR 系统主要包括节气门、EGR 阀、MAF 传感器、DPS 传感器以及相关的管路和后处理器（POC）等。

8.3.2 EGR 系统结构

(1) 节气门

节气门是 EGR 柴油机的重要部件，它是一个内部带闭环控制的智能执行碟阀，用来调节节气门开度（图 8-3-1）。

在不通电和故障状态，节气门处于全开状态。

(2) EGR 阀

EGR 阀装在 EGR 冷却器下游，EGR 阀通过 CAN 总线与 ECU 连接。EGR 阀采用双提升阀的结构，可以满足大废气流量与大废气压差的运行工况（图 8-3-2）。

(3) MAF 传感器

MAF 传感器（图 8-3-3）为热线式，必须装在空气滤清器和增压器之前的管路中，应垂直向下安装。

图 8-3-1　节气门　　　　图 8-3-2　EGR 阀　　　　图 8-3-3　MAF 传感器

（4）DPS 传感器

DPS 传感器（图 8-3-4、图 8-3-5）用于检测颗粒后处理器（POC）两端的压差。传感器的压差端口必须向下与垂直方向的夹角在 ±20°内。

 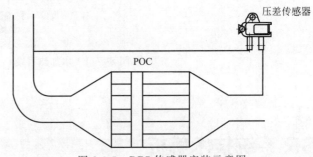

图 8-3-4　DPS 传感器　　　　图 8-3-5　DPS 传感器安装示意图

（5）后处理器

EGR 系统所采用的后处理器（图 8-3-6）是颗粒后处理器（POC）。后处理器壳体为保护件，同时起到正确引导气流，消除柴油机排气噪声的作用。POC 后处理器壳体需耐酸腐蚀，封装壳体材料为 304 不锈钢。POC 载体总成含有铂以及其他化学试剂成分，不可用手直接接触后处理器载体，若接触，需立即洗手。

图 8-3-6　后处理器

1—POC 进气口及进气法兰；2—进气腔与催化腔连接卡箍；3—催化腔；4—消声腔；5—出气管

8.4 后处理 OBD 系统

8.4.1 OBD 故障灯激活

OBD 系统是排放控制用车载诊断系统,它具有识别可能导致排放超标的故障区域的功能,并以故障代码的方式将该信息存储在电控单元内,同时点亮故障指示灯(MIL 灯)。

当故障导致排放明显恶化时,激活发动机减转矩功能,避免排放进一步恶化,提醒驾驶员尽早进行维修。

当 NOx 排放量超过 $5g/(kW \cdot h)$ 时,激活故障指示灯;当 NOx 排放量超过 $7g/(kW \cdot h)$,激活故障指示灯,同时转矩限制器起作用,转矩限制到 60%。

对于一般故障,故障出现后故障灯立即点亮,故障修复后故障灯立即熄灭。对于 OBD 故障,故障出现后三个驾驶循环 OBD 灯点亮,故障修复后三个驾驶循环熄灭。极少数的 OBD 故障,当故障出现后 OBD 灯会立即点亮,但是故障修复后需要三个驾驶循环才会熄灭。因此,当某个后处理零部件损坏,修好后 OBD 灯和 MIL 灯并不会立即熄灭,而是需要三个驾驶循环才会熄灭。这一点与国Ⅲ柴油机不一样。

后处理系统缺少反应剂激活故障指示器时,在反应剂储存罐加满后,故障指示器会立即恢复到激活之前的状态。

故障代码的清除:非不可删除代码,经过连续 40 个暖机循环或 100 个发动机运行小时后清除;不可删除代码,经过 9600 个发动机运行小时后清除。

名词术语:驾驶循环(DC)是汽车完成点火、运转(若车辆存在故障应能被检测到)、熄火的一个完整过程;暖机循环(WUC)是发动机冷却液温度至少上升 22℃ 且至少达到 70℃ 的驾驶循环。

8.4.2 诊断接口

标准 OBD 诊断插接件如图 8-4-1 所示。

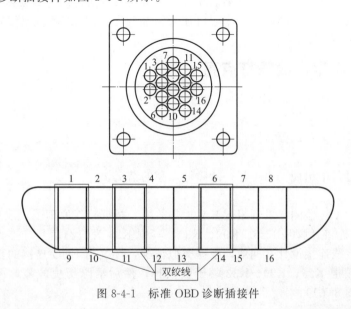

图 8-4-1 标准 OBD 诊断插接件

如连不上，把针脚 3 和 6 对调一下，针脚 11 和 14 对调一下（两组 CAN 线位置对调）；如两种情况都连不上，检查线路和诊断仪是否有问题。CAN-H 电压一般为 2.5~3.5V；CAN-L 电压一般为 1.5~2.5V。

8.5 国Ⅳ电控柴油机故障维修案例

8.5.1 整车动力下降

发动机型号：CA6DL1-26E4。
发动机控制系统：电装。
配套汽车生产厂家：厦门金龙。

故障描述
车辆在运行过程中故障灯点亮，整车动力下降。

检修方法
拆卸排气管路，发现尿素结晶点在喷嘴下方靠近排气管壁的一端。进一步观察，喷嘴的安装位置与要求不符，不在排气管路的中心轴线上，而是靠近管壁，在气流的冲击下，喷射出的尿素微滴大部分喷到排气管的管壁上，极容易在管壁上形成结晶。

将整车排气管路全部拆卸排查一遍，将堵塞的尿素结晶块全部清空，避免堵塞对整车性能及安全造成影响。

分析思路
喷嘴安装位置不规范是造成结晶的重要原因——由于尿素与水的特性不同，喷在排气管壁上的尿素水溶液，水分会迅速挥发，剩下尚未反应的尿素组分形成结晶；公交车在运行过程中，负荷、转速变化频繁，喷射出来的尿素溶液可能还未水解，发动机已运行到低速低负荷工况，排气温度降低，水解反应缓慢，引起结晶。

应重申技术协议中喷嘴安装规范，对排气管进行整改；另外，需要采集公交路谱，分析实际的排气温度及尿素喷射情况，提高启喷温度，进行有针对性的尿素喷射优化，减少在低速低负荷及非排放区的尿素喷射量，来缓解尿素结晶问题；对 ECU 供电线路也需检查，防止停车时尿素管没有清空。

8.5.2 动力不足，故障灯点亮

发动机型号：CA6DLD-20E4。
发动机控制系统：博世。
配套汽车生产厂家：江苏常隆。

故障描述
车辆在运行过程中出现动力不足，故障灯点亮的情况。

检修方法
故障车连上 INCA 监测，发现报尿素泵加热故障。根据接线原理图，涉及尿素泵加热的继电器与 ECU 的连接针脚是 K25、K90、K33，其中 K33 为检测信号。排查三个针脚的连线，发现外在的接线连接没什么问题，根据类似情况，怀疑与 ECU 连接的整车插接件针脚做得不合格，直接把 K25、K90、K33 端子更换掉，然后清除历史故障，再次检测，无故障；问题解决（图 8-5-1）。

 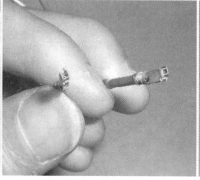 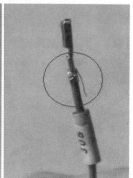

图 8-5-1　故障位置

分析思路

车辆报尿素泵加热故障的情况比较多，主要是 ECU 的整车接口 94 针插接件中的尿素泵加热继电器针脚线束错误或者质量把控不严格，针脚铜丝毛刺多。基本上都是 K25、K90、K33、K94、K90 与其周围相邻针脚发生接触造成故障。该故障会限制转矩，造成动力不足。

8.5.3　整车线束中与 ECU 供电的线路设计不合理

发动机型号：CA6DLD-20E4。

发动机控制系统：博世。

配套汽车生产厂家：江苏常隆。

故障描述

整车线束中与 ECU 供电的线路设计不合理。

检修方法

检查整车电源线路布置。ECU 的电源线（正、负极）不是直接连接蓄电池，而是受总开关控制。修改接线方式，使 ECU 供电线路与蓄电池直接相连。

分析思路

影响 ECU 的后处理功能，特别是尿素泵的倒抽。正常情况下，当发动机熄火后，即钥匙开关断开后，ECU 没有立即断电，而是运行 afterrun 功能，ECU 开始保存数据，当排气管路温度降到标定值（180℃）以下，尿素泵启动反抽（将尿素管路、喷嘴以及尿素泵中的尿素抽回尿素箱），尿素泵反抽会发出"嗡嗡"声，持续时间约 30s，长时间运行后的发动机从熄火到尿素泵反抽完成至少需要 5min，反抽完成后 ECU 自动掉电。按上面的接线方式，若在很短的时间内，如 30s 内就切断了总开关（ECU 受此开关控制），ECU 就会立即断电，尿素泵立即停止反抽（甚至还未启动反抽），那么尿素管、尿素泵、喷嘴等部件中的尿素在车辆停放一晚后可能会结晶，在冬天，甚至会冻裂管路和尿素泵。

正确的 ECU 供电线路应为电源正、负极直接与蓄电池相连接，中间不受任何开关控制（图 8-5-2）。

8.5.4　汽车限速，故障灯点亮

发动机型号：CA6DF4。

发动机控制系统：博世。

配套汽车生产厂家：安徽安凯、厦门金龙。

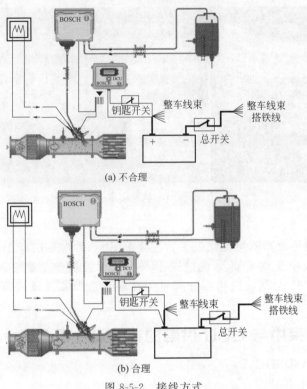

(a) 不合理

(b) 合理

图 8-5-2 接线方式

故障描述

汽车限速，故障灯亮，发动机不喷尿素（尿素长期无消耗）。

检修方法

启动发动机，用检测工具检测尿素喷射情况，发现果然不喷尿素。通过电脑数据分析显示，每次尿素泵在建立压力将要开始工作时，就突然泄压了。开始怀疑是尿素滤芯堵塞导致的，拆下尿素滤芯发现有点发黑，更换新滤芯后试车，故障依旧。更换尿素泵回流阀（图 8-5-3）再试车，故障现象消失。

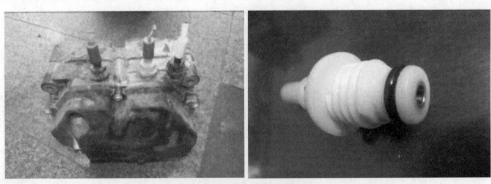

图 8-5-3 尿素泵回流阀

分析思路

每次尿素泵在建立压力将要开始工作时，就突然泄压了，这与共轨车中报 P100E 的情况比较相似。共轨中的故障现象是油轨泄压阀打开，那么尿素泵是不是也会与之类似呢？可是在尿素泵上无法直接看出各喷管及阀的好坏,但是发现尿素泵回流阀周围有明显的尿素结晶,这很像是突然泄压造成的现象。如果是因为回流阀的问题造成尿素压力突然降低,那么只要换个回流阀就可以了。在这种分析思路下,更换了尿素泵回流阀,结果故障果然排除。

8.5.5 故障灯点亮,限制转矩

发动机型号:CA4DF4-15E4-ZD10。

发动机控制系统:博世。

配套汽车生产厂家:上海申龙。

故障描述

故障灯点亮,限制转矩。

检修方法

运行半小时左右,尿素压力会突然下降,之后报故障,转矩受限,如果及时清除故障,又会重新建压,恢复正常,而后又会报出故障;清洗尿素箱,泵、喷嘴与其他车对调,没有效果。将尿素箱中过滤网拆除(试验),上述故障消除,检查发现过滤网很干净,只是里面有异物,后又拆了另外一台查看,情况类似(图8-5-4)。

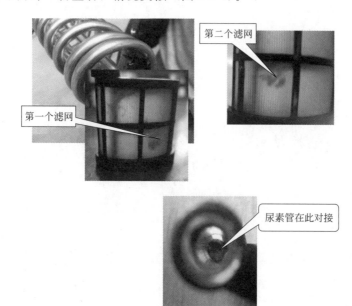

图 8-5-4 故障位置

分析思路

异物影响尿素流量导致喷射异常,影响排放。尿素管对接处为半圆形缺口,尿素从图8-5-4所示方向进入尿素管,如果此面滤网发生堵塞,尿素供给可能就会出现问题。建议将另一面缺口也打开,让尿素从另一方向也能进入尿素管。此外,过滤网中的胶很容易脱落,堵塞尿素进流口,应予以改善。

8.5.6 SCR灯闪烁,尿素指示表为零,发动机无力

发动机型号:CA6DL1-26E4-SJ10。

发动机控制系统:国Ⅳ(电装电控共轨、博世SCR后处理系统)。

配套汽车生产厂家:苏州金龙。

故障描述

车辆启动 SCR 灯（尿素故障灯）闪烁，尿素指示表为零，发动机无力。

检修方法

接诊断仪读到多个故障码：P204D（尿素压力传感器电压高于上限）、P204B（尿素压力不稳定）、U0100（报文故障）。首先检查尿素压力管、尿素喷嘴、尿素滤网，均无堵塞现象；然后更换新的尿素液位传感器，试车，尿素指示表显示仍为零，故将尿素液位传感器损坏排除；最后检查 DCU 端子至后处理器各传感器的线路，发现 DCU 至各传感器多处断路，与客户交流得知此车之前出现过交通事故，将线束损坏。更换线束，故障排除。

分析思路

此车刚检查完整车仪表，故仪表损坏的可能性排除，因此怀疑尿素液位传感器损坏或尿素液位传感器至 DCU 线路损坏，先更换尿素液位传感器试车无效果，将传感器损坏的可能性排除，然后再检查线束发现线束损坏，更换线束后故障排除。

第9章 锡柴国Ⅴ电控柴油机

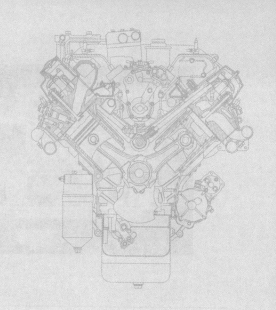

9.1 国Ⅴ电控柴油机基本参数与结构特点

9.1.1 开发背景

对于已达到国Ⅳ排放水平的柴油机来说,达到国Ⅴ排放的技术路线有两条:对于SCR发动机,增大尿素喷射量(个别需要增大后处理器体积),特点是整车基本无改动,标定工作量小;对于EGR发动机,增大POC或更换DPF,特点是整车改动较小,标定工作量大。

SCR路线发动机国Ⅴ升级方案:技术原理主要是先通过"机内净化"(提高喷射压力/优化燃烧等)把PM降到排放限值[0.02g/(kW·h)]以下,同时NOx会升高到9g/(kW·h)以内,再通过SCR降低NOx至限值[2.0g/(kW·h)]内,NOx转换效率达到80%以上。

EGR路线发动机国Ⅴ升级方案:技术原理主要是先通过"机内净化"(冷却EGR/提高喷射压力/VGT等)把NOx降到排放限值[2.0g/(kW·h)]以下,PM能控制到0.04g/(kW·h)左右,则可以使用POC把PM处理至限值内,PM不能控制在0.04g/(kW·h)或有强制限定颗粒数的,则需要使用DPF后处理器把PM或PN控制到限值内。

9.1.2 4DW 国Ⅴ产品基本参数特点

(1) 4DW 国Ⅴ产品简介

4DW国Ⅴ柴油机是在原4DW国Ⅳ柴油机的基础上,优化燃烧系统,改善后处理效率,保持良好的经济性、动力性、可靠性、市场适应性的同时,满足国Ⅴ排放要求并最大限度地降低成本,满足市场需求,各摩擦副、燃油系统、增压系统等关键零部件均采用国际一流品牌产品,可靠性达300000公里(B10寿命),是6m以下公路、旅游和城市中小型客车及皮卡、SUV、轻型载货车的理想配套动力(图9-1-1)。

(2) 4DW 国Ⅴ产品参数

4DW 国Ⅴ产品参数见表9-1-1。

 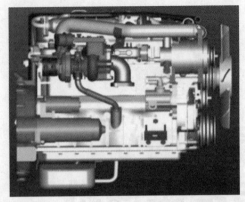

图 9-1-1　4DW 国 V 柴油机

表 9-1-1　4DW 国 V 产品参数

型号	4DW93-84E5	4DW93-78E5	4DW93-73E5	4DW93-65E5
型式	4 缸直列、直喷、增压中冷、电控共轨			
汽缸直径×活塞行程	90mm×100mm			
每缸气门数	2			
总排量	2.54L			
额定功率	64kW(3000r/min 时)	59kW(3000r/min 时)	56kW(3000r/min 时)	50kW(3000r/min 时)
净功率	62kW(3000r/min 时)	57kW(3000r/min 时)	54kW(3000r/min 时)	48kW(3000r/min 时)
最大转矩	220N·m (1900～2100r/min 时)	210N·m (1900～2100r/min 时)	200N·m (1900～2100r/min 时)	178N·m (1900～2100r/min 时)
全负荷最低燃油消耗率	≤205g/(kW·h)			
全负荷烟度	≤0.3m^{-1}			
噪声	≤95.5dB(A)			
技术路线	EGR＋ITV＋DPF			
排放指标(TAS)	国 V			
净质量	230kg(不含后处理装置)			
长×宽×高	810mm×710mm×830mm			

（3）4DW 国 V 产品技术方案

被动再生 DPF 后处理技术具有成本低、经济性好、符合法规要求等特点。4DW 柴油机采用被动再生 DPF 后处理技术，由于被动再生技术受到在部分工况下发动机排气温度不能满足后处理再生的限制，需要在进气端增加电控节气门以调节排气温度，满足排放要求（图 9-1-2）。

9.1.3　4DX 国 V 产品基本参数特点

（1）4DX 国 V 产品简介

4DX 国 V 柴油机是在原 4DX 国 Ⅳ 柴油机的基础上，优化燃烧系统，改善后处理效率，保持良好的经济性、动力性、可靠性、市场适应性的同时，满足国 V 排放要求并最大限度地降低成本，满足市场需求，各摩擦副、燃油系统、增压系统等关键零部件均采用国际一流品

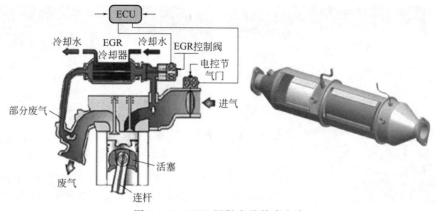

图 9-1-2　4DW 国 Ⅴ 产品技术方案

牌产品，可靠性达 300000 公里（B10 寿命），是 6～7m 公路、旅游和城市中小型客车及轻型卡车的理想配套动力。

（2）4DX 国 Ⅴ 产品参数

4DX 国 Ⅴ 产品参数见表 9-1-2。

表 9-1-2　4DX 国 Ⅴ 产品参数

型号	4DX23-120E5	4DX23-130E5	4DX23-140E5
型式	4 缸直列、直喷、增压中冷、电控共轨		
汽缸直径×活塞行程	102mm×118mm		
每缸气门数	2		
总排量	3.86L		
额定功率	90kW(2800r/min 时)	97.5kW(2800r/min 时)	105kW(2800r/min 时)
净功率	88kW(2800r/min 时)	95.5kW(2800r/min 时)	103kW(2800r/min 时)
最大转矩	380N·m (1600～2000r/min 时)	410N·m (1600～2000r/min 时)	450N·m (1600～2000r/min 时)
全负荷最低燃油消耗率	≤205g/(kW·h)		
全负荷烟度	≤0.3m^{-1}		
噪声	≤95.5dB(A)		
技术路线	SCR		
排放指标(TAS)	国 Ⅴ		
净质量	340kg(不含后处理装置)		
长×宽×高	810mm×710mm×830mm		

9.1.4　4DLD 国 Ⅴ 产品基本参数特点

（1）4DLD 国 Ⅴ 产品简介

4DLD 平台柴油机拥有完全知识产权，排放指标、排气烟度满足国 Ⅴ 具备国 Ⅵ 潜力，经济性、动力性在国内开发或引进的柴油机中处于优势，各摩擦副、燃油系统、增压系统等关键零部件均采用国际一流品牌产品，可靠性达 500000 公里（B10 寿命），是中、轻型客车、载货车及中、轻型低排放卡车、非道路车辆等的理想配套动力（图 9-1-3）。

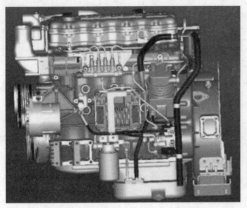 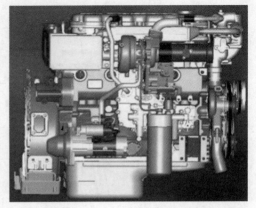

图 9-1-3　4DLD 国 V 柴油机

（2）4DLD 国 V 产品参数

4DLD 国 V 产品参数见表 9-1-3。

表 9-1-3　4DLD 国 V 产品参数

型号	CA4DLD-13E5	CA4DLD-15E5	CA4DLD-17E5	CA4DLD-18E5
型式	4 缸直列、直喷、增压中冷、电控共轨			
汽缸直径×活塞行程	108mm×120mm			
每缸气门数	4			
总排量	4.40L			
额定功率	98kW(2500r/min 时)	112kW(2500r/min 时)	127kW(2500r/min 时)	134kW(2500r/min 时)
净功率	96kW(2500r/min 时)	110kW(2500r/min 时)	125kW(2500r/min 时)	132kW(2500r/min 时)
最大转矩	500N·m (1300~1700r/min 时)	580N·m (1300~1700r/min 时)	650N·m (1300~1700r/min 时)	680N·m (1300~1700r/min 时)
全负荷烟度	$\leqslant 0.3 m^{-1}$			
噪声	$\leqslant 94dB(A)$			
技术路线	SCR			
排放指标(TAS)	国 V，可升级国 VI			
净质量	550kg(不含后处理装置)			
长×宽×高	995mm×780mm×960mm			

9.1.5　6DLD 国 V 产品基本参数特点

（1）6DLD 国 V 产品简介

6DLD 国 V 柴油机作为 F 系列柴油机的换代产品，拥有完全知识产权，排放指标、排气烟度满足国 V 具备国 VI 潜力，经济性、动力性在国内开发或引进的柴油机中处于优势，各摩擦副、燃油系统、增压系统等关键零部件均采用国际一流品牌产品，可靠性达 800000 公里（B10 寿命），是中、重型载货车及大型高档客车和大型城市公交车的理想配套动力（图 9-1-4）。

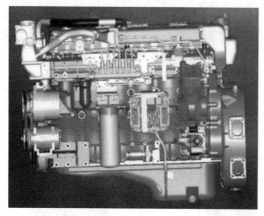 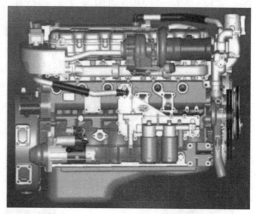

图 9-1-4　6DLD 国Ⅴ柴油机

(2) 6DLD 国Ⅴ产品参数

6DLD 国Ⅴ产品参数见表 9-1-4。

表 9-1-4　6DLD 国Ⅴ产品参数

型号	CA6DLD-18E5	CA6DLD-20E5	CA6DLD-22E5	CA6DLD-24E5	CA6DLD-26E5
型式	6 缸直列、直喷、增压中冷、电控共轨				
汽缸直径×活塞行程	108mm×120mm				
每缸气门数	4				
总排量	6.60L				
额定功率	134kW (2300r/min 时)	149kW (2300r/min 时)	164kW (2300r/min 时)	179kW (2300r/min 时)	194kW (2300r/min 时)
净功率	132kW (2300r/min 时)	147kW (2300r/min 时)	162kW (2300r/min 时)	177kW (2300r/min 时)	192kW (2300r/min 时)
最大转矩	680N·m (1300~1700r/min 时)	780N·m (1300~1700r/min 时)	860N·m (1300~1700r/min 时)	940N·m (1300~1700r/min 时)	1050N·m (1300~1700r/min 时)
全负荷最低燃油消耗率	≤192g/(kW·h)				
全负荷烟度	≤0.3m^{-1}				
噪声	≤92.8dB(A)				
技术路线	SCR				
排放指标(TAS)	国Ⅴ,可升级国Ⅵ				
净质量	680kg(不含后处理装置)				
长×宽×高	1215mm×720mm×910mm				

9.1.6　4DL1 国Ⅴ产品基本参数特点

(1) 4DL1 国Ⅴ产品简介

4DL1 平台柴油机是拥有完全知识产权的四气门技术中型柴油机，排放指标、排气烟度满足国Ⅴ具备国Ⅵ潜力，经济性、动力性在国内开发或引进的柴油机中处于优势，各摩擦副、燃油系统、增压系统等关键零部件均采用国际一流品牌产品，可靠性达 500000 公里

(B10寿命），是5～7t中型商用车及7～9m中型客车、公交车等的理想配套动力（图9-1-5）。

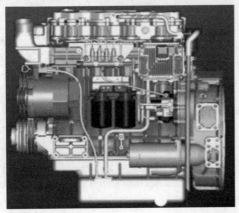 

图9-1-5　4DL1国Ⅴ柴油机

（2）4DL1国Ⅴ产品参数

4DL1国Ⅴ产品参数见表9-1-5。

表9-1-5　4DL1国Ⅴ产品参数

型号	CA4DL1-18E5	CA4DL1-19E5	CA4DL1-20E5	CA4DL1-21E5	CA4DL1-22E5
型式	4缸直列、直喷、增压中冷、电控共轨				
汽缸直径×活塞行程	110mm×135mm				
每缸气门数	4				
总排量	5.13L				
额定功率	138kW（2300r/min时）	142kW（2300r/min时）	153kW（2300r/min时）	157kW（2300r/min时）	164kW（2300r/min时）
净功率	136kW（2300r/min时）	140kW（2300r/min时）	151kW（2300r/min时）	155kW（2300r/min时）	162kW（2300r/min时）
最大转矩	650N·m（1300～1700r/min时）	650N·m（1300～1700r/min时）	780N·m（1300～1700r/min时）	780N·m（1300～1700r/min时）	840N·m（1300～1700r/min时）
全负荷最低燃油消耗率	≤192g/(kW·h)				
全负荷烟度	≤0.2m⁻¹				
噪声	≤95.8dB(A)				
技术路线	SCR				
排放指标(TAS)	国Ⅴ，可升级国Ⅵ				
净质量	620kg(不含后处理装置)				
长×宽×高	995mm×820mm×960mm				

9.1.7　6DL1国Ⅴ产品基本参数特点

（1）6DL1国Ⅴ产品简介

6DL1国Ⅴ柴油机作为6DL1国Ⅳ柴油机的升级产品，是拥有完全知识产权四气门技术的重型柴油机，排放指标、排气烟度满足国Ⅴ具备国Ⅵ潜力，经济性、动力性在国内开发或引进的柴油机中处于优势，各摩擦副、燃油系统、增压系统等关键零部件均采用国际一流品牌产品，可靠性达 800000 公里（B10 寿命），是 20t 以上重型载货车、9~12m 大型高档客车、大型城市公交车及 6~8m³ 水泥搅拌车的理想配套动力（图 9-1-6）。

图 9-1-6　6DL1 国 V 柴油机

(2) 6DL1 国 V 产品参数

6DL1 国 V 产品参数见表 9-1-6。

表 9-1-6　6DL1 国 V 产品参数

型号	CA6DL1-26E5	CA6DL1-28E5	CA6DL1-29E5	CA6DL1-32E5
型式	6 缸直列、直喷、增压中冷、电控共轨			
汽缸直径×活塞行程	110mm×135mm			
每缸气门数	4			
总排量	7.70L			
额定功率	195kW(2300r/min 时)	209kW(2300r/min 时)	216kW(2300r/min 时)	238kW(2300r/min 时)
净功率	192kW(2300r/min 时)	206kW(2300r/min 时)	213kW(2300r/min 时)	235kW(2300r/min 时)
最大转矩	1050N·m (1300~1600r/min 时)	1100N·m (1300~1600r/min 时)	1150N·m (1300~1600r/min 时)	1250N·m (1300~1600r/min 时)
全负荷最低燃油消耗率	≤192g/(kW·h)			
全负荷烟度	≤0.2m^{-1}			
噪声	≤95.8dB(A)			
技术路线	SCR			
排放指标(TAS)	国 V，可升级国 Ⅵ			
净质量	780kg(不含后处理装置)			
长×宽×高	1308mm×778mm×976mm			

9.1.8　6DL2 国 V 产品基本参数特点

(1) 6DL2 国 V 产品简介

6DL2 国 V 柴油机作为 6DL2 国 Ⅳ 柴油机的升级产品，是拥有完全知识产权四气门技术的重型柴油机，排放指标、排气烟度满足国 V 排放能力，经济性、动力性在国内开发或引进的柴油机中处于优势，各摩擦副、燃油系统、增压系统等关键零部件均采用国际一流品牌产品，可靠性达 800000 公里（B10 寿命），是 20t 以上重型载货车、11～13.7m 大型高档客车和大型城市公交车的理想配套动力。

(2) 6DL2 国Ⅴ产品参数

6DL2 国Ⅴ产品参数见表 9-1-7。

表 9-1-7　6DL2 国Ⅴ产品参数

型号	CA6DL2-29E5	CA6DL2-31E5	CA6DL2-33E5	CA6DL2-35E5	CA6DL2-37E5
型式	6缸直列、直喷、增压中冷、电控共轨				
汽缸直径×活塞行程	112mm×145mm				
每缸气门数	4				
总排量	8.57L				
额定功率	218kW (2100r/min 时)	231kW (2100r/min 时)	249kW (2100r/min 时)	261kW (2100r/min 时)	279kW (2100r/min 时)
净功率	215kW (2100r/min 时)	228kW (2100r/min 时)	246kW (2100r/min 时)	258kW (2100r/min 时)	276kW (2100r/min 时)
最大转矩	1250N·m (1300～1500r/min 时)	1250N·m (1300～1500r/min 时)	1350N·m (1300～1500r/min 时)	1500N·m (1300～1500r/min 时)	1500N·m (1300～1500r/min 时)
全负荷最低燃油消耗率	≤192g/(kW·h)				
全负荷烟度	≤0.2m^{-1}				
噪声	≤95.8dB(A)				
技术路线	SCR				
排放指标(TAS)	国Ⅴ				
净质量	830kg(不含后处理装置)				
长×宽×高	1308mm×778mm×986mm				

9.1.9　6DL3 国Ⅴ产品基本参数特点

(1) 6DL3 国Ⅴ产品简介

6DL3 国Ⅴ柴油机作为 6DL2 柴油机的升级替代产品，是拥有完全知识产权四气门技术的重型柴油机，排放指标、排气烟度满足国Ⅴ具备国Ⅵ的潜力，经济性、动力性在原机型的基础上有显著提升，在国内开发或引进的柴油机中处于优势，各摩擦副、燃油系统、增压系统等关键零部件均采用国际一流品牌产品，可靠性达 1000000 公里（B10 寿命），是 20t 以上重型载货车、11～13.7m 大型高档客车和大型城市公交车的理想配套动力。

(2) 6DL3 国Ⅴ产品参数

6DL3 国Ⅴ产品参数见表 9-1-8。

表 9-1-8　6DL3 国Ⅴ产品参数

型号	CA6DL3-29E5	CA6DL3-31E5	CA6DL3-33E5	CA6DL3-35E5	CA6DL3-37E5
型式	6缸直列、直喷、增压中冷、电控共轨				
汽缸直径×活塞行程	112mm×145mm				
每缸气门数	4				

续表

型号	CA6DL3-29E5	CA6DL3-31E5	CA6DL3-33E5	CA6DL3-35E5	CA6DL3-37E5
总排量	8.57L				
额定功率	218kW (2100r/min 时)	231kW (2100r/min 时)	249kW (2100r/min 时)	261kW (2100r/min 时)	279kW (2100r/min 时)
净功率	215kW (2100r/min 时)	228kW (2100r/min 时)	246kW (2100r/min 时)	258kW (2100r/min 时)	276kW (2100r/min 时)
最大转矩	1250N·m (1200～1500r/min 时)	1300N·m (1200～1500r/min 时)	1500N·m (1200～1500r/min 时)	1650N·m (1200～1500r/min 时)	1650N·m (1200～1500r/min 时)
全负荷最低燃油消耗率	≤192g/(kW·h)				
全负荷烟度	≤0.2m^{-1}				
噪声	≤96dB(A)				
技术路线	SCR				
排放指标(TAS)	国Ⅴ,可升级国Ⅵ				
净质量	820kg(不含后处理装置)				
长×宽×高	1308mm×778mm×986mm				

(3) 6DL3 国Ⅴ产品结构特点

200MPa 博世液力系统＋自主 ECU 生产。

160MPa 博世共轨将降低成本约 10%，发动机性能得到提高，并实现了系统和零部件资源的有效整合。

9.1.10 6DM2 国Ⅴ产品基本参数特点

(1) 6DM2 国Ⅴ产品简介

6DM2 国Ⅴ柴油机作为 6DM2 国Ⅳ柴油机的升级产品，排放指标、排气烟度满足国Ⅴ具备国Ⅵ的潜力，经济性、动力性、可靠性、耐久性达到国际上同类机型的先进水平，各摩擦副、燃油系统、增压系统等关键零部件均采用国际一流品牌产品，可靠性达 1200000 公里 (B10 寿命)，是一汽集团 J6、JH6 及未来 J7 换代重型低排放卡车、大型高档客车及非道路车辆的理想配套动力（图 9-1-7）。

图 9-1-7　6DM2 国Ⅴ柴油机

(2) 6DM2 国Ⅴ产品参数

6DM2 国Ⅴ产品参数见表 9-1-9。

表 9-1-9 6DM2 国Ⅴ产品参数

型号	CA6DM2-35E5	CA6DM2-37E5	CA6DM2-39E5	CA6DM2-42E5	CA6DM2-46E5
型式	6 缸直列、直喷、增压中冷、电控共轨				
汽缸直径×活塞行程	123mm×155mm				
每缸气门数	4				
总排量	11.05L				
额定功率	261kW（1900r/min 时）	279kW（1900r/min 时）	290kW（1900r/min 时）	312kW（1900r/min 时）	341kW（1900r/min 时）
净功率	258kW（1900r/min 时）	276kW（1900r/min 时）	287kW（1900r/min 时）	309kW（1900r/min 时）	338kW（1900r/min 时）
最大转矩	1600N·m（1300r/min 时）	1650N·m（1300r/min 时）	1750N·m（1300r/min 时）	1900N·m（1300r/min 时）	2100N·m（1300r/min 时）
全负荷最低燃油消耗率	≤190g/(kW·h)				
全负荷烟度	≤0.2m^{-1}				
噪声	≤96dB(A)				
技术路线	SCR				
排放指标(TAS)	国Ⅴ，可升级国Ⅵ				
净质量	1050kg(不含后处理装置)				
长×宽×高	1365mm×773mm×1192mm				

(3) 6DM2 国Ⅴ产品结构特点

采用一汽研发的 FCRI 自主集成电控共轨系统及自主 ECU。除可采用博世共轨燃油系统外，还可采用一汽 FEUP 自主燃油系统及 FAW 自主气驱后处理系统。

9.1.11 6DM3 国Ⅴ产品基本参数特点

(1) 6DM3 国Ⅴ产品简介

6DM3 国Ⅴ柴油机是一款排量为 13L 轻量化的重型柴油机产品，排放指标、排气烟度满足国Ⅴ具备国Ⅵ的潜力，经济性、动力性、可靠性、耐久性达到国际上同类机型的先进水平，各摩擦副、燃油系统、增压系统等关键零部件均采用国际一流品牌产品，可靠性达 1500000 公里（B10 寿命），目前是一汽集团新一代 J7 重型牵引车、自卸车等系列卡车的理想配套动力（图 9-1-8）。

图 9-1-8 6DM3 国Ⅴ柴油机

（2）6DM3 国Ⅴ产品参数

6DM3 国Ⅴ产品参数见表 9-1-10。

表 9-1-10　6DM3 国Ⅴ产品参数

型号	CA6DM3-42E5	CA6DM3-46E5	CA6DM3-48E5	CA6DM3-50E5
型式	6缸直列、直喷、增压中冷、电控共轨			
汽缸直径×活塞行程	126.5mm×166mm			
每缸气门数	4			
总排量	12.52L			
额定功率	312kW(1800r/min 时)	334kW(1800r/min 时)	355kW(1800r/min 时)	378kW(1800r/min 时)
净功率	309kW(1800r/min 时)	331kW(1800r/min 时)	352kW(1800r/min 时)	375kW(1800r/min 时)
最大转矩	2100N·m (1000～1400r/min 时)	2100N·m (1000～1400r/min 时)	2300N·m (1000～1400r/min 时)	2300N·m (1000～1400r/min 时)
全负荷最低燃油消耗率	≤188g/(kW·h)			
全负荷烟度	≤0.1m^{-1}			
噪声	≤96dB(A)			
技术路线	SCR			
排放指标(TAS)	国Ⅴ,可升级国Ⅵ			
净质量	1050kg(不含后处理装置)			
长×宽×高	1365mm×773mm×1192mm			

（3）6DM3 国Ⅴ结构特点

采用一汽自主研发的 200MPa FCRI 自主集成电控共轨系统、自主 ECU 及 FAW 自主气驱后处理系统。

9.2 国Ⅴ电控柴油机 SCR 系统与 EGR 系统简介

9.2.1　DeNOx6.5 SCR 系统（4DX-E5 BOSCH EDC17 系统）

DeNOx6.5 SCR 喷射系统是博世针对低成本 SCR 系统的市场需求开发的，作为 DeNOx2.2 系统的低成本替代方案。从结构上两个系统的最主要差别是 DeNOx6.5 系统用一个低成本的尿素泵替代 DeNOx2.2 系统的尿素泵。

（1）DeNOx6.5 SCR 系统组成

尿素泵从尿素箱中吸取尿素溶液，将其以 0.5MPa 左右的压力送至喷嘴。ECU 根据柴油机当前状态，计算出当前所需尿素量，向喷嘴发出喷射指令，喷嘴电磁阀开启，将计量的尿素喷入排气流中，与尾气中 NOx 发生反应，以实现净化尾气的目的（图 9-2-1）。

DeNOx6.5 SCR 系统元件（图 9-2-2）：喷射控制单元 ECU/DCU；尿素泵；尿素喷嘴；

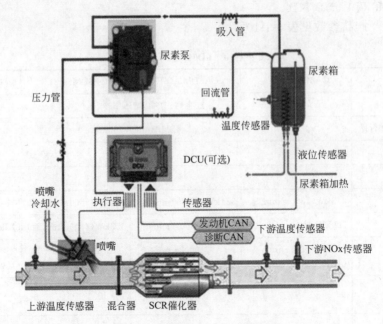

图 9-2-1 DeNOx6.5 SCR 系统组成

尿素箱；后处理器；排气温度传感器；NOx 传感器；尿素箱液位温度传感器；后处理线束；尿素管；冷却水管等。

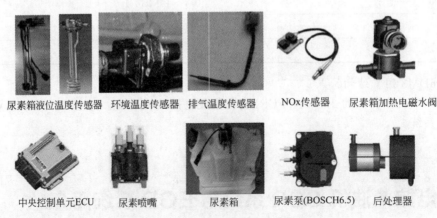

图 9-2-2 DeNOx6.5 SCR 系统元件

三根尿素管（吸入管、压力管和回流管）连接尿素箱、尿素泵和喷嘴，从而将尿素以约 0.5MPa 的压力送至喷嘴。从发动机引出冷却水，加热尿素箱中尿素和冷却喷嘴，防止冬天尿素冻结和喷嘴因过热烧坏（图 9-2-3）。

（2）DeNOx6.5 系统与 DeNOx2.2 系统差异

DeNOx6.5 系统与 DeNOx2.2 系统差异见表 9-2-1。

喷射压力由之前 0.9MPa 降为 0.5MPa，液滴直径由 75μm 增大到 125μm，导致雾化指标变化；DeNOx6.5 系统设计目标只能达到国Ⅴ排放。

DeNOx6.5 系统的设计目标为尿素喷嘴不存在尿素残滴，DeNOx2.2 系统的设计目标为从尿素喷嘴到尿素管路不存在尿素残滴，因此可能导致结晶风险增加。

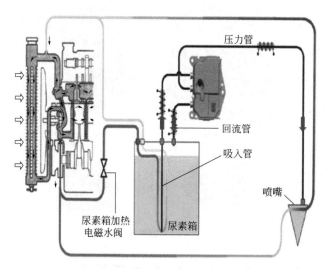

图 9-2-3　DeNOx6.5 SCR 系统工作原理

表 9-2-1　DeNOx6.5 系统与 DeNOx2.2 系统差异

项目	DeNOx6.5		DeNOx2.2	
系统压力	(0.5±0.025)MPa		(0.9±0.025)MPa	
喷雾粒径	125μm		75μm	
喷射量	45～5400g/h(0.5MPa 时)		36～7200g/h(0.9MPa 时)	
新件喷射精度	45g/h:±11%	5400g/h:±7%	<360g/h:±8%	>360g/h:±5%
老件喷射精度	45g/h:±18%	5400g/h:±9%	<360g/h:±15%	>360g/h:±7.5%
喷射频率	2Hz		1Hz	
使用寿命	SM 12000h DM 12000h		SM 24000h DM 24000h	

零部件区别，以 4DX 为例，见表 9-2-2。

表 9-2-2　零部件区别

差异零部件	4DX-E4(2.2 系统)	4DX-E5(6.5 系统)
尿素喷射计量泵	1161010A682-0000	1161010A682-0000EM
尿素喷嘴	1161210-682-0000	1161210-682-0000EM
中央控制单元总成	3601115-A51-0000	3601115-A51-0000EM

ECU 软件区别见表 9-2-3。

表 9-2-3　ECU 软件区别

项目	2.2 系统	6.5 系统
软件版本	P903_V762	P903_V301
ECU 数据标签	B2	B3

尿素泵的差异如图 9-2-4 所示。

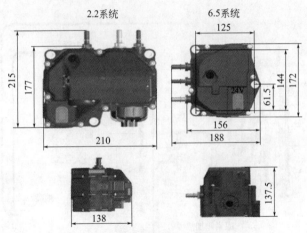

图 9-2-4 尿素泵的差异

9.2.2 气驱 SCR 系统（4DLD 自主系统）

(1) 气驱 SCR 系统原理

气驱 SCR 系统工作时，进气阀打开，排气阀关闭。车载压缩气体通过空气滤清器和进气阀通入封闭的尿素罐，将尿素溶液以一定的压力送到喷嘴。ECU 根据柴油机当前状态，计算出当前所需尿素量，向喷嘴发出喷射指令，喷嘴电磁阀开启，将计量的尿素喷入排气流中，与尾气中 NOx 发生反应，以实现净化尾气的目的。停机时，排气阀打开，进气阀关闭，进行排气泄压（图 9-2-5）。

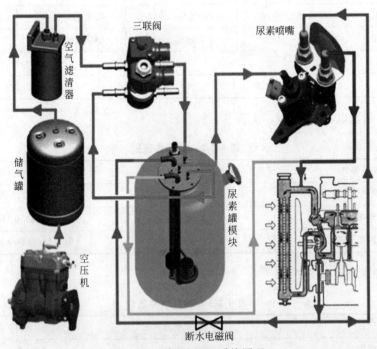

图 9-2-5 气驱 SCR 系统原理

(2) 气驱 SCR 系统组成

气驱 SCR 系统元件：控制单元 ECU；尿素罐；喷嘴；后处理器；进、排气电磁阀；压缩空气滤清器；压力传感器；NOx 传感器；排气温度传感器；后处理线束；管路等。

① 尿素罐　作用是形成压力源，将罐内尿素送至喷嘴。罐内气体的工作压力大于 700kPa。尿素罐由不锈钢制成，上面布置有尿素压力传感器和气、液路接头。两个冷却液接头（外径 $\phi 14mm$）用于尿素加热与解冻，不分进出口；三个标准接头中，中间一个是尿素管接头（在顶面中心位置），两侧两个是压缩空气管接头，不分进出口（图 9-2-6）。

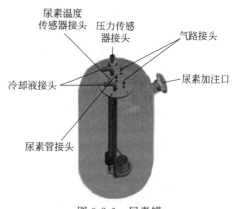

图 9-2-6　尿素罐

② 进、排气电磁阀　是常闭型电磁阀，用于控制系统的充气建压和放气泄压。建压时进气电磁阀打开，排气电磁阀关闭；泄压时进气电磁阀关闭，排气电磁阀打开（图 9-2-7）。

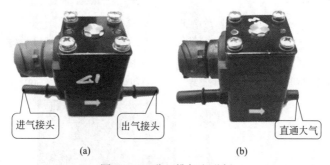

图 9-2-7　进、排气电磁阀

③ 管路
a. 压缩气体管路：空压机→储气罐→空气滤清器→进气阀→尿素罐→排气阀（直排大气）。
b. 尿素管路：尿素罐→尿素喷嘴。
c. 尿素加热管路：发动机→断水电磁阀→尿素罐→发动机。
d. 尿素喷嘴冷却管路：发动机→尿素喷嘴→发动机。

④ ECU　气驱 SCR 电控单元已集成到发动机的电控单元中，因此不需要单独的 DCU。

⑤ 喷嘴　气驱 SCR 喷嘴采用 DeNOx2.2 系统的喷嘴。

9.2.3　EGR 系统（4DW-E5 BOSCH EDC17 系统）

(1) EGR+DPF 技术路线

EGR+DPF 技术路线主要是先通过"机内净化"把 NOx 降到排放限值以下，再通过 DPF 把 PM 处理至限值内，即将一定的燃烧后的废气通过控制阀引入进气管，与新鲜气体混合后送入汽缸燃烧，部分惰性废气可减缓燃烧进度、降低最高燃烧温度，起到减少 NOx 的作用（图 9-2-8）。

NOx 产生的条件有两个：高温，富氧。

(2) DOC+DPF 基本原理

4DW93-E5 的 DPF 方案为"前级 DOC+后级 DPF"，DOC 主要作用是为后级 DPF 提供一定的 NO_2，同时为 DPF 提供稳定的温度输出，DPF 的作用是捕集排放物中大部分的碳烟颗粒，收集的碳烟颗粒可利用 NO_2 和 O_2 氧化的方法从 DPF 去除（图 9-2-9）。

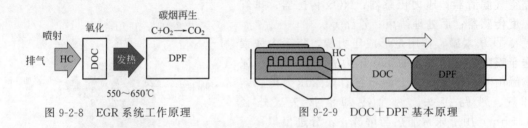

图 9-2-8 EGR 系统工作原理　　　　图 9-2-9 DOC+DPF 基本原理

DPF 采用主、被动联合方案,以连续被动再生为主。

(3) EGR 系统主要部件

EGR 系统主要部件如图 9-2-10 所示。

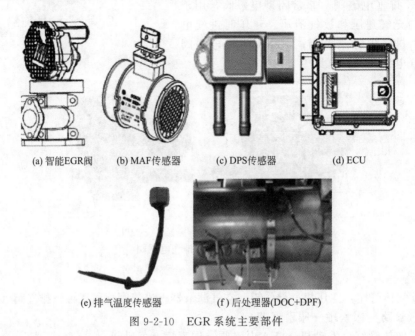

(a) 智能EGR阀　　(b) MAF传感器　　(c) DPS传感器　　(d) ECU

(e) 排气温度传感器　　(f) 后处理器(DOC+DPF)

图 9-2-10 EGR 系统主要部件

(4) 后处理器零部件功能

后处理器由进气混合腔、DOC 载体腔、全流式过滤器、消声腔构成,后处理器封装为 NO 氧化成 NO_2 进而将碳烟颗粒净化为 CO_2 提供了一个有效的反应空间。后处理器进、出口采用法兰面连接。

(5) DOC

氧化催化转换器(DOC)是在陶瓷蜂窝载体或金属蜂窝载体上涂覆贵金属催化剂(如 Pt、Pd 等),通过氧化反应减少柴油机排气中的碳氢化合物。影响 DOC 性能的主要问题是含硫量和排气温度。较高的排气温度有助于氧化反应,提高转化效率,但是尾气温度过高(400~500℃以上),硫转化成硫酸盐的量将大大增加,这样有可能使总的颗粒量增加;此外硫酸盐覆盖在氧化催化转化器载体的内表面,将使催化剂失去活性,大大降低其转化效率,并降低催化器的寿命。为使氧化催化转化器能够正常发挥作用,需要降低燃油的含硫量和提高催化剂本身的抗硫性。

(6) DPF

DPF 功能分为两部分:一部分先利用 DOC 催化剂将排气中的 NO 氧化为 NO_2,DOC 氧化尾管中多余的燃油,提升 DOC 出口排气温度,为 DPF 进口提供稳定的温度输出;另一部分是

DOC 生成的 NO_2 氧化 DPF 捕集到的碳烟，在连续行驶运行一定时间后，发动机主动参与控制排气温度，使沉积的碳烟氧化再生，DPF 后处理系统恢复至空载状态，实现降低 PM 排放量的目的，并满足国 V 排放标准要求，DPF 可捕集柴油机排放物中 95% 以上的碳烟。

9.3 国 V 电控柴油机 SCR 系统与 EGR 系统失效模式及处理方法

9.3.1 DeNOx6.5 SCR 系统失效模式与处理方法

DeNOx6.5 SCR 系统失效模式与处理方法见表 9-3-1～表 9-3-4。

表 9-3-1 DeNOx6.5 尿素泵（SM）失效模式与处理方法

部件/接口	功能	失效模式	失效影响	失效原因	预防措施	控制探测
尿素供给单元回流口接头	确保尿素水溶液能够正常回流到尿素箱	尿素不能回流到尿素箱	①系统压力不稳定 ②系统压力过高 ③排放超标 ④尿素在接头处有泄漏 ⑤不能拆下或安装管路接头 ⑥不能正常倒抽	①SM 接头中的节流孔被脏物堵住（如更换 SM 接头过滤器时） ②尿素管接头冻住 ③车辆装配和维修时，SM 接头损坏 ④质量不好的尿素进入 SM ⑤存储和运输条件差，导致 SM 接头损坏 ⑥接头没有完全安装好 ⑦接头安装没有按照说明进行 ⑧接头过长或截面过大（小），以及材料不符合要求		①系统当前可以通过"系统压力"来监测回流管是否堵住或泄漏 ②目测可以查看尿素回流管接头处是否有尿素残留
尿素供给单元吸入口接头	确保尿素水溶液能够从尿素箱输送到尿素供给单元	尿素水溶液不能正常地从尿素箱输送到尿素供给单元	①系统不能正常建压 ②排放超标 ③系统压力不稳 ④尿素在接头处有泄漏	①吸入口预滤器堵塞 ②尿素吸管或 SM 接头冻住 ③车辆装配和维修时，接头损坏 ④质量不好的尿素进入 SM ⑤存储和运输条件差，导致 SM 接头损坏 ⑥接头安装没有按照说明进行 ⑦接头过长或截面过大（小），以及材料不符合要求	①安装保护帽，只在装配前拆下 ②在尿素管上做标记以区分吸入管和回流管，防止接错	①系统建压不会成功，建压失败的错误会被系统报出 ②目测可以检查尿素泵接头是否有泄漏
尿素供给单元压力管接头	确保尿素水溶液能够从 SM 输送到 DM	尿素水溶液不能正常地从 SM 输送到 DM	①系统不能正常建压 ②排放超标 ③系统压力不稳 ④不能正常倒抽 ⑤尿素在接头处有泄漏	①压力管接头冻住 ②车辆装配和维修时接头损坏 ③质量不好的尿素进入 SM ④存储和运输条件差，导致 SM 接头损坏 ⑤接头安装没有按照说明进行 ⑥接头过长或截面过大（小），以及材料不符合要求		

续表

部件/接口	功能	失效模式	失效影响	失效原因	预防措施	控制探测
尿素泵电气接头	连接SM与线束,使ECU与尿素泵之间传输信号	SM与ECU之间不能传输信号	①与其他电气部件连接不好,系统工作不正常 ②排放超标	①车辆装配和维修时接头损坏 ②保护帽丢失或损坏(腐蚀) ③安装与拆卸过于频繁	①确保尿素不会渗漏进线束和电气接头中,加密封塞 ②安装保护帽,只在装配前拆下 ③线束需要就近固定在SM上	①目测检查 ②线束电气故障报错
尿素泵主滤清器	确保主滤清器能够对尿素水溶液进行过滤	主滤清器不能对尿素水溶液进行过滤	①尿素过滤不足 ②SM加热不足 ③系统失效 ④排放超标	①主滤清器被堵塞 ②滤清器被冻住 ③主滤清器未固定(密封圈未安装) ④主滤清器盖损坏 ⑤主滤清器部件更换后密封环(平衡装置)未更换 ⑥使用错误的安装拧紧力矩 ⑦平衡装置丢失	①更换滤清器时参照说明书,如拆装顺序、安装转矩、工具等 ②每次更换SM主滤芯时,同时应更换密封环 ③维护时,要留出更换滤清器的操作空间 ④尿素箱中安装预滤器,加注口盖的质量应符合要求 ⑤定义主滤清器更换周期	确认SM的功能,特别是滤清器在冬天要能解冻,在冬季试验时验证

表9-3-2 DeNOx6.5尿素喷嘴(DM)失效模式与处理方法

部件/接口	功能	失效模式	失效影响	失效原因	预防措施	控制探测
DM尿素管接头	保证足够的尿素供给DM	没有足够的尿素供给DM	①没有尿素喷射到排气管中或者喷射的尿素不足 ②排放超标 ③可维修性差 ④尿素水溶液泄漏到周围环境 ⑤尿素管不能装拆	①尿素被冻住 ②车辆装配和维修时接头损坏 ③存储和运输条件差	安装保护帽,只在装配前拆下	①系统建压不会成功,建压失败的错误会被系统报出 ②目测检查尿素管接头是否有泄漏
DM冷却水接头	保证供给冷却液到DM	未供给冷却液到DM	①DM的冷却不足或没有冷却 ②DM由于冷却不足而寿命缩短 ③冷却液泄漏到周围环境	①车辆装配和保养时接头损坏 ②发动机上出水口和入水口的压差太小 ③发动机过热保护不好	①安装保护帽,只在装配之前拆下,先安装电气接头,再连接冷却液接头 ②在安装和维修中不能让冷却液流入电气接头,注意连接顺序 ③冷却水管第一个固定点到DM的距离小于200mm ④冷却水管接头为快插接头,如采用卡箍,需确保连接可靠	目测检查
DM电气接头	在DM与ECU间传输信号	不能传输信号	①没有喷射或喷射不符合规范 ②排放超标	①安装顺序不正确 ②电气接头不符合规范 ③表面脏 ④安装过程中接头损坏	①保持清洁度 ②确保尿素不会渗漏进线束和电气接头中 ③DM的电气连接线束第一个固定点到DM的距离小于100mm,并且此固定点应与尿素喷射单元在同一个振动源上 ④确保电气接头正确连接,装好后能卡住	①目测检查 ②系统开路、断路故障报错

续表

部件/接口	功能	失效模式	失效影响	失效原因	预防措施	控制探测
DM 阀体	保证喷嘴能正常工作	喷嘴不能正常工作	①喷射到排气管中的尿素不足或没有尿素喷射到排气管中 ②排放超标 ③喷雾角度不正确	①阀顶被损坏 ②阀孔堵塞（脏）③阀孔堵塞（结晶）④喷嘴被高温废气损坏	①安装保护帽，只在装配前拆下 ②确保法兰和排气管焊接处内表面光滑，法兰焊接时应标明焊接方向	车辆路试时，检查喷嘴结晶及实际工作情况

表 9-3-3　DeNOx6.5 尿素管失效模式与处理方法

部件/接口	功能	失效模式	失效影响	失效原因	预防措施	控制探测
尿素管	保证尿素的输送	①尿素不能输送 ②没有回流 ③尿素管泄漏	①没有尿素喷射进排气管 ②排放超标 ③尿素管被外界环境污染	①尿素管及接头在使用中丢失或损坏 ②安装不符合规范 ③尿素冻结 ④存储条件不合格	①避免尿素管路有L形急弯，否则易造成管路破损 ②确保尿素管接头的连接，不能出现泄漏 ③在管子的两端加保护帽	目测检查

表 9-3-4　DeNOx6.5 尿素箱失效模式与处理方法

部件/接口	功能	失效模式	失效影响	失效原因	预防措施	控制探测
尿素箱	保证尿素水溶液的输送	没有尿素输送	①喷射到排气管的尿素不足或没有尿素喷射进排气管 ②排放超标 ③主滤清器更换周期缩短	①尿素箱受外力损坏；尿素箱空，未加尿素 ②尿素质量不符合要求 ③错误的液体加注到尿素箱中；尿素被污染 ④预滤器被堵；尿素冻结	①尿素箱的安装位置要避免潜在的外力冲击 ②尿素箱和盖上要有警示标签，确保不使柴油或其他液体加注到尿素箱中 ③定义尿素箱预滤器更换周期，加注口盖尤其要有防锈、防腐蚀的质量要求 ④防止杂质从加注口、通气孔和传感器安装位置进入尿素箱 ⑤确保尿素箱水加热管路加工质量，防止冷却液从加热管路渗漏进入尿素箱 ⑥尿素的温度不能超过70℃，确保尿素箱不被其他热源加热，如排气管	①目测检查尿素箱里面的尿素是否被污染 ②系统相关的故障报错
尿素解冻系统	保证尿素箱在低温下能解冻	不能解冻	①没有尿素输送 ②后处理系统不能工作（不能建压）③排放超标	①冷却液流量过小或冷却液温度太低 ②尿素箱的加热布置不好 ③电磁阀机械卡死 ④尿素箱温度传感器不能真实反映吸入口位置温度	①加热水管应包裹保温材料以保证解冻效果，并将此纳入售后服务手册 ②冬季试验时验证解冻效果 ③保证足够的冷却水流量	目测检查

9.3.2　气驱 SCR 系统失效模式与处理方法

气驱 SCR 系统失效模式与处理方法见表 9-3-5、表 9-3-6。

表 9-3-5　气驱 SCR 系统不工作原因与处理方法

原因	处理方法
尿素太少或无尿素	添加尿素
系统没有上电	系统上电
	检测线束
	检测整车蓄电池电压
传感器未接、损坏或不匹配	重新安装或更换传感器
线束故障	线束修复或更换
环境温度超过系统正常工作范围	使系统环境温度回到正常范围内
OBD 检测到系统内部出错	错误消除
	检查错误信息，相应修复
尿素罐上管路连接不正确	参照接口定义，检查尿素灌上管路连接是否正确
尿素管路泄漏	更换尿素管路
尿素罐内压力低	检查或更换空气管路
	检查气阀连接是否正确
	更换 O 形密封圈
尿素液力系统堵塞	检查液位传感器滤网、喷嘴、尿素管及两端接口是否堵塞，更换堵塞零件
	用清水清洗
尿素液力系统解冻加热失败	检查液力系统
	检查 OBD 报错

表 9-3-6　喷射不稳定原因与处理方法

原因	处理方法
系统设置不对	重新设置
传感器损坏	更换传感器
泵压不稳	检查液力是否泄漏
	检查尿素是否干净
	检查传感器信息
	检测 OBD 信息

9.3.3　EGR 系统失效模式与处理方法

EGR 系统不工作原因与处理方法见表 9-3-7。

表 9-3-7　EGR 系统不工作原因与处理方法

原因	处理方法
后处理器堵塞	清洗或更换
传感器未接、损坏或不匹配	重新安装或更换传感器
线束故障	线束修复或更换
环境温度超过系统正常工作范围	查看尾气管路是否合理

续表

原因	处理方法
OBD检测到系统内部出错	错误消除
	检查错误信息,相应修复
EGR阀工作不正常	阀门发卡,相应修复
	检查插接件接触不良,重新插拔
	检查线路不正常,进行修理
	检查节气门是否正常工作
	检查进气管路是否漏气